Bescherelle école

NOUVEAUX PROGRAMMES

- Grammaire
- Orthographe
- Vocabulaire
- Conjugaison

Hatier

Alphabet phonétique international (A.P.I.)

VOYELLES		CONSONNES	
[i]	ni**d** → n**i**d	[p]	**p**ain
[e]	f**ée**	[b]	**b**ain
[ɛ]	f**ê**te	[t]	**t**oit
[ə]	f**e**nêtre	[d]	**d**oigt
[ɑ]	p**â**te	[f]	**f**ois
[a]	p**a**tte	[v]	**v**oix
[u]	r**ou**e	[s]	**s**ous
[y]	r**u**e	[z]	**z**oo
[o]	b**eau**	[ʃ]	**ch**ou
[ɔ]	b**o**l	[ʒ]	**j**oue
[ø]	j**eu**	[k]	**c**amp
[œ]	j**eu**ne	[g]	**g**ant
[ɑ̃]	b**an**c	[m]	**m**ain
[ɛ̃]	b**ain**	[n]	**n**ain
[ɔ̃]	b**on**	[l]	**l**ong
[œ̃]	br**un**	[ʀ]	**r**ond
		[ɲ]	a**gn**eau
		[ŋ]	joggi**ng**

SEMI-CONSONNES	
[j]	pa**ill**e
[w]	**ou**i
[ɥ]	n**u**it

Coordination éditoriale : Catherine Jardin
Correction : Michèle Lancina
Illustrations : Ségolène Robin
Conception graphique : Frédéric Jély
Réalisation : Alinéa

Avant-propos

Un Bescherelle de l'école primaire au collège

Dans *Bescherelle École*, les élèves du **CE1** à **l'entrée au collège** trouveront **toutes les règles de français** (plus de 500) qu'ils doivent apprendre à maîtriser. *Bescherelle École* prend en compte **les nouveaux programmes des cycles 2 et 3** (2016), en quatre grandes parties (Grammaire, Orthographe, Vocabulaire et Conjugaison).

Les nouvelles **recommandations orthographiques** sont signalées dans des encadrés. *Nouvelle orthographe*

Un Bescherelle pour maîtriser la langue

Au primaire, la priorité est donnée à l'apprentissage de l'**écriture** et de la **lecture**. Pour aider les élèves à maîtriser ces compétences, les auteurs ont structuré cet ouvrage en **séquences courtes**, qui développent chacune une seule notion. Les règles sont rédigées dans un **langage accessible** aux enfants. Les encadrés « À retenir » en début de chapitre, les tableaux et les listes aident à la mémorisation.

Les encadrés « **À l'oral** » permettent d'utiliser ses connaissances sur la langue pour comprendre la formation des mots, éviter certains pièges de l'orthographe mais aussi mieux s'exprimer à l'oral.

Un Bescherelle pour donner envie de lire

Afin d'éveiller chez l'enfant le goût de la lecture, *Bescherelle École* illustre les règles, de façon originale, par des **exemples** amusants puisés dans la **littérature** jeunesse. L'élève se trouve confronté(e) à une grande variété de textes, « susceptibles de développer son **bagage linguistique** et en particulier son **vocabulaire**, de nourrir son **imagination**. Il/elle peut ainsi développer des connaissances et une culture qui lui seront utiles au collège » (Programmes 2016).

Bescherelle École, le premier outil de référence

À la fin de l'école primaire, chaque élève doit pouvoir **consulter un ouvrage de référence** (dictionnaire, encyclopédie...). Par la **simplicité** de sa structure et de sa présentation, les utilisateurs du *Bescherelle École* **apprennent** à se servir d'un sommaire ou d'un index.

Mode d'emploi

Comment utiliser Bescherelle École ?

À partir du sommaire

Un sommaire figure au début du livre (pages 7 à 11). Le sommaire donne **les titres de tous les chapitres** du livre et **les pages** où ces chapitres se trouvent. Le niveau de la classe est donné à titre indicatif : CE1 CE2 CM1 CM2-6e.

Exemple :

On te demande d'apprendre ou de réviser tout ce qu'il faut savoir sur les **adverbes**. Regarde dans le sommaire. Tu y trouveras le chapitre *Reconnaître un adverbe*.

Ouvre alors le livre à la page indiquée ; tu peux lire toute la leçon sur les adverbes ou seulement les paragraphes consacrés à ce que tu ne sais pas.

À partir de l'index

Un index figure à la fin du livre (pages 423 à 430). L'index répertorie tous les **mots** que l'on peut avoir besoin de chercher et qui sont **expliqués** dans le livre ; les numéros qui suivent chaque mot renvoient aux numéros des paragraphes où les mots apparaissent.

Exemples :

→ Tu fais tes devoirs. On te demande de souligner le **complément de phrase** dans la phrase : *Chaque matin, Lilou boit un bol de chocolat.*

Tu ne sais plus comment reconnaître un complément de phrase. Regarde dans l'**index** : tu y trouves, à la **lettre C**, les mots que tu cherches (*complément de phrase*) et un **numéro** qui te renvoie aux **paragraphes** où le complément de phrase est défini.

→ Tu ne sais plus si *appeler* s'écrit avec un ou deux ***p***. Tu regardes dans l'**index**, à *orthographe*, et l'index te renvoie au paragraphe où l'on t'explique quand un mot prend un ou deux ***p***.

Comment se compose un chapitre de grammaire, d'orthographe grammaticale, de vocabulaire ou de conjugaison ?

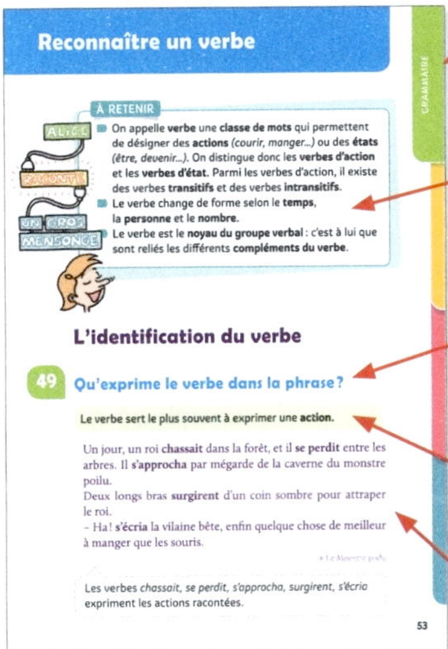

Reconnaître un verbe

À RETENIR

- On appelle **verbe** une **classe de mots** qui permettent de désigner des **actions** *(courir, manger...)* ou des **états** *(être, devenir...)*. On distingue donc les **verbes d'action** et les **verbes d'état**. Parmi les verbes d'action, il existe des verbes **transitifs** et des verbes **intransitifs**.
- Le verbe change de forme selon le **temps**, la **personne** et le **nombre**.
- Le verbe est le **noyau du groupe verbal** : c'est à lui que sont reliés les différents **compléments du verbe**.

L'identification du verbe

49 Qu'exprime le verbe dans la phrase ?

Le verbe sert le plus souvent à exprimer une **action**.

Un jour, un roi **chassait** dans la forêt, et il **se perdit** entre les arbres. Il **s'approcha** par mégarde de la caverne du monstre poilu.
Deux longs bras **surgirent** d'un coin sombre pour attraper le roi.
- Ha ! **s'écria** la vilaine bête, enfin quelque chose de meilleur à manger que les souris.

Les verbes *chassait, se perdit, s'approcha, surgirent, s'écria* expriment les actions racontées.

53

Un onglet d'une couleur différente signale chaque partie.

Chaque chapitre commence par un encadré illustré **À retenir** que l'on peut apprendre par cœur.

Une leçon est divisée en plusieurs **paragraphes**. Chaque paragraphe est numéroté et pose une question à laquelle on répond dans la règle.

Les **règles** sont encadrées. On les repère tout de suite.

Chaque règle est suivie d'un **exemple** tiré de la littérature, le plus souvent commenté.

Le **renvoi** à d'autres paragraphes permet de compléter ses connaissances ou de vérifier le sens d'un mot.

Les rubriques **Attention** ou **Exception(s)** mettent en garde contre les erreurs les plus fréquentes ou signalent les exceptions à la règle donnée.

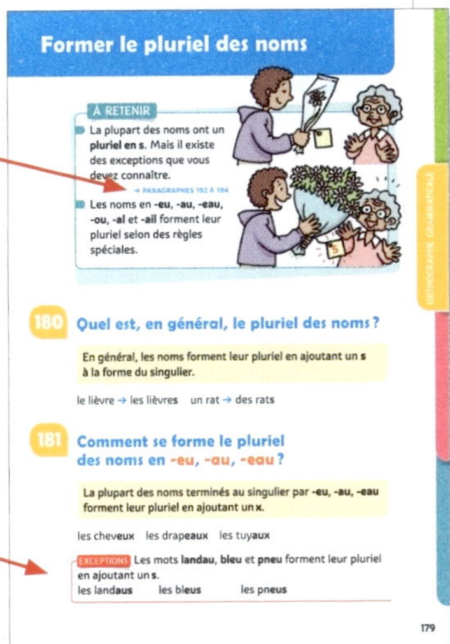

Former le pluriel des noms

À RETENIR

- La plupart des noms ont un **pluriel en s**. Mais il existe des exceptions que vous devez connaître.
→ PARAGRAPHES 182 À 184
- Les noms en **-eu, -au, -eau, -ou, -al** et **-ail** forment leur pluriel selon des règles spéciales.

180 Quel est, en général, le pluriel des noms ?

En général, les noms forment leur pluriel en ajoutant un **s** à la forme du singulier.

le lièvre → les lièvres   un rat → des rats

181 Comment se forme le pluriel des noms en -eu, -au, -eau ?

La plupart des noms terminés au singulier par **-eu, -au, -eau** forment leur pluriel en ajoutant un **x**.

les cheveux   les drapeaux   les tuyaux

EXCEPTIONS Les mots **landau, bleu** et **pneu** forment leur pluriel en ajoutant un **s**.
les landaus   les bleus   les pneus

179

185 Quel est le pluriel des noms en -ail ?

Certains mots terminés par **-ail** forment leur pluriel en ajoutant un **s** : **attirail, chandail, détail, épouvantail, gouvernail, portail...**

un détail → des détails   un portail → des portails

D'autres mots terminés par **-ail** ont un pluriel en **-aux** : **corail, émail, travail** et **vitrail**.

un corail → des coraux   un émail → des émaux

186 Le pluriel peut-il changer la prononciation d'un nom ?

À L'ORAL Oui ! Au pluriel, dans quelques cas, on ne prononce pas les consonnes finales.

un œuf [œf] → quatre œufs [ø]
un bœuf [bœf] → des bœufs [bø]

ATTENTION un œil [œj], des yeux [dezjø]

La rubrique **À l'oral** donne des indications sur la prononciation et aide à mieux s'exprimer.

Comment se compose un chapitre d'orthographe d'usage ?

Écrire le son [p]

pain lapin grappe

308 **Le son [p] s'écrit p**
page ampoule ketchup

Le son [p] peut s'écrire p en toutes positions dans les mots.

DÉBUT : page, pain, pile, poule, preuve, province, publicité.
INTÉRIEUR : ampoule, apogée, épée, épi, lapin, opéra.
DEVANT e FINAL : antilope, cape, coupe, principe, type.
FIN : cap, cep, clip, handicap, ketchup, scalp.

309 **Le son [p] s'écrit pp**
appareil enveloppe

On écrit pp à l'intérieur des mots seulement.

INTÉRIEUR : appareil, apporter, apprenti, approcher, appui, hippique, hippopotame, napperon, supplice.
DEVANT e FINAL : enveloppe, frappe, grappe, nappe, trappe.

310 **Les graphies du son [p]**

	DÉBUT	INTÉRIEUR	DEVANT e FINAL	FIN
p	poule	lapin	soupe	cap
pp		appui	nappe	

251

Chaque chapitre commence par proposer des **listes de mots illustrés** qui comprennent les différentes manières d'écrire un son.

Le tableau des **graphies** donne les différentes manières d'écrire un son et la place des lettres. Certaines lettres en effet apparaissent seulement au début d'un mot ou à la fin...

À la découverte des mots apparaît à la fin de la plupart des chapitres de cette partie. On y trouve des **règles** d'orthographe, des remarques en liaison avec le **vocabulaire**, un peu d'histoire de la langue.

Les encadrés **Nouvelle orthographe** indiquent comment écrire certains mots selon la réforme de 1990.

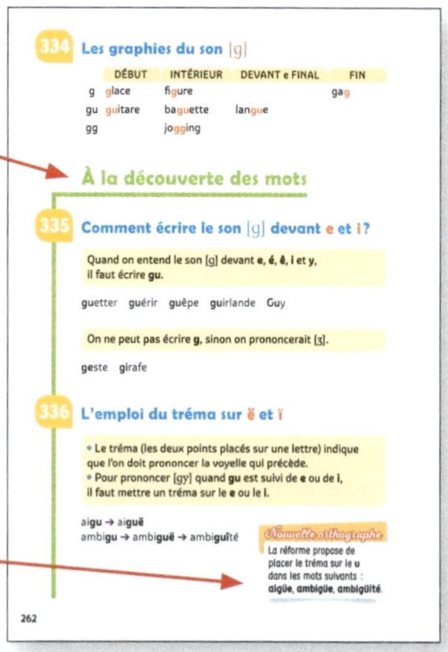

334 **Les graphies du son [g]**

	DÉBUT	INTÉRIEUR	DEVANT e FINAL	FIN
g	glace	figure		gag
gu	guitare	baguette	langue	
gg		jogging		

À la découverte des mots

335 **Comment écrire le son [g] devant e et i ?**

Quand on entend le son [g] devant **e, é, è, i** et **y**, il faut écrire **gu**.

guetter guérir guêpe guirlande Guy

On ne peut pas écrire **g**, sinon on prononcerait [ʒ].

geste girafe

336 **L'emploi du tréma sur ë et ï**

• Le tréma (les deux points placés sur une lettre) indique que l'on doit prononcer la voyelle qui précède.
• Pour prononcer [gy] quand **gu** est suivi de **e** ou de **i**, il faut mettre un tréma sur le **e** ou le **i**.

aigu → aiguë
ambigu → ambiguë → ambiguïté

Nouvelle orthographe
La réforme propose de placer le tréma sur le u dans les mots suivants : **aigüe, ambigüe, ambigüité**.

262

Sommaire

Les numéros renvoient aux numéros de pages.

Les indications de niveaux sont celles suggérées par les Instructions officielles de 2016.

GRAMMAIRE

ORTHOGRAPHE GRAMMATICALE

ORTHOGRAPHE D'USAGE

VOCABULAIRE

CONJUGAISON

GRAMMAIRE

On appelle grammaire l'ensemble des règles qu'il faut respecter pour parler et écrire correctement le français et formuler clairement ce que l'on souhaite exprimer. À l'école, l'étude de la grammaire comprend deux grandes parties :

- l'étude de la classe (on dit aussi classe grammaticale) des mots qui constituent la langue (noms, adjectifs, prépositions...) ;
- l'étude de leur fonction dans la phrase : un nom peut être sujet, complément...

Reconnaître une phrase

À RETENIR

- Pour qu'une phrase ait un sens, il faut :
  - indiquer **de qui** ou **de quoi** l'on parle ;
  - dire **quelque chose** à propos de cette personne, de cet objet ou de cette idée.
- La plupart des phrases ont un verbe, mais une phrase peut être complète sans verbe.

1 Qu'est-ce qu'une phrase ?

Une phrase répond aux deux questions suivantes :
- **de qui** ou **de quoi parle-t-on ?**
- **qu'est-ce qu'on en dit ?**

la truite avant d'enjamber
le pont enlève sa chemise
et plonge dans la Tamise

▸ Les Animaux de tout le monde

De quoi parle-t-on ?
De la truite.
Qu'est-ce qu'on en dit ?
On dit qu'elle enlève sa chemise et plonge dans la Tamise.

2 Quelles sont les deux parties de la phrase ?

Une première partie de la phrase nous dit **de quelle personne, de quel objet** ou **de quelle idée on parle.**
C'est le **thème** de la phrase.

L'araignée à moustaches
Porte de belles lunettes

▸ L'Araignée à moustaches

De quoi parle-t-on ? De L'araignée à moustaches.

La seconde partie de la phrase répond à la question : qu'est-ce qu'on dit de la personne, de l'objet ou de l'idée dont on parle ? Elle indique **comment ils sont**, ou **ce qu'ils font**, ou **ce qui leur arrive**. C'est le **propos** de la phrase.

La fourmi n'est pas prêteuse :
c'est là son moindre défaut.

▸ La Cigale et la Fourmi

Qu'est-ce qu'on dit de la fourmi ?
On dit comment elle est : elle *n'est pas prêteuse*.

Maître corbeau, sur un arbre perché,
Tenait en son bec un fromage.

▸ Le Corbeau et le Renard

Qu'est-ce qu'on dit du corbeau ?
On dit ce qu'il fait : il *tenait en son bec un fromage*.

3 Dans quelle partie de la phrase se trouve le verbe ?

Le **verbe** se trouve dans la partie de la phrase qui répond à la question : **qu'est-ce qu'on en dit ?**

Une méchante fée m'avait condamné à rester sous cette figure jusqu'à ce qu'une belle fille consentît à m'épouser, et elle m'avait défendu de faire paraître mon esprit.

▸ La Belle et la Bête

Une méchante fée m'avait condamné à rester sous cette figure.

verbe (avait condamné)

De qui parle-t-on ? (Une méchante fée) — **Qu'en dit-on ?** (m'avait condamné à rester sous cette figure)

4 Une phrase a-t-elle toujours un verbe ?

La plupart des phrases comprennent un verbe, qui exprime une action ou un état. Mais certaines phrases peuvent être complètes **sans verbe**.

Une publicité

Playmobil : en avant les histoires !

De qui parle-t-on ? — Qu'en dit-on ?

Un titre

Pas si fous, ces Romains !

Qu'en dit-on ? — De qui parle-t-on ?

Utiliser la ponctuation

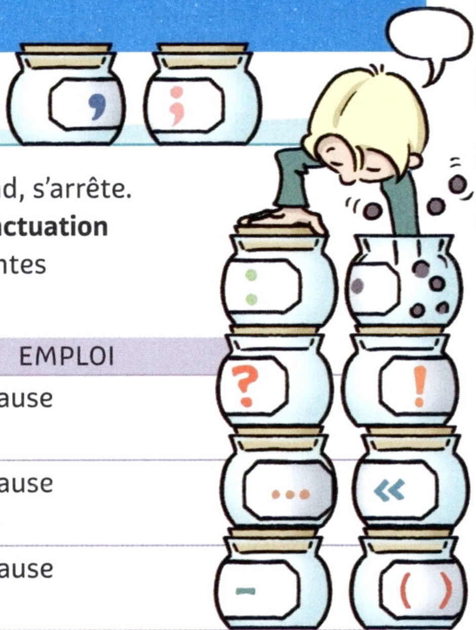

À RETENIR

En parlant, la voix monte, descend, s'arrête. Lorsqu'on écrit, les **signes de ponctuation** indiquent les montées, les descentes et les **pauses** de la voix.

SIGNE	EMPLOI
Le point	marque une pause importante.
Le point-virgule	marque une pause intermédiaire.
La virgule	marque une pause plus courte.
Les deux-points	introduisent une citation, une énumération ou une explication.
Le point d'interrogation	marque la fin d'une question.
Le point d'exclamation	termine une phrase exclamative.
Les points de suspension	indiquent qu'une phrase est inachevée.
Les guillemets	encadrent un dialogue, une citation.
Le tiret	signale, dans un dialogue, qu'un nouveau personnage prend la parole.
Les parenthèses	introduisent une indication supplémentaire.

5 À quoi sert la ponctuation ?

- La ponctuation permet de lire et de comprendre un texte. Elle délimite les phrases à l'intérieur de ce texte.
- La ponctuation du dialogue indique la présence d'un discours rapporté.

Dialogue non ponctué

Chaque soir quand il revenait de l'école son père lui demandait qu'est-ce que tu as fait aujourd'hui je suis allé à l'école petit imbécile tu avais fait tes devoirs oui papa petit crétin tu savais tes leçons oui papa petit malheureux au moins j'espère que tu t'es dissipé ben

Dialogue ponctué

Chaque soir, quand il revenait de l'école, son père lui demandait [:]
deux-points

[«] Qu'est-ce que tu as fait aujourd'hui [?]
guillemets — point d'interrogation

[–] Je suis allé à l'école [.]
tiret — point

– Petit imbécile [!] Tu avais fait tes devoirs ?
point d'exclamation

– Oui [,] Papa.
virgule

– Petit crétin ! Tu savais tes leçons ?

– Oui, Papa.

– Petit malheureux ! Au moins j'espère que tu t'es dissipé ?

– Ben […] »
points de suspension

▸ Le Gentil Petit Diable

6 Un signe de ponctuation peut-il changer le sens d'une phrase ?

Oui ! En remplaçant un signe de ponctuation par un autre signe ou en changeant un signe de place, on peut **transformer** complètement **le sens d'une phrase**.

- **Première version :** Tu admires les fleurs de la terrasse [.]

= Tu es en train d'admirer les fleurs qui se trouvent sur la terrasse.

- **Deuxième version :** Tu admires les fleurs [,] de la terrasse.

= Tu es sur la terrasse et, de là, tu admires les fleurs, qui se trouvent ailleurs.

- **Troisième version :** Tu admires les fleurs de la terrasse [?]

= On te demande si tu es en train d'admirer les fleurs.

7 À quoi sert le point ?

Le point indique qu'une phrase déclarative **se termine.** Le premier mot de la phrase suivante commence par une majuscule. À l'oral, lorsqu'on rencontre un point, la **voix descend** et marque une **pause importante**.

Grenouille ne se fit pas prier [,] et bientôt tout le mil fut mangé [.] Grenouille se frotta la panse [,] s'étira [,] s'allongea sur un coude [,] bâilla [.]

Dix Contes d'Afrique noire

À chaque virgule, à chaque point, la voix doit marquer une pause.

8 À quoi sert le point-virgule ?

• Le point-virgule marque une pause moins importante que le point. Il permet de **séparer des propositions indépendantes**. On ne met pas de majuscule après un point-virgule.
• Dans la plupart des cas, le point-virgule indique une **relation logique** entre deux événements.

Nous sommes allés en classe, pendant que M. Mouchabière raccompagnait Rufus chez lui. Il a de la chance, Rufus ; on avait classe de grammaire.

Le Petit Nicolas et les Copains

Ici, le point-virgule introduit une explication : Rufus *a de la chance* **parce qu'***on avait classe de grammaire*.

9 À quoi sert la virgule ?

La virgule marque une pause plus courte que le point et le point-virgule ; elle permet de **séparer différents éléments de la phrase**.

Mais , le lendemain matin , tout le monde a vu , derrière les grilles , dans le jardin de la sorcière , une belle citrouille toute bleue , et tout près d'elle un gros rat rouge , assis sur son derrière , avec une belle casquette , bien coquette , posée sur sa tête.

Contes de la Folie-Méricourt

Virgule et énumération
• Dans une énumération, les mots séparés par une virgule sont **de même fonction**.

– As-tu jamais vu un chat qui ait des besoins d'argent ? La preuve, c'est qu'il y a des chats de toutes les couleurs [,] des chats gris [,] bleus [,] noirs [,] verts [,] roux [,] qu'il y a des chats à poils longs et des chats à poils courts [,] des chats avec une queue et des qui n'en ont pas, mais que je te défie de trouver un chat avec des poches.

▸ Le Chat qui parlait malgré lui

des chats de toutes les couleurs, des chats gris... roux, des chats à poils longs et des chats à poils courts, des chats avec une queue : les virgules séparent des groupes nominaux (GN), qui sont tous sujets réels de *il y a*.

des chats gris, bleus, noirs, verts, roux : les virgules séparent des adjectifs qualificatifs qui sont tous épithètes du nom *chat*.

• Pour introduire le dernier terme de l'énumération, on remplace la virgule par la conjonction de coordination **et**.

La dernière bouteille de l'étagère était remplie de pilules vert pâle : « *Pour cochons. Contre les démangeaisons, les pieds trop sensibles, les queues sans tire-bouchon* **et** *autres cochonneries.* »

▸ La Potion magique de Georges Bouillon

Virgule et mise en relief

La virgule permet de **faire ressortir** un groupe de mots (souvent un complément de phrase) en le séparant du reste de la phrase.

Contemplant les tortues et les fleurs [,] les yeux levés au ciel [,] il réfléchissait à diverses questions mystérieuses, comme celle-ci, par exemple : « Si on a embarqué dans un bateau dix sacs de pommes de terre, que chaque sac contient dix demi-boisseaux de pommes de terre et qu'il y a dix pommes de terre dans chaque demi-boisseau, comment s'appelle le timonier ? »

▸ Le Chat chinois et autres contes

Dans la rue , **en marchant** , je voyais mon têtard dans le bocal, et il était très chouette : il bougeait beaucoup et j'étais sûr qu'il deviendrait une grenouille terrible, qui allait gagner toutes les courses.

Les Récrés du Petit Nicolas

Virgule et adjectif qualificatif en apposition
Dans la phrase, un adjectif qualificatif mis en apposition est isolé par une ou deux virgules.

Que voyait-il au fond du pré
Ce bœuf qui restait là , **figé** ,
À regarder , **halluciné** ,
Un buisson d'églantines ?

Le Miroir aux alouettes

Les adjectifs *figé* et *halluciné* sont au milieu de la phrase.

Grasse et onctueuse comme une méduse , tante Éponge accourut en se dandinant pour voir ce qui se passait.

James et la Grosse Pêche

Les adjectifs *grasse* et *onctueuse* sont au début de la phrase.

« Comment diable peut-elle tricoter avec un si grand nombre d'aiguilles ? se demanda la fillette , **intriguée**. Plus elle va, plus elle ressemble à un porc-épic ! »

De l'autre côté du miroir

L'adjectif *intriguée* est à la fin de la phrase.

10 À quoi servent les deux-points ?

Les deux-points introduisent une **citation**, une **énumération** ou une **explication**.

■ **Une citation**

Bientôt son regard tomba sur une petite boîte de verre placée sous la table ; elle l'ouvrit et y trouva un tout petit gâteau sur lequel les mots **:** « MANGE-MOI » étaient très joliment tracés avec des raisins de Corinthe.

› Les Aventures d'Alice au pays des merveilles

■ **Une énumération**

Le monstre avait des poils partout **:** au nez, aux pieds, au dos, aux dents, aux yeux et ailleurs.

› Le Monstre poilu

■ **Une explication**

L'Enfer, ce n'est pas comme chez nous. C'est même le contraire **:** tout ce qui est bien chez nous est mal en Enfer ; et tout ce qui est mal ici est considéré comme bien là-bas.

› Le Gentil Petit Diable

11 À quoi sert le point d'interrogation ?

Le point d'interrogation termine une phrase interrogative directe et indique que l'on **pose une question.**

À ce moment, Alice commença à se sentir toute somnolente, et elle se mit à répéter, comme si elle rêvait : « Est-ce que les chats mangent les chauves-souris **?** Est-ce que les chats mangent les chauves-souris **?** » et parfois : « Est-ce que les chauves-souris mangent les chats **?** » car, voyez-vous, comme elle était incapable de répondre à aucune des deux questions, peu importait qu'elle posât l'une ou l'autre.

› Les Aventures d'Alice au pays des merveilles

Pourquoi les crocodiles pleurent-ils **?**
Parce qu'on tire leur queue.
La chose les horripile.

› Défense des crocodiles

12 À quoi sert le point d'exclamation ?

Le point d'exclamation termine une phrase exclamative et indique la **colère**, la **surprise**, la **joie**...

« Triple chose-chouette de double machinmuche de cinquante mille millions de trucs d'oseille **!** jure le marchand en recourant aux mots les plus corsés de son répertoire. J'ai encore raté mon coup **!** »

› Contes de la Folie-Méricourt

Le point d'exclamation indique ici la colère.

13 À quoi servent les points de suspension ?

Les points de suspension indiquent qu'une phrase est **inachevée** soit parce que quelqu'un l'interrompt, soit parce que l'on sous-entend quelque chose.

– Nous recevions une excellente éducation ; en fait, nous allions à l'école tous les jours **...**
– Moi aussi, dit Alice. Vous n'avez pas besoin d'être si fière pour si peu.

› Les Aventures d'Alice au pays des merveilles

Alice interrompt la Tortue et ne la laisse donc pas finir sa phrase : c'est ce qu'indiquent les points de suspension.

14 À quoi servent les guillemets et le tiret ?

Les guillemets signalent le **début** et la **fin** d'un **dialogue**. Lorsqu'un nouveau personnage prend la parole, on doit **aller à la ligne** et mettre un tiret.

« Vous voyez ce dé, a dit Maixent. À part qu'il est très gros, il est comme tous les dés…
– Non, a dit Geoffroy, il est creux, et à l'intérieur il y a un autre dé. »
Maixent a ouvert la bouche et il a regardé Geoffroy.
« Qu'est-ce que tu en sais? a demandé Maixent.
– Je le sais parce que j'ai la même boîte de magie à la maison, a répondu Geoffroy; c'est mon papa qui me l'a donnée quand j'ai fait douzième en orthographe. »

▸ Le Petit Nicolas et les Copains

On encadre par des guillemets des **paroles que l'on cite**.

Voilà le roi qui se met en colère, en colère tant et tant, qu'il était hors de lui. « Ha! ha! dit-il, ce joli mignon se moque de mon malheur, et il se prise plus que moi. Allons, qu'on le mette dans ma grosse tour, et qu'il y meure de faim! »

▸ La Belle aux cheveux d'or

15 Comment utiliser les majuscules?

On met une majuscule en **début de phrase**, **après un point**, un point d'interrogation ou un point d'exclamation.

Je suis la mer! **J**e bats les rochers. **J**e m'amuse à jongler avec les bateaux. **J**e suis la mer, qui recouvre les trois quarts du globe, qui dit mieux? **L**es vagues de dix-huit mètres de haut, c'est moi, la mer!

▸ Bulle ou la voix de l'océan

16 À quoi servent les parenthèses ?

Les parenthèses introduisent une **indication complémentaire**.

Cependant, ce flacon ne portant décidément pas l'étiquette : *POISON*, Alice se hasarda à en goûter le contenu ; comme il lui parut fort agréable (en fait, cela rappelait à la fois la tarte aux cerises, la crème renversée, l'ananas, la dinde rôtie, le caramel, et les rôties chaudes bien beurrées), elle l'avala séance tenante, jusqu'à la dernière goutte.

▸ Les Aventures d'Alice au pays des merveilles

17 Qu'est-ce qu'un paragraphe ?

Un texte est constitué de paragraphes. Un paragraphe est formé d'une ou de **plusieurs phrases** qui développent une **idée**. Pour présenter un paragraphe, on va **à la ligne** et souvent on laisse un **blanc** devant le premier mot.

Qu'est-ce qui allait lui arriver maintenant ? Dès qu'on s'apercevrait dans son entourage que Gaspard était le premier chat au monde capable de parler, il était sûr et certain qu'il n'aurait plus une minute de tranquillité.

Or Gaspard, raisonnable comme presque tous les chats, n'aimait rien davantage que d'être tranquille dans la vie.

▸ Le Chat qui parlait malgré lui

Reconnaître les types de phrases

À RETENIR

- Il existe **quatre types de phrases**.
  – Les phrases **déclaratives** permettent de raconter un événement ou de donner une opinion.
  Elles se terminent par un point : .
  – Les phrases **interrogatives** servent à poser une question à quelqu'un.
  Elles se terminent par un point d'interrogation : ?
  – Les phrases **impératives** servent à donner un ordre, un conseil, ou à exprimer un souhait.
  – Les phrases **exclamatives** permettent d'exprimer la colère, la surprise ou la joie.
  Elles se terminent par un point d'exclamation : !

La phrase déclarative

18 À quoi sert la phrase déclarative ?

La phrase déclarative permet de **raconter un événement**.

Nous sommes montés dans la voiture et nous sommes partis. Deux fois, parce que la première, nous avons oublié la valise à la maison.

Les Vacances du Petit Nicolas

La phrase déclarative permet aussi de **donner une opinion**.

Ce qui est embêtant, quand il pleut, c'est que les grands ne savent pas nous tenir et nous on est insupportables et ça fait des histoires.

Le Petit Nicolas et les Copains

19 Comment reconnaître une phrase déclarative ?

La phrase déclarative se termine par un **point**.
Elle comprend **un** ou **plusieurs verbes conjugués**.

Le mistouflon **était** poète à ses heures [.] Bien sûr, il ne **savait** pas écrire, mais dans son cœur, parfois, il **avait** comme de grands frissons et il **se disait** que le monde **était** beau [.]

L'Année du mistouflon

Dans ce texte, les verbes conjugués sont indiqués en gras ; ils sont à la forme affirmative ou à la forme négative.

La phrase interrogative

20 À quoi sert la phrase interrogative ?

Une phrase interrogative sert à poser une question à quelqu'un.

La fée dit alors à Cendrillon :
« Eh bien, voilà de quoi aller au bal, **n'es-tu pas bien aise ?**
– Oui, mais **est-ce que j'irai comme cela avec mes vilains habits ?** »
Sa marraine ne fit que la toucher avec sa baguette, et en même temps ses habits furent changés en des habits de drap d'or et d'argent tout chamarrés de pierreries.

Cendrillon

21 Comment reconnaître une phrase interrogative directe ?

Une phrase interrogative directe se termine par un **point d'interrogation**.

Comment a-t-il fait pour cracher de l'eau par les oreilles **?**

▸ L'Année du mistouflon

On pose une question sur le moyen utilisé.

Madame la reine, **pourquoi** pleurez-vous **?** Est-ce que vous croyez bonnement que je vais mourir ?

▸ Lettres de mon moulin

On pose une question sur la raison de ce comportement.

22 Comment construire les phrases interrogatives ?

• Parfois, on ajoute simplement un **point d'interrogation** à une phrase déclarative : l'intonation suffit à se faire comprendre à l'oral.

« Ce genre de conférence est plutôt épuisant, marmonna Oscar l'éléphant. Crénom ! **Vous savez** de combien j'ai maigri **?** De deux cents kilos ! »

▸ La Conférence des animaux

Vous (sujet) *savez* (verbe) ?

• On peut construire une phrase interrogative en plaçant **le sujet après le verbe**.

Avez-vous remarqué à quel point les gens et les bêtes ont en commun un petit air de famille ?

▸ Réponses bêtes à des questions idiotes

Avez-	*vous*	*remarqué ?*
auxiliaire *avoir*	sujet	participe passé

• Parfois le sujet est repris par un **pronom placé après le verbe**.

Comment **les poissons** lavent-**ils** leur linge ?

▸ Réponses bêtes à des questions idiotes

Comment les poissons lavent-ils ?
(*les poissons* : sujet ; *ils* : pronom)

• On peut enfin commencer la phrase interrogative par **est-ce que** ou par un **mot interrogatif**.

– Quelle drôle de montre ! Elle indique le jour du mois et elle n'indique pas l'heure !
– **Pourquoi** indiquerait-elle l'heure ? murmura le Chapelier. **Est-ce que** ta montre à toi t'indique l'année où l'on est ?

▸ Les Aventures d'Alice au pays des merveilles

ATTENTION

N'oubliez pas d'**accorder le verbe avec son sujet**, même lorsque celui-ci se trouve **après le verbe**.

– Vent ! Toi qui vas partout, **peux-tu** me dire où est le tombeau de la Cinq fois belle ?

▸ Contes de la Folie-Méricourt

Le verbe (*peux*) s'accorde avec le sujet (*tu*).

23 Comment choisir parmi les trois constructions interrogatives ?

L'inversion verbe-sujet est utilisée **à l'écrit** ou à l'oral, si l'on s'adresse à quelqu'un que l'on ne connaît pas ou peu.

– Que **faisiez-vous** au temps chaud ?
Dit-elle à cette emprunteuse.

▸ La Cigale et la Fourmi

Les deux autres constructions sont **plus courantes à l'oral**, lorsqu'on s'adresse à quelqu'un que l'on connaît bien.

Jojo-la-Malice pâlit et frémit de la tête aux pieds.
« **Tu n'as pas** réellement l'intention d'engloutir un enfant, non ? s'effraya-t-il.
– Bien sûr que si, assura le Crocodile. Les vêtements et tout. C'est meilleur avec les vêtements. »

▸ L'Énorme Crocodile

– Pour commencer, **est-ce que** tu m'accordes qu'un chien n'est pas fou ?
– Sans doute.

▸ Les Aventures d'Alice au pays des merveilles

– Et ce bocal ? a demandé Maman, **qu'est-ce qu'**il y a dans ce bocal ?
– C'est King, j'ai dit à Maman en lui montrant mon têtard. Il va devenir grenouille, il viendra quand je sifflerai, il nous dira le temps qu'il fait et il va gagner des courses !

▸ Les Récrés du Petit Nicolas

24 Qu'appelle-t-on interrogative totale et interrogative partielle ?

• Certaines phrases interrogatives permettent une réponse par **oui** ou par **non** : on les appelle **interrogatives totales.**
• D'autres phrases interrogatives ne permettent pas une réponse par *oui* ou par *non* : on les appelle **interrogatives partielles.** Elles commencent par un mot interrogatif.

QUESTION	RÉPONSE *OUI* OU *NON*	RÉPONSE AUTRE QUE *OUI* OU *NON*
– Êtes-vous déjà allés à l'étranger ?	– Oui.	
– Avez-vous déjà pris l'avion ?	– Non.	
– Quels pays connaissez-vous ?		– Tous les pays d'Europe.
– Quand préférez-vous voyager ?		– En été.
– Où aimeriez-vous partir ?		– À la montagne.

25 Sur quoi porte l'interrogation partielle : sujet, complément du verbe, complément de phrase… ?

Dans une phrase interrogative partielle, l'interrogation peut porter sur le groupe occupant la fonction **sujet**, **complément du verbe (direct, indirect)**, **attribut du sujet** ou **complément de phrase**. On utilise alors des mots interrogatifs : **qui ? que ? à qui ? où ? quand ? pourquoi ? comment ?**

Que veut le rhinocéros ?
Il veut **une boule en os**.
Ce n'est pas qu'il soit coquet :
c'est pour jouer au bilboquet.

La Chasse au rhinocéros

On interroge sur ce que veut le rhinocéros *(que ?)* et on répond par un **complément direct du verbe** *(une boule en os)*.

– Et **à quoi** cela te sert-il de posséder les étoiles ?
– Ça me sert **à être riche**.
– Et **à quoi** cela te sert-il d'être riche ?
– **À acheter d'autres étoiles**, si quelqu'un en trouve.

Le Petit Prince

On interroge sur à quoi cela sert de posséder des étoiles et d'être riche *(à quoi ?)* et on répond par un **complément indirect du verbe** *(à être riche, à acheter d'autres étoiles)*.

– **Où** cela se trouve-t-il ?
– **Au fond de la vallée, sur le bord d'un ruisseau.**
– Allons-y donc.

Le Roman de Renart

On interroge sur le lieu *(où ?)* et on répond par un **complément de lieu** *(au fond de la vallée, sur le bord d'un ruisseau)*.

– **Quand** cela sera-t-il ? s'informa le petit prince.
– Hem ! hem ! lui répondit le roi, qui consulta d'abord un gros calendrier, hem ! hem ! ce sera, vers... vers... ce sera **ce soir vers sept heures quarante** ! Et tu verras comme je suis bien obéi.

Le Petit Prince

On interroge sur le temps *(quand ?)* et on répond par des **compléments de temps** *(ce soir, vers sept heures quarante)*.

– **Pourquoi** le tapis fait-il en tapinois des croche-pieds d'un air benoît ?
– Peut-être **parce qu'il en a assez** qu'on lui marche dessus sans avoir essuyé ses pieds.

Les Coups en dessous

On interroge sur la cause d'une action *(pourquoi ?)* et on répond par un **complément de cause** *(parce qu'il en a assez qu'on lui marche dessus)*.

26 Faut-il toujours un point d'interrogation quand on pose une question ?

Non ! **Seules les interrogatives directes** se terminent par un point d'interrogation.

Est-ce que le temps est beau **?**
Se demandait l'escargot
Car pour moi s'il faisait beau
C'est qu'il ferait vilain temps.

▸ L'Escargot

Les propositions subordonnées interrogatives **indirectes** ne se terminent **pas** par un **point d'interrogation.** Elles sont introduites par des conjonctions de subordination *(pourquoi, si, où...)*, des pronoms *(qui, lequel, laquelle)*, des déterminants indéfinis *(quel)*, des adverbes *(comment)*.
On les trouve après des verbes comme *se demander*, *vouloir*, *savoir*, *dire*...

– Tu vas voir **si j'ai les mains pleines de gras**, a dit Alceste, et il les a mises sur la figure de Clotaire, et ça, ça m'a étonné, parce que d'habitude Alceste n'aime pas se battre pendant la récré : ça l'empêche de manger.

▸ Les Récrés du Petit Nicolas

27 Où placer le sujet dans l'interrogative indirecte ?

Le sujet est le plus souvent placé **avant le verbe**.

Ce matin, on ne va pas à l'école, mais ce n'est pas chouette, parce qu'on doit aller au dispensaire se faire examiner, pour voir si **on** n'est pas malades et si **on** n'est pas fous.

▸ Les Récrés du Petit Nicolas

Le sujet *on* se trouve avant le verbe *être (est)*.

Toutes les sorcières enlevèrent leurs gants. Je guettai les mains de celles du dernier rang. Je voulais vérifier à quoi ressemblaient **leurs doigts**, et si **Grand-mère** avait raison. Mais oui ! Des griffes brunes se recourbaient au bout de leurs doigts.

▸ Sacrées Sorcières

à quoi ressemblaient leurs doigts : le sujet *leurs doigts* se trouve ici après le verbe *ressembler (ressemblaient).*
si Grand-mère avait raison : le sujet *Grand-mère* se trouve avant le verbe *avoir (avait).*

La phrase impérative

28 À quoi sert la phrase impérative ?

Les phrases impératives cherchent à faire agir ou réagir. On peut exprimer, grâce à elles, **différentes nuances** : donner un **ordre**, un **conseil**, ou exprimer un **souhait**.

ON PEUT EXPRIMER	SENS
un souhait	Faites bon voyage.
une demande	Passez-moi le sel, s'il vous plaît.
une invitation	Venez dîner jeudi.
un ordre	Rends-moi cela immédiatement.
une interdiction	Ne traversez pas la rue./Ne pas traverser hors des passages piétons.
une prescription (médicale)	Prenez 2 comprimés le matin./ Prendre deux comprimés.
un conseil	Relis attentivement l'énoncé.

Les verbes de ces phrases sont à l'impératif *(prenez, traversez)* sauf lorsque l'on s'adresse à tout le monde et pas à quelqu'un en particulier : on utilise alors l'infinitif *(traverser, prendre).*

29 Les phrases impératives ont-elles toujours un verbe ?

Non ! On peut trouver des **impératives sans verbe**.
Il s'agit le plus souvent d'affiches, de panneaux ou d'ordres brefs. On parle de phrases nominales.

Stationnement interdit — Attention, école — Silence, hôpital

La phrase exclamative

30 À quoi sert la phrase exclamative ?

Lorsqu'on veut exprimer la **colère**, la **surprise**, la **joie**, on place à la fin des phrases impératives ou déclaratives un point d'exclamation.

La phrase exclamative déclarative

Sans téléphone, ces pompiers étaient aussi sans eau. Incapables de payer leurs factures, ils avaient reçu sept avertissements de la compagnie qui, finalement, leur avait coupé l'eau.

Aux fous les pompiers

Pour exprimer la surprise, on pourrait ajouter un point d'exclamation aux phrases déclaratives ci-dessus :
Sans téléphone, ces pompiers étaient aussi sans eau ! Incapables de payer leurs factures, ils avaient reçu sept avertissements de la compagnie qui, finalement, leur avait coupé l'eau !

La phrase exclamative impérative

Tout le monde se bousculait pour mieux voir et mieux entendre.

– Ne poussez pas ! criait le veau ou l'âne ou le mouton ou n'importe qui. Ne poussez pas. Silence. Ne marchez donc pas sur les pieds... les plus grands derrière... Allons, desserrez-vous... Silence, on vous dit... Et si je vous flanquais une correction...

– Chut ! faisait le paon, calmons-nous un peu...

Les Contes du chat perché

Pour insister sur la colère ou l'impatience des animaux, on peut ajouter des points d'exclamation aux phrases impératives ci-dessus :
Ne poussez pas **!** *Ne marchez donc pas sur les pieds* **!***... Allons, desserrez-vous* **!***... Calmons-nous un peu* **!**

Utiliser la forme négative

À RETENIR

- Tous les types de phrases peuvent être soit à la **forme affirmative**, soit à la **forme négative**.
- Retenez différentes **négations** composées de deux mots : *ne... pas, ne... plus, ne... jamais, ne... rien...*
- Aux **formes simples** du verbe (présent, imparfait, futur...), la négation **encadre le verbe.**
- Aux **formes composées** du verbe (passé composé, plus-que-parfait...), la négation **encadre l'auxiliaire**.
- Lorsque le verbe est à l'**impératif**, la négation **encadre le verbe**.
- Lorsque le verbe est à l'**infinitif**, la négation tout entière (*ne pas, ne jamais*, etc.) se place **avant le verbe**.

31 À quoi sert la négation ?

Lorsqu'on veut indiquer qu'un événement **n'a pas lieu**, ou quand on **ne partage pas l'avis de quelqu'un**, on utilise **ne... pas**, qui encadre le verbe de la phrase.

– Bonjour, dit le loup. Il **ne** fait **pas** chaud dehors. Ça pince, vous savez.

Les Contes du chat perché

– Je peux éteindre la lumière ? je lui ai demandé.
– Éteindre la lumière ? Ça **ne** va **pas**, Nicolas ?
– Ben, c'est pour jouer avec la lampe, j'ai expliqué.
– Il **n'**en est **pas** question, a dit Papa. Et puis je **ne** peux **pas** lire mon journal dans l'obscurité, figure-toi.

› Le Petit Nicolas a des ennuis

- Les locutions adverbiales **ne… jamais, ne… plus, ne… rien, ne… personne** (ou *jamais ne…, personne ne…, rien ne…*) servent aussi à donner une **réponse négative**.
- Devant **personne**, **jamais**, **rien**, il ne faut pas utiliser **pas**.

– Ah non ! disait le loup. Les parents, c'est trop raisonnable. Ils **ne** comprendraient **jamais** que le loup ait pu devenir bon. Les parents, je les connais.

› Les Contes du chat perché

Dès le lendemain, le petit diable **n'**alla **plus** à l'école.

› Le Gentil Petit Diable

– Je ne veux pas de piqûre ! hurla Antoine. Si on me pique, je **ne** mangerai **plus rien**.

› Le Mouton noir et le Loup blanc

– Avant tout, pour pêcher, a dit notre chef, il faut du silence, sinon, les poissons ont peur et ils s'écartent ! Pas d'imprudences, je **ne** veux voir **personne** tomber dans l'eau !

› Les Vacances du Petit Nicolas

Malheureusement, **personne** à Lourmarin **ne** possède de cage à mistouflon à cornes (ou même de cage à mistouflon sans cornes).

› L'Année du mistouflon

Le régal fut fort honnête
Rien ne manquait au festin ;
Mais quelqu'un troubla la fête
Pendant qu'ils étaient en train.

› Le Rat de ville et le Rat des champs

32 Comment construire la forme négative aux temps simples et composés ?

La négation **encadre les formes simples** du verbe (présent, imparfait, futur...).

– Je **ne** suis **pas** un enfant, mais un mistouflon, répond ce coquin d'animal. Et si vous **ne** me donnez **pas** ma boisson préférée, je cracherai tout par les oreilles.

▸ L'Année du mistouflon

Je ne suis pas un enfant : la négation *ne... pas* encadre le verbe *être* au présent de l'indicatif *(suis)*.

Et si vous ne me donnez pas ma boisson préférée : la négation *ne... pas* encadre le verbe *donner* au présent de l'indicatif (*donnez*).

La négation **encadre l'auxiliaire** dans les **formes composées** du verbe (passé composé, plus-que-parfait...).

– Tu sais, maman, les choses **ne** se sont **pas** du tout passées comme tu crois. Le loup **n'**a **jamais** mangé la grand-mère. Tu penses bien qu'il n'allait pas se charger l'estomac juste avant de déjeuner d'une petite fille bien fraîche.

▸ Les Contes du chat perché

les choses ne se sont pas du tout passées : le verbe *se passer* est au passé composé *(se sont passées)* ; la négation *ne... pas* encadre l'auxiliaire *être (sont)*.

Le loup n'a jamais mangé la grand-mère : le verbe *manger* est au passé composé *(a mangé)* ; la négation *ne... jamais* encadre l'auxiliaire *avoir (a)*.

33 Comment construire les phrases impératives à la forme négative ?

À l'oral, pour exprimer une **interdiction**, on utilise l'impératif. La négation **encadre** le verbe.

– Et **ne** mange **plus** de chocolat. Mange plutôt du chou.
– Du chou ? Oh, non ! protesta Georges, je n'aime pas le chou.

▸ La Potion magique de Georges Bouillon

À l'écrit, on utilise le plus souvent l'infinitif. La **négation** se place **avant le verbe**.

Attention ! **ne jamais** dépasser cette dose, sinon le cochon sautera au plafond !

▸ La Potion magique de Georges Bouillon

34 Comment employer ni ?

On peut coordonner deux mots ou deux propositions négatives par **ni**. La négation **ne... pas** est remplacée par **ne**.

– Quand on est rien que deux, on ne s'amuse pas bien. On ne peut pas jouer à la ronde.
– C'est vrai, on **ne** peut jouer **ni** à la ronde, **ni** à la paume glacée.
– **Ni** au furet, **ni** à la courotte malade.

▸ Les Contes du chat perché

35 Que signifie la locution ne... que ?

ne... que a le même sens restrictif que l'adverbe **seulement**.

Les fées et les chats qui parlent, ça **n'**existe **que** dans les contes.

▸ Le Chat qui parlait malgré lui

= Les fées et les chats existent **seulement** dans les contes.

Distinguer la classe et la fonction d'un mot

À RETENIR

- Un mot se définit par sa **classe** (grammaticale) et sa **fonction** dans la phrase.
- La **classe** d'un mot est sa carte d'identité. Le dictionnaire nous indique si tel mot est un **nom**, un **verbe**, un **adjectif qualificatif**, un **pronom**, un **adverbe**... La **classe** d'un mot ne change jamais.
- Un mot peut occuper dans la phrase des **fonctions variées** (**sujet**, **complément du verbe**, **complément du nom**, **complément de phrase**).

36 Où trouver la classe des mots ?

Le dictionnaire, avant de donner le sens de chaque mot, indique sa classe.
Il utilise pour cela des **abréviations** :
n. = nom ; **v.** = verbe ; **adj.** = adjectif qualificatif ;
adv. = adverbe ; **pron.** = pronom.

pomme : n.	arbre : n.	rouge : adj.
écrire : v.	souvent : adv.	je : pron.

37 Un mot peut-il changer de classe ?

Quelle que soit sa position dans la phrase, qu'il soit au singulier ou au pluriel, **un mot appartient toujours à la même classe grammaticale**.

Il y a des millions d'années que les **fleurs** fabriquent des épines. Il y a des millions d'années que les moutons mangent quand même les **fleurs**. [...] Ce n'est pas important la guerre des moutons et des **fleurs** ?

▸ Le Petit Prince

Dans ces trois phrases, le mot *fleurs* est toujours un **nom**.

Ce qui **est est**, ce qui **a été** n'**est** plus, ce qui **sera** n'**est** pas encore.

▸ Histoire du prince Pipo...

Dans cette phrase, le mot *être*, conjugué au présent, au passé composé et au futur, est toujours un **verbe**.

38 Un mot peut-il avoir des fonctions différentes ?

Un mot **appartient** toujours à la même **classe**. Cependant, il peut occuper **différentes fonctions** dans la phrase.

Parfois, des crabes viennent habiter le **coquillage** vide, mais ce n'est pas très gai non plus. Un **coquillage** n'est pas né pour mener une vie de crabe.

▸ Bulle ou la voix de l'océan

Dans ces phrases, le nom *coquillage* occupe des fonctions différentes :

Des crabes viennent habiter le coquillage vide. (*le coquillage* : **complément direct**)

Un coquillage n'est pas né pour mener une vie de crabe. (*Un coquillage* : **sujet**)

39 Comment identifier la classe et la fonction d'un groupe de mots ?

• Un groupe grammatical est toujours constitué de plusieurs mots qui se rassemblent autour d'un **noyau**.
• Lorsque le **noyau** du groupe est un **nom**, on appelle ce groupe **groupe nominal** (ou GN). La fonction du nom noyau définit la fonction du groupe tout entier.

Le **fils** d'Ulysse se leva de sa couche et endossa ses vêtements.

L'Odyssée

Le nom *fils* est le nom noyau ; il occupe la fonction de sujet. Le groupe nominal (souligné) autour du nom *fils* est sujet des verbes *se leva* et *endossa*.

• Lorsque le **noyau** du groupe est un **adjectif qualificatif**, le groupe est un **groupe adjectival**. La fonction de l'adjectif détermine la fonction du groupe tout entier.

Il vécut avec la princesse plus de deux ans entiers, et en eut deux enfants, dont le premier, qui fut une fille, fut nommé l'Aurore, et le second un fils, qu'on nomma le Jour, parce qu'il paraissait encore plus **beau** que sa sœur.

La Belle au bois dormant

L'adjectif qualificatif *beau* est l'adjectif noyau ; il occupe une fonction attribut du sujet *il*. Tout le groupe adjectival (souligné) qui se constitue autour de l'adjectif *beau* est attribut.

Reconnaître un nom

À RETENIR

On désigne par **nom** la **classe** des mots qui représentent des **personnes**, des **animaux**, des **objets** concrets ou des **idées** abstraites.

- Les noms ont un **genre** et un **nombre**.
  Le genre d'un nom est le masculin ou le féminin.
  Le nombre d'un nom est le singulier ou le pluriel.
- Les noms se répartissent en différentes catégories.

NOMS PROPRES	NOMS COMMUNS		
Pierre	animés	non animés	
Toulouse	le lapin	concrets	abstraits
les Français	le médecin	un crayon	la liberté

- Le **groupe nominal** (GN) est formé d'un nom noyau, d'adjectifs qualificatifs et de déterminants.

40 À quoi sert un nom ?

Un nom désigne une **personne** *(un enfant, une sorcière)*, un **animal** *(un chien)*, un **objet concret** *(une maison, un vélo)* ou une **notion abstraite** *(la liberté, la justice)*.

Marinette ayant achevé son **portrait**, l'**âne** fut convié à le venir voir et s'empressa. Ce qu'il vit ne manqua pas de le surprendre.
– Comme on se connaît mal, dit-il avec **mélancolie**. Je n'aurais jamais cru que j'avais une **tête** de **bouledogue**.

Les Contes du chat perché

Le nom *Marinette* désigne une personne ; les noms *âne*, *bouledogue* désignent des animaux ; les noms *portrait*, *tête* désignent des objets concrets ; le nom *mélancolie* désigne une notion abstraite (un sentiment).

41 Qu'est-ce qu'un groupe nominal ?

Un groupe nominal est constitué d'un **nom noyau** auquel se rattachent des **déterminants** et parfois des **adjectifs qualificatifs**.

Tous les dragons crachent du feu, mais comme c'était **un dragon ordinaire**, il ne parvint qu'à éternuer, comme tout le monde, et cela le mit en colère.

▸ Dragon l'ordinaire

un	*dragon*	*ordinaire*
déterminant	nom noyau	adj. qualificatif

groupe nominal

42 Qu'appelle-t-on le genre et le nombre d'un nom ?

Un nom peut être de **genre masculin** *(un lit)* ou de **genre féminin** *(une maison)*.
C'est le dictionnaire qui nous indique le genre d'un nom.

Je n'avais rien d'**un animal** de palais ; je n'étais ni **un cheval** de parade ni **un chat** angora, mais **une vache**, une simple vache, un vulgaire animal, laid, très laid, stupide, méprisé.

▸ Mémoires d'une vache

Les noms *animal*, *cheval*, *chat* sont masculins ;
le nom *vache* est féminin.

Un nom peut être utilisé au **singulier** *(le lit)* ou au **pluriel** *(les lits)* : c'est ce que l'on appelle le **nombre**.
Le -*s* ou le -*x* sont la marque du pluriel des noms.

→ PARAGRAPHES 180-185

En effet, être **une vache** ne m'a jamais semblé la huitième merveille du monde. Selon moi, nous, **les vaches**, nous traversons cette vie sans péril et sans gloire.

▸ Mémoires d'une vache

Une vache est au singulier ; *les vaches* est au pluriel.

43 Qu'est-ce qu'un nom propre ?

Les noms propres désignent des personnes, des animaux, des lieux (villes, pays, régions...).

Des personnes

Comme le nouveau ne disait rien, la maîtresse nous a dit qu'il s'appelait **Georges Mac Intosh**. « Yes, a dit le nouveau, **Dgeorges**. »

▸ Le Petit Nicolas

Georges est le prénom du nouvel élève.
Mac Intosh est son nom de famille.

Des villes, des pays

– Où habite la femelle du hamster ? En **Hollande** !
Pourquoi ? Parce que **Amsterdam**... ah ! ah !

▸ Réponses bêtes à des questions idiotes

La *Hollande* est un nom de pays ; *Amsterdam* est un nom de ville.

Les habitants d'un pays

Ces **Gaulois**, ils avaient bien inventé un genre d'écriture, mais si eux savaient la lire, nous, on ne sait pas. Ce sont des espèces de gribouillis qui racontent sûrement des histoires de **Gaulois**.

▸ Chichois et la rigolade

Les *Gaulois* étaient les habitants de la Gaule.

Les noms propres commencent par une **majuscule.**

Tristram **M**ac **K**itycat, treizième duc de **G**arth (une vieille famille d'**É**cosse), avait eu le coup de foudre pour une adorable [...] chatte grise des **C**hartreux nommée **M**ouflette de **V**aneau, baronne **F**lon.

▸ Le Chat qui parlait malgré lui

ATTENTION

L'**adjectif qualificatif** correspondant à un nom propre ou à un nom commun de nationalité ne prend **pas de majuscule.**

Paris / un journal parisien un Français / un enfant français

44 Les noms propres prennent-ils la marque du pluriel ?

Les noms propres restent au **singulier** s'ils désignent des personnes, des œuvres ou des marques.

Des personnes

Mais **les MacParlan** avaient un fantôme qui était dans la famille depuis le roi Kenneth, et ils possédaient des papiers pour le prouver.

▸ Histoires de fantômes et de revenants

Des marques

Le plus content de l'histoire, c'était Frédéric. On allait pouvoir lancer les petits suisses sur les minus du Cépé (Cours préparatoire), à la cantine, dès que la surveillante tournerait le dos. Il m'apprendrait la technique. La même chose avec les « **Vache-qui-Rit** » qu'on lance au plafond du préau, qui collent et qui retombent au moment où on s'y attend le moins.

▸ Toufdepoil

Les noms propres se mettent au **pluriel** s'ils désignent des lieux ou des habitants des villes, de régions ou de pays. Dans ce cas, ils varient aussi en genre.

Des lieux géographiques

Où la Seine se jetterait-elle si elle prenait sa source dans **les Pyrénées**?

Le Professeur Froeppel

Les Pyrénées sont des montagnes ; ce nom prend la marque du pluriel.

Des habitants

Grand-mère était norvégienne, et les **Norvégiens** connaissent bien les sorcières. Avec ses sombres forêts et ses montagnes enneigées, la Norvège est le pays natal des premières sorcières.

Sacrées Sorcières

Les *Norvégiens* sont les habitants de la Norvège ; ce nom prend donc la marque du pluriel et du genre.

45 Qu'est-ce qu'un être animé ?

Certains noms désignent des êtres vivants : ce sont des êtres **animés**, humains ou animaux.

un enfant un aviateur un chien un papillon

D'autres noms désignent des objets, des phénomènes, des idées : ce sont des **non-animés**.

une table un accident la justice le bonheur

46 Qu'est-ce qu'un nom composé ?

Un nom composé désigne **un seul être** ou **une seule chose**, mais il forme un **ensemble de deux ou plusieurs mots**. Ceux-ci peuvent être reliés par un trait d'union.

Je ne suis ABSOLUMENT pas **Petit-Charmant** ! Je déteste qu'on m'appelle comme ça, ça m'irrite, ça m'énerve, ça me tortillonne les oreilles de rage et puis ça me torturonge les orteils de fureur. Bref, je n'aime pas ça !
Car je suis **Petit-Féroce**, le seul, l'unique, le vrai de vrai, le terrible !

▸ Petit-Féroce est un champion

47 Un nom commun est-il toujours précédé d'un déterminant ?

Les noms communs sont **le plus souvent** précédés d'un déterminant.

Un zèbre pourtant pas très bête
s'en fut au bureau de tabac
pour acheter **des** allumettes.

▸ Un zèbre un peu bête

un	*zèbre*	*des*	*allumettes*
article indéfini	nom commun	article indéfini	nom commun

La fée partit aussitôt, et on la vit au bout d'**une** heure arriver dans **un** chariot tout de feu, traîné par **des** dragons.

▸ La Belle au bois dormant

la	*fée*	*un*	*chariot*
article défini	nom commun	article indéfini	nom commun
une	*heure*	*des*	*dragons*
article indéfini	nom commun	article indéfini	nom commun

Certains noms communs sont souvent utilisés **sans déterminant** lorsqu'ils sont compléments de **manière** *(comment ?)* ou compléments du **nom**.

Delphine regarda le loup bien en face.
– Dites donc, Loup, j'avais oublié le Petit Chaperon Rouge. Parlons-en un peu du Petit Chaperon Rouge, voulez-vous ?
Le loup baissa la tête **avec humilité**. Il ne s'attendait pas à celle-là.

▸ Les Contes du chat perché

avec	*humilité*
préposition	**nom commun**
complément de manière	

Elle mêlait des fleurs et des diamants dans ses beaux cheveux avec un art admirable ; et souvent elle soupirait de n'avoir pour témoins de sa beauté que ses moutons et ses dindons, qui l'aimaient autant avec son horrible peau **d'âne**, dont on lui avait donné le nom dans cette ferme.

▸ Peau d'Âne

son horrible peau d'âne
complément du nom ***peau***

ATTENTION

On emploie un déterminant quand ces noms sont accompagnés d'un adjectif qualificatif ou d'un complément.

– Je t'ordonne de m'interroger, se hâta de dire le roi.
– Sire… sur quoi régnez-vous ?
– Sur tout, répondit le roi, **avec une grande simplicité**.

▸ Le Petit Prince

avec	*une*	*grande*	*simplicité*
préposition	**déterminant**	**adj. qualificatif**	**nom commun**
complément de manière			

GRAMMAIRE

48 Un nom propre est-il précédé d'un déterminant ?

Les noms propres désignant des **personnes** ou des **animaux** sont **rarement** précédés d'un déterminant.

Il y avait des chats qui s'appelaient **Gaston**.
Et même un *cat* anglais dénommé **Sir Ronron**.

▸ Le Chat sans nom

Les noms propres désignant des **pays**, des **habitants** ou des **fleuves** sont souvent accompagnés d'un déterminant.

Moi, j'ai demandé si **l'Atlantique** c'était loin de là où nous allions, mais Papa m'a dit que si j'étudiais un peu mieux à l'école, je ne poserais pas de questions comme ça.

▸ Les Vacances du Petit Nicolas

l'	*Atlantique*
déterminant	**nom propre**

Reconnaître un verbe

À RETENIR

- On appelle **verbe** une **classe de mots** qui permettent de désigner des **actions** *(courir, manger...)* ou des **états** *(être, devenir...)*. On distingue donc les **verbes d'action** et les **verbes d'état**. Parmi les verbes d'action, il existe des verbes **transitifs** et des verbes **intransitifs**.
- Le verbe change de forme selon le **temps**, la **personne** et le **nombre**.
- Le verbe est le **noyau du groupe verbal** : c'est à lui que sont reliés les différents **compléments du verbe**.

L'identification du verbe

49 Qu'exprime le verbe dans la phrase ?

Le verbe sert le plus souvent à exprimer une **action**.

Un jour, un roi **chassait** dans la forêt, et il **se perdit** entre les arbres. Il **s'approcha** par mégarde de la caverne du monstre poilu.
Deux longs bras **surgirent** d'un coin sombre pour attraper le roi.
– Ha ! **s'écria** la vilaine bête, enfin quelque chose de meilleur à manger que les souris.

Le Monstre poilu

Les verbes *chassait, se perdit, s'approcha, surgirent, s'écria* expriment les actions racontées.

50 Le verbe désigne-t-il toujours une action ?

Non ! Les verbes comme *être*, *devenir*, *sembler*, *paraître*, *rester*... n'expriment pas une action ; ils permettent d'**attribuer une caractéristique** (qualité ou défaut) à un être animé ou à un objet. Ces verbes sont appelés **verbes d'état**.

Geoffroy s'est approché du photographe : « C'est quoi, votre appareil ? [...] Il **est** vieux, votre engin, a dit Geoffroy, mon papa il m'en a donné un avec parasoleil, objectif à courte focale, téléobjectif et, bien sûr, des écrans... » Le photographe **a paru** surpris, il a cessé de sourire et il a dit à Geoffroy de retourner à sa place.

Le Petit Nicolas

Il	*est*	*vieux.*
pronom	**verbe d'état**	**qualité**

Le photographe	*a paru*	*surpris.*
nom	**verbe d'état**	**qualité**

51 Comment reconnaître le verbe ?

Le verbe est le seul élément de la phrase qui porte les **marques de la personne**. Il **change de forme** en changeant de **personne**.

Vous me copierez deux cents fois le verbe :
Je n'écoute pas. Je bats la campagne.

Je bats la campagne, **tu bats** la campagne,
Il bat la campagne à coups de bâton.

L'Enfant qui battait la campagne

Je bats : 1re personne du singulier du verbe *battre*
Tu bats : 2e personne du singulier du verbe *battre*
Il bat : 3e personne du singulier du verbe *battre*

Le verbe est le seul élément de la phrase qui porte les **marques du temps**. Il **change de forme** aux différents temps **(présent, passé, futur)**.

Conjugaison de l'oiseau
J'écris
(à la pie)
J'écrivais
(au geai)
J'écrivis
(au courlis)

Conjugaison de l'oiseau

J'écris : présent de l'indicatif
J'écrivais : imparfait de l'indicatif
J'écrivis : passé simple de l'indicatif

Seul le verbe peut être encadré par la négation : **ne... pas, ne... plus, ne... jamais.**

Quand on est chat on n'**est** pas vache
on ne **regarde** pas passer les trains
en mâchant les pâquerettes avec entrain
on reste derrière ses moustaches

Les Animaux de tout le monde

Il ne lui restait plus qu'un coq maigre à faire pitié et trois poules qui ne **pondaient** jamais.

Le Roman de Renart

Les formes du verbe

52 Quels éléments comprend un verbe ?

• Le verbe se compose de deux parties : un **radical** et une **terminaison**.
• Le **radical** porte le **sens** du verbe ; la **terminaison** indique la **personne** et le **temps** auxquels il est conjugué.

je cour- (radical) ais (terminaison)   nous chant- (radical) erons (terminaison)

je courais : verbe *courir* à la 1re personne du singulier de l'imparfait de l'indicatif

nous chanterons : verbe *chanter* à la 1re personne du pluriel du futur de l'indicatif

53 Qu'est-ce que la conjugaison ?

On appelle **conjugaison** d'un verbe l'ensemble des formes que peut prendre ce verbe. Les terminaisons varient en fonction de la personne et du temps.

→ TABLEAUX 505 À 538

j'aime   j'aimerais   nous aimons   nous aimerions

54 Qu'est-ce que l'infinitif ?

L'infinitif est la **forme non conjuguée du verbe**. C'est à l'infinitif que les verbes sont présentés dans les dictionnaires.

Verbes en -er (1er groupe)

aim- (radical) er (terminaison)

Verbes en -ir (2e groupe)

fin- ir
radical terminaison

Verbes en -ir, -oir, -re (3e groupe)

recev- oir
radical terminaison

rend- re
radical terminaison

55 Quels sont les groupes de verbes ?

• Selon la terminaison de leur infinitif, les verbes se répartissent en **trois groupes**.
• Le **1er groupe** est constitué par les verbes qui ont leur **infinitif en -er** ; ce sont les plus fréquents.

aim**er**
détach**er**
navigu**er**

→ PARAGRAPHES 507, 511 À 518

• Le **2e groupe** est constitué par les verbes qui ont leur **infinitif en -ir** et dont le participe présent se termine par **-issant**.

fin**ir**, fin**issant**
obé**ir**, obé**issant**
grand**ir**, grand**issant**

→ PARAGRAPHE 519

• Le **3e groupe** réunit les verbes qui ont leur infinitif en **-ir** dont le participe présent se termine par **-ant** et les verbes qui ont leur infinitif en **-oir** et en **-re**.
Le verbe *aller* fait aussi partie du 3e groupe.

ten**ir** (ten**ant**)
pouv**oir**
vend**re**

→ PARAGRAPHES 520 À 538

56 Quand doit-on utiliser l'infinitif ?

On utilise l'infinitif **après une préposition**.

« Et les problèmes, alors ? » a demandé Agnan, qui n'avait pas l'air content, mais nous, on n'a pas fait attention et on a commencé à **se faire** des passes et c'est drôlement chouette de **jouer** entre les bancs. Quand je serai grand, je m'achèterai une classe, rien que pour **jouer** dedans.

Le Petit Nicolas

à (préposition) *se faire* (verbe à l'infinitif) — *de* (préposition) *jouer* (verbe à l'infinitif)

pour (préposition) *jouer* (verbe à l'infinitif)

On utilise aussi l'infinitif **après un verbe conjugué**.

Comme il regardait du côté du pré, il vit **arriver** dans la cour une petite poule blanche.

Les Contes du chat perché

il vit (verbe conjugué) *arriver* (verbe à l'infinitif)

ATTENTION

Après l'auxiliaire **avoir** ou **être**, on utilise le **participe passé**.

Quand tonton Scipion est **entré** dans la salle à manger, elle a **rétréci** tellement il tenait de place.

J'avais **oublié** comme il était grand et bien plein.

Chichois et la rigolade

tonton Scipion est (auxiliaire *être*) *entré* (participe passé de *entrer*)

elle a (auxiliaire *avoir*) *rétréci* (participe passé de *rétrécir*)

Les constructions du verbe

57 Quel rôle le verbe joue-t-il ?

Le verbe est le **centre de la phrase verbale** ; c'est à lui que sont reliés les autres mots ou groupes de mots de la phrase.

Une jeune fille de quatre-vingt-dix-ans,
En croquant des pommes,
En croquant des pommes,
Une jeune fille de quatre-vingt-dix ans,
En croquant des pommes,
S'est cassé trois dents.

▸ Comptine

Une jeune fille de quatre-vingt-dix ans	*s'est cassé*	*trois dents.*
sujet du verbe	**verbe**	**complément du verbe**

58 Qu'appelle-t-on verbe transitif et verbe intransitif ?

Certains verbes **refusent tout complément du verbe direct ou indirect** : on les appelle verbes **intransitifs.**

arriver défiler mourir partir tomber...

Certains verbes **acceptent un complément du verbe** : on les appelle verbes **transitifs.**

battre écouter manger regarder rencontrer
se moquer (de) penser (à) sourire (à) se souvenir (de)

Certains verbes transitifs **acceptent un complément direct** mais ils **ne l'exigent pas.**

Alors, Alceste m'a demandé de tenir son croissant, et il a commencé à se battre avec Maixent. Et ça, ça m'a étonné, parce qu'Alceste, d'habitude, il n'aime pas se battre, surtout quand il est en train de **manger un croissant**.

▸ Les Récrés du Petit Nicolas

Ici, le verbe transitif *manger* a un complément direct *(un croissant)*.

Quand on parle de **manger**, ça donne faim à Alceste, qui est un copain qui mange tout le temps.

▸ Les Récrés du Petit Nicolas

Ici, le verbe transitif *manger* est employé sans complément direct.

Certains verbes transitifs ne peuvent pas se construire **sans complément direct** ; ils **exigent un complément direct du verbe**, sinon la phrase est incomplète.

L'histoire de la pièce est très compliquée et je n'ai pas très bien compris quand la maîtresse nous l'a racontée. Je sais qu'il y a le Petit Poucet qui **cherche** ses frères et il **rencontre** le Chat Botté et il y a le marquis de Carabas et un ogre qui veut manger les frères du Petit Poucet et le Chat Botté **aide** le Petit Poucet et l'ogre est vaincu et il devient gentil et je crois qu'à la fin il ne mange pas les frères du Petit Poucet et tout le monde est content et ils mangent autre chose.

▸ Le Petit Nicolas

Le verbe *chercher* a pour complément direct *ses frères*.
Le verbe *rencontrer* a pour complément direct *le Chat Botté*.
Le verbe *aider* a pour complément direct *le Petit Poucet*.
Ces verbes exigent un complément direct.

Reconnaître un adjectif qualificatif

À RETENIR

- L'**adjectif qualificatif** sert à préciser une qualité ou un défaut : *beau, laid, méchant, blanc, noir*...

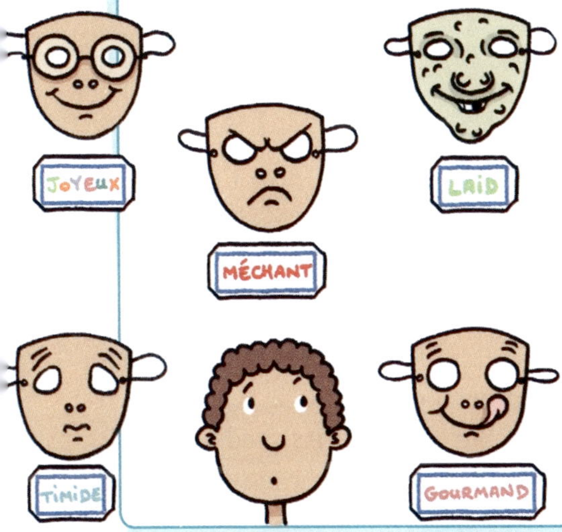

- L'adjectif qualificatif peut occuper la fonction **épithète** (il fait partie du groupe nominal), la fonction **attribut** (il appartient au groupe verbal) ou être **mis en apposition**.
- L'adjectif qualificatif **s'accorde** en genre et en nombre avec le nom qu'il qualifie.

59 À quoi servent les adjectifs qualificatifs ?

Les adjectifs qualificatifs permettent de **décrire** une personne, un animal ou un objet en précisant une ou plusieurs de ses caractéristiques. Ils **qualifient** un **nom** et précisent son sens.

Il était une fois une **petite** fille de village, la plus **jolie** qu'on eût su voir ; sa mère en était folle, et sa mère-grand plus folle encore. Cette bonne femme lui fit faire un **petit** chaperon **rouge**, qui lui seyait si bien, que partout on l'appelait le **Petit** Chaperon **rouge**.

Le Petit Chaperon rouge

Les adjectifs *petite* et *jolie* utilisés pour caractériser l'apparence de la fille sont des adjectifs qualificatifs.

De même, *petit* et *rouge* sont des adjectifs qualificatifs utilisés pour qualifier le nom *chaperon*.

L'emploi des adjectifs qualificatifs permet au lecteur de **se représenter avec plus de précision** ce qui est raconté, décrit ou expliqué.

Version 1 (sans adjectifs qualificatifs)

Au milieu d'une forêt, dans une caverne, vivait un monstre. Il était laid; il avait une tête directement posée sur deux pieds, ce qui l'empêchait de courir.

Version 2 (avec adjectifs qualificatifs)

Au milieu d'une **sombre** forêt, dans une caverne **humide** et **grise**, vivait un monstre **poilu**. Il était laid; il avait une tête **énorme**, directement posée sur deux **petits** pieds **ridicules**, ce qui l'empêchait de courir.

Le Monstre poilu

60 Peut-on supprimer l'adjectif qualificatif ?

Oui ! L'adjectif qualificatif peut être supprimé : on supprime une information mais la phrase reste grammaticalement correcte.

Au bord de l'eau, j'ai vu un **magnifique** cygne **blanc**.

→ *Au bord de l'eau, j'ai vu un cygne.*

61 Comment reconnaître l'adjectif qualificatif épithète ?

Lorsque l'adjectif qualificatif se rapporte **directement** à un nom, il fait partie du **groupe nominal** auquel ce nom appartient. Il occupe la fonction **épithète**.

Qui a volé la clef des champs ?
La pie **voleuse** ou le geai **bleu** ?

La Clef des champs

la pie	*voleuse*	*le geai*	*bleu*
nom noyau	adj. qualificatif épithète	nom noyau	adj. qualificatif épithète
groupe nominal		groupe nominal	

62 Quelle est la place de l'adjectif qualificatif épithète ?

La plupart des adjectifs qualificatifs en fonction épithète se placent **après le nom** qu'ils qualifient. Quelques adjectifs courts et très utilisés *(grand, gros, petit, beau...)* se placent normalement **avant le nom**.

J'ai vu un **gros** rat
Un **gros gros** radar
Qui courait dare-dare
Après un cobra.

Innocentines

Lorsqu'un nom est accompagné de deux adjectifs ou plus, ceux-ci se placent **après** le nom, s'ils sont **coordonnés**.

Il y avait une fois trois petits pois vêtus de vert qui dormaient gentiment dans leur cosse. Leur visage bien rond respirait par les trous de leurs narines et l'on entendait leur ronflement **doux** et **harmonieux**.

› Contes et Propos

Ils **encadrent** le nom, s'ils ne sont pas coordonnés.

un **petit** oiseau **gris**
avec des manchettes
chante
miaou miaou

› Le Pour et le Contre

Un adjectif de **couleur** se place **après** le nom.

J'ai croisé dimanche
tout près de Saint-Leu
une souris **blanche**
portant un sac **bleu**.

› Souris blanche et Souris bleue

63 Un adjectif épithète change-t-il de sens si on le change de place ?

Oui ! Un adjectif peut **changer de sens** si on le change de **place**.

Maixent court très vite, il a des jambes très longues et toutes maigres, avec de gros genoux **sales**.

› Le Petit Nicolas

L'adjectif *sales* placé après le nom signifie « pas propres ».

Et puis, je ne mange pas TOUS les écureuils. Seulement ceux qui ont une **sale** tête.

› Janus, le chat des bois

L'adjectif *sale* placé avant le nom signifie « antipathique ».

64 Comment reconnaître l'adjectif qualificatif attribut ?

Lorsque l'adjectif qualificatif est relié au sujet de la phrase par **un verbe d'état** *(être, sembler...)*, il fait partie du **groupe verbal**. Il occupe la fonction **attribut**.

que la pluie est **humide** et que l'eau mouille et mouille !

▸ Il pleut

que la pluie	*est*	*humide*
	verbe	adj. qualificatif attribut
groupe nominal	groupe verbal	

65 Comment reconnaître l'adjectif qualificatif mis en apposition ?

Un adjectif qualificatif **mis en apposition** est **séparé du nom** (ou du pronom) qu'il qualifie par une **virgule**.

Il y avait une fois trois petits pois qui roulaient leur bosse sur les grands chemins. Le soir venu, **fatigués** et **las** , ils s'endormaient très rapidement.

▸ Contes et Propos

Les adjectifs *fatigués* et *las* sont séparés du pronom *ils* par une virgule.
On peut les déplacer dans la phrase :
***Fatigués et las**, le soir venu, ils s'endormaient très rapidement.*
*Le soir venu, ils s'endormaient très rapidement, **fatigués et las**.*

L'apposition donne souvent une explication : c'est parce qu'ils étaient fatigués et las qu'ils s'endormaient rapidement.

66 Comment accorder l'adjectif qualificatif ?

L'adjectif qualificatif, quelle que soit sa fonction, s'accorde en **genre** (masculin ou féminin) et en **nombre** (singulier ou pluriel) avec le nom qu'il qualifie.

L'enchanteur, tout **surpris**, regardait de tous côtés sans rien voir : « Je suis Oiseau Bleu », dit le roi d'une voix **faible** et **languissante**. À ces mots, l'enchanteur le trouva sans peine dans son **petit** nid.

L'Oiseau bleu

l'enchanteur (nom masculin singulier) *tout* *surpris* (adj. masculin singulier)

une voix (nom féminin singulier) *faible* (adj. féminin singulier) *et* *languissante* (adj. féminin singulier)

son *petit* (adj. masculin singulier) *nid* (nom masculin singulier)

Lorsqu'un adjectif qualifie plusieurs noms **singuliers**, il se met au **pluriel**.

Le roi et son frère, qui étaient **prisonniers**, et qui savaient que leur sœur devait arriver, s'étaient habillés de beau pour la recevoir.

La Princesse Rosette

Le roi (n. singulier) *et* *son frère* (n. singulier) *qui étaient* *prisonniers* (adj. pluriel)

Lorsqu'un adjectif qualifie plusieurs noms, l'un **masculin**, l'autre **féminin**, il se met au **masculin pluriel**.

Il était une fois un roi et une reine qui étaient si **fâchés** de n'avoir point d'enfants, si fâchés qu'on ne saurait dire. Ils allèrent à toutes les eaux du monde, vœux, pèlerinages, menues dévotions, tout fut mis en œuvre, et rien n'y faisait.

La Belle au bois dormant

un roi et une reine qui étaient si fâchés

roi	reine	fâchés
nom masculin singulier	nom féminin singulier	adjectif masculin pluriel

ATTENTION

Les noms de **fleurs** ou de **fruits** employés comme adjectifs ne s'accordent ni en genre ni en nombre, sauf *rose* et *mauve*.

→ PARAGRAPHE 191

Elle a des taches de rousseur
Des yeux **pistache** et de grands pieds

Innocentines

La pistache est un fruit de couleur verte.
Employé ici comme adjectif, *pistache* ne s'accorde pas.

Tout à coup l'orage accourt
avec ses grosses bottes **mauves**

L'Orage

La mauve est une plante à fleurs violet pâle.
Employé ici comme adjectif, *mauve* s'accorde : c'est une exception.

Reconnaître les degrés de l'adjectif qualificatif

À RETENIR

- Le **comparatif** et le **superlatif** d'un adjectif qualificatif permettent de **comparer** deux qualités ou deux défauts.
- Le comparatif et le superlatif suivent les règles d'accord de l'adjectif qualificatif.
- *Bon* et *mauvais* ont un comparatif de supériorité et un superlatif **irréguliers**.

67 Qu'est-ce que le comparatif ?

- Un adjectif qualificatif précise les caractéristiques, qualités ou défauts, d'un être animé ou d'un objet. Pour établir des **comparaisons** entre deux êtres animés ou deux objets possédant la **même caractéristique**, on utilise les degrés de l'adjectif.
- Le **comparatif de supériorité** indique qu'un être animé ou un objet possède **plus** une caractéristique qu'un autre.

Le cheval, qui était alors occupé de son portrait, jeta un coup d'œil sur celui du coq et fit une découverte qui l'emplit aussitôt d'amertume.
– À ce que je vois, dit-il, le coq serait **plus** gros **que** moi?

Les Contes du chat perché

- Le **comparatif d'infériorité** sert à indiquer qu'un être animé ou un objet possède **moins** une caractéristique qu'un autre.

Rex s'est mis à manger les bégonias, mais c'est **moins** grave **que** pour le fauteuil du salon, parce que nous avons plus de bégonias que de fauteuils.

Le Petit Nicolas

• Le **comparatif d'égalité** indique qu'un être animé ou un objet possède **autant** une caractéristique qu'un autre.

Alors, le professeur a jeté son sifflet par terre et il a donné des tas de coups de pied dessus. La dernière fois que j'ai vu quelqu'un d'**aussi** fâché **que** ça, c'est à l'école, quand Agnan, qui est le premier de la classe et le chouchou de la maîtresse, a su qu'il était second à la composition d'arithmétique.

▸ Les Vacances du Petit Nicolas

68 Qu'est-ce que le superlatif ?

Pour indiquer que, parmi un ensemble d'êtres animés ou d'objets, certains possèdent **plus que tous les autres** ou **moins que tous les autres** une qualité ou un défaut, on emploie le **superlatif de supériorité** *(le plus..., la plus..., les plus...)* et le **superlatif d'infériorité** *(le moins..., la moins..., les moins...)*.

Le cochon regarda le coq et l'oie avec un air peiné et soupira :
– Je comprends... oui, je comprends. Vous êtes jaloux, tous les deux. Et pourtant, est-ce qu'on a jamais rien vu de plus beau que moi ? Tenez, les parents me le disaient encore tout à l'heure. Allons, soyez sincères. Dites-le, que je suis **le plus beau**.

▸ Les Contes du chat perché

Oiseau, bel oiseau joli,
Qui te prêtera sa cage ?
La plus sage,
La moins sage
Ou le roi d'Astragolie ?

▸ La Poèmeraie

69 Qu'appelle-t-on comparatif et superlatif irréguliers ?

Les adjectifs ***bon*** et ***mauvais*** ne construisent pas leur comparatif de supériorité et leur superlatif avec le mot ***plus***. Ils ont un **comparatif de supériorité** et un **superlatif irréguliers**.

	COMPARATIF DE SUPÉRIORITÉ	SUPERLATIF DE SUPÉRIORITÉ
bon	meilleur que...	le meilleur
mauvais	pire que...	le pire

ATTENTION

Les comparatifs d'infériorité et d'égalité de ***bon*** et ***mauvais*** sont réguliers : *moins bon que..., moins mauvais que...*
On ne doit pas dire : *moins pire que...*

Reconnaître les déterminants

À RETENIR

- Le plus souvent, les noms sont **précédés** d'un **déterminant**.
- Les déterminants se répartissent en **deux** grandes **catégories**.

ARTICLES	EXEMPLES
définis	Je vois **le** ciel.
indéfinis	Je vois **un** chien.
partitifs	Je vois **du** verglas, là-bas.

DÉTERMINANTS	EXEMPLES
possessifs	**ma** voiture
démonstratifs	**cette** voiture
numéraux	**deux** voitures
indéfinis	**quelques** voitures
exclamatifs	**quelle** voiture !
interrogatifs	**quelle** voiture ?

Les différents déterminants

70 Quelle est la place du déterminant dans le groupe nominal ?

Le déterminant se place presque toujours **devant** le nom commun. Il permet de savoir où commence le GN.

Aucune bête n'est aussi vile
Que Croquemi-Croque **le** crocodile.
Chaque samedi, il lui faut dévorer
Six petits enfants pour **son** déjeuner.

▸ Sales Bêtes

aucune	*bête*
déterminant	nom
groupe nominal	

le	*crocodile*
déterminant	nom
groupe nominal	

chaque	*samedi*
déterminant	nom
groupe nominal	

six	*petits*	*enfants*
déterminant	adjectif	nom
groupe nominal		

son	*déjeuner*
déterminant	nom
groupe nominal	

71 Un nom est-il toujours précédé d'un déterminant ?

• Non ! Il arrive parfois que le nom ne soit pas précédé d'un déterminant.

→ PARAGRAPHE 47

• Il n'y a pas de déterminant devant certains **noms propres** comme *Pierre, Paris*... Mais il y en a devant des mots comme ***les*** *Alpes*, ***la*** *Seine*...

→ PARAGRAPHE 48

• Il n'y a pas de déterminant **après** certaines **prépositions** comme *avec, en, par*...

Il n'était pas rare de croiser sur la route, même très loin de la côte, une méduse **en promenade**, un poulpe baladeur, une sirène solitaire ou un couple d'ondins **en voyage de noces**.

▸ Contes de la Folie-Méricourt

ATTENTION

Avec ces prépositions (*par*, *avec*...), le nom est précédé d'un **déterminant** s'il est accompagné d'un **complément** ou d'un **adjectif qualificatif**.

Puis Mr Wonka recommença. Cette fois les mots jaillirent à toute vitesse, **avec la** force et **la** violence de boulets de canon. «Zoonk-zoonk-zoonk-zoonk!»

Charlie et le Grand Ascenseur en verre

de boulets de canon : complément du nom

72 Les déterminants

Les déterminants se divisent en deux grandes catégories : les **articles** et ce que l'on appelait autrefois **adjectifs non qualificatifs** (possessifs, démonstratifs ...).

ARTICLES	SINGULIER	PLURIEL
définis	le, la, l'	les
indéfinis	un, une	des
partitifs	du, de la, de l'	des

DÉTERMINANTS	SINGULIER	PLURIEL
possessifs	mon, ton, son ma, ta, sa notre, votre, leur	mes, tes, ses nos, vos, leurs
démonstratifs	ce, cet, cette	ces
numéraux	un	deux, trois, quatre...
indéfinis	aucun(e), chaque, nul(le), tout(e), quelque...	plusieurs, quelques, certain(e)s...
exclamatifs	quel, quelle	quels, quelles
interrogatifs	quel, quelle	quels, quelles

Les articles

73 À quoi servent les articles définis et indéfinis ?

Les **articles indéfinis (un, une, des)** indiquent que l'**on ne sait rien** de la personne, de l'animal ou de l'objet dont on parle.

Le bonhomme, après avoir pris son chocolat, sortit pour aller chercher son cheval et, comme il passait sous un berceau de roses, il se souvint que la Belle lui en avait demandé, et cueillit une branche où il y en avait plusieurs. À cet instant il entendit un grand bruit et vit venir à lui **une** bête si horrible qu'il fut tout prêt de s'évanouir.

La Belle et la Bête

une bête : on ne dit pas de quelle bête il s'agit.

Les **articles définis (le, la, l', les)** indiquent que l'**on connaît** le personnage, l'animal ou l'objet dont il est question.

Au-dessus de la vallée, sur une colline, il y avait **un** bois.
Dans **le** bois, il y avait **un** gros arbre.
Sous **l'**arbre, il y avait **un** trou.
Dans **le** trou vivaient Maître Renard, Dame Renard et leurs quatre renardeaux.

Fantastique Maître Renard

un bois : c'est la première fois que l'on parle de ce bois, on ne sait pas de quel bois il s'agit.
le bois : c'est la deuxième fois que l'on en parle ; c'est le même bois que celui de la phrase précédente.

– Mais alors, de qui avais-tu fait la connaissance, si ce n'était pas d'un mistouflon ? dit un enfant qui commençait à s'impatienter.
– ... Eh bien... d'**une** mistouflette, avoua le mistouflon en baissant la tête.
– AHHHH ! dirent les enfants.
Puis, il se fit un grand silence.
Et on discuta, et pati et coufi... et comme le lendemain était un mercredi, on décida d'aller chercher **la** mistouflette du mistouflon dans le Luberon.

▸ L'Année du mistouflon

une mistouflette : c'est la première fois que le mistouflon en parle, on ne la connaît pas.
la mistouflette du mistouflon : c'est la deuxième fois que l'on en parle, et elle est déterminée par un complément du nom (*du mistouflon*).

ATTENTION

Ne confondez pas *la, le, les* **articles**, qui se placent devant un nom, et *la, le, les* **pronoms**, qui se placent devant un verbe.

La contrebasse est toujours contre,
elle grogne et fait sa grosse voix.
La mélodie qu'elle rencontre
elle **la** sermonne et **la** rudoie.

▸ Musique de chambre

la	*contrebasse*	*la*	*mélodie*
déterminant	**nom**	**déterminant**	**nom**
la	*sermonne*	*la*	*rudoie*
pronom	**verbe**	**pronom**	**verbe**

74 au, aux et du, des

Les mots **au**, **aux**, **du** et **des** contiennent à la fois l'article défini et une préposition.

à + le → au

Le chêne dit un jour **au** roseau:
« N'êtes-vous pas lassé d'écouter cette fable ? »

▸ Le Chêne et le Roseau

à + les → aux

S'il y a des fils entre les poteaux électriques, c'est pour permettre **aux** oiseaux de disposer de plus de place.

▸ Réponses bêtes à des questions idiotes

de + le → du

Pendant qu'ils parlaient **du** cheval, le chat regardait les petites en hochant la tête, comme pour leur dire que toutes ses paroles ne servaient à rien et qu'il valait mieux ne pas s'entêter.

▸ Les Contes du chat perché

de + les → des

Bulle, bulle, jolie bulle
Où j'aperçois mon visage
Plus rond que la pleine lune.

Ah ! méfie-toi **des** branchages,
Du vent toujours capricieux,
Des oiseaux et **des** nuages !

▸ Bulle de savon

75 Qu'est-ce que l'article partitif ?

Du, de la, de l', des sont des articles **partitifs**.
On les trouve devant des noms **non dénombrables**, c'est-à-dire qu'on ne peut pas compter.

Monstre blanc, voici **du** flan.
Monstre noir, voici des poires.

▸ Jean-Yves à qui rien n'arrive

C'est l'Horrifiant Engoulesang Casse-Moloch Écrase-Roc ! Il va m'attraper, me sucer le sang, me casser le moloch, m'écraser le roc et me tailler en petits morceaux, et puis il me recrachera comme **de la** fumée et c'en sera fini de moi !

▸ Les Minuscules

À la forme négative, on emploie **de** à la place de **du, de la** et **de l'**.

Il n'arrivait pas seul : il amenait avec lui une famille parisienne qui se composait de trois personnes : M. Barbichou, qui avait de la barbe sur les joues ; Mme Barbichou, qui avait aussi de la barbe, mais pas beaucoup ; et le petit Paul Barbichou, qui n'avait que dix ans et pas **de** barbe du tout.

▸ Contes d'ailleurs et d'autre part

ATTENTION

Ne confondez pas *de la*, **article** partitif, et *de la*, **préposition** + **article** défini.

De même au ras du sol, cette chose qui passe en soulevant **de la** poussière, cette boule rapide de plumes frissonnantes, ce n'est pas l'autruche, c'est le vent.

▸ Petits Contes nègres pour les enfants des Blancs

de la poussière : article partitif *de la* + nom *poussière*.

De tous les pays du monde, des friandises étonnantes arrivaient par avion. Cerfs-volants-lunes du Japon, pâtes fourrées d'ylang-ylang des îles Fidji, guna-pagunas frottés de ramaro de Madagascar, petits fours glacés **de la** Terre de Feu...

▸ La Girafe, le Pélican et moi

de la Terre de Feu : préposition *de* + GN *la Terre de Feu*.

Les déterminants possessifs, démonstratifs, numéraux, indéfinis

76 À quoi servent les déterminants possessifs ?

Le **déterminant possessif** indique que la personne, l'animal ou l'objet dont il est question **appartient à quelqu'un.**
Il marque donc une relation de **possession.**

Par moment, je sentais **mes** yeux se fermer et **ma** tête devenir lourde.

▸ Lettres de mon moulin

mes yeux, ma tête : tout cela appartient au narrateur.

Un escargot fumant **sa** pipe
portait **sa** maison sur **son** dos.

▸ L'Escargot matelot

sa pipe, sa maison, son dos : tout cela appartient à l'escargot.

77 À quoi servent les déterminants démonstratifs ?

Les **déterminants démonstratifs (ce, cet, cette, ces)** servent à désigner, à **montrer** une personne, un animal ou un objet.

Cas très intéressant d'hallucination : **ce** ver se prend pour une baguette.

▸ Le Ver, cet inconnu

Ils servent aussi à **attirer l'attention** sur quelqu'un ou quelque chose dont on a parlé.

Alors il se passa quelque chose d'étonnant : un poisson sauta hors de l'eau. Sa peau était grisâtre. **Ce** poisson retomba sur le dos de la baleine et il se mit à siffloter une petite chanson sans queue ni tête de poisson.

Réponses bêtes à des questions idiotes

78 Quelles sont les formes composées du déterminant démonstratif ?

En ajoutant **-ci** ou **-là**, on peut souligner la **proximité (-ci)** ou l'**éloignement (-là)** de ce dont on parle.

– Un bain par mois, c'est bien suffisant pour un enfant.
C'est à **ces** moments-**là** que j'aimais le plus Grand-mère.

Sacrées Sorcières

79 Comment utiliser les déterminants numéraux ?

Les **déterminants numéraux (un, deux, trois...)** servent à indiquer le **nombre** de personnes, d'animaux ou d'objets dont on parle. On les écrit **en lettres** dans les textes, mais on doit parfois les écrire **en chiffres** (en mathématiques, dans une recette...).

50 : cinquante 2 000 : deux mille

Les déterminants numéraux sont **invariables**, sauf **vingt** et **cent**.

ATTENTION

Les nombres **inférieurs à cent** s'écrivent avec un **trait d'union** : *quatre-vingt-dix-neuf*.

Nouvelle orthographe

La réforme autorise à écrire tous les déterminants numéraux avec un trait d'union. Ex. : **six-cents** ans, **deux-cents** euros.

GRAMMAIRE

80 Quels sont les déterminants indéfinis ?

Les principaux déterminants indéfinis sont **tout** *(toute, tous, toutes)*, **quelque** *(quelques)*, **aucun** *(aucune)*, **chaque**, **plusieurs**, **certain(e)s**.

L'infante, qui avait entendu les tambours et le cri des hérauts d'armes, s'était bien doutée que sa bague faisait ce tintamarre : elle aimait le prince ; et, comme le véritable amour est craintif et n'a point de vanité, elle était dans la crainte continuelle que **quelque** dame n'eût le doigt aussi menu que le sien.

› Peau d'Âne

Reconnaître les pronoms

À RETENIR

- On emploie un **pronom** pour **ne pas répéter** un nom ou un GN. Quel que soit le pronom utilisé, on doit être sûr que celui à qui l'on s'adresse pourra savoir de qui ou de quoi l'on parle.
- Les pronoms **personnels** représentent les personnes qui parlent *(je, nous)*, à qui on parle *(tu, vous)* ou dont on parle *(il, elle, ils, elles)*.
- Les pronoms **possessifs** désignent un être vivant ou un objet en indiquant en même temps à qui il appartient : *le mien, le sien...*
- Les pronoms **démonstratifs** désignent une personne ou un objet sans le nommer : *celui-ci, celle-ci...*
- Les pronoms **indéfinis** *(chacun(e), tous, aucun(e), rien, personne, certain(e)s, les uns, les autres, quelques-un(e)s)* permettent de désigner tous les éléments, certains des éléments ou aucun des éléments d'un groupe.
- Les pronoms **relatifs** *(qui, que, où...)* permettent de ne pas répéter le nom antécédent qu'ils remplacent.
- Les pronoms **interrogatifs** *(qui ? que ?...)* permettent de s'interroger sur le responsable d'une action ou sur qui la subit.

Le rôle des pronoms

81 Quand peut-on utiliser les pronoms ?

On utilise un pronom lorsque l'on ne veut pas répéter un nom ou un GN. Il faut qu'on soit certain que celui à qui l'on s'adresse peut sans difficulté **savoir quelle personne**, **quel animal** ou **quel objet** ce pronom **représente**.

Et tout à coup la pendule fit tressaillir Donald. On eût dit qu'**elle** cédait à une petite crise de nerfs, mais c'était toujours ainsi quand **elle** s'apprêtait à sonner l'heure, et **elle** sonna dix heures. Donald compta les coups et ferma les yeux avant le dernier.
Un grand bruit épouvantable **le** réveilla en sursaut. Des pieds larges et pesants marchaient autour de **lui** et le fauteuil à bascule sous **lequel il** s'était tapi fut brusquement tiré de côté. À peine eut-**il** le temps de reculer que l'oncle Fitz se laissait tomber dans le fauteuil. **Celui-ci** se mit à plonger en avant, puis en arrière comme un cheval fou, mais une minute plus tard **tout** se calmait. Oncle Fitz et cousin Jo, assis **l'un** en face de **l'autre**, se mirent à parler très fort dans une bonne odeur de porto et de tabac.

La Nuit des fantômes

Chaque pronom en gras correspond à un personnage ou un objet dont on a **déjà** parlé.

PERSONNAGES	PRONOMS
la pendule	elle, elle, elle
Donald	le, lui, il, il
le fauteuil à bascule	lequel, celui-ci
[le bruit]	tout
Oncle Fitz	l'un
cousin Jo	l'autre

Les pronoms personnels

82 À quoi servent les pronoms personnels ?

Un pronom personnel permet à celui qui parle de **désigner** une personne **sans la nommer**.

Delphine, devenue un bel ânon, était beaucoup plus petite que sa sœur, un solide percheron qui **la** dépassait d'une bonne encolure.
– **Tu** as un beau poil, dit-**elle** à sa sœur, et si **tu** voyais ta crinière, **je** crois que **tu** serais contente.

Les Contes du chat perché

Le pronom *tu* désigne la sœur de Delphine.
Les pronoms *la*, *elle* et *je* désignent Delphine elle-même.

83 Quels sont les pronoms personnels ?

Les pronoms personnels changent selon la **personne** qu'ils désignent.

La Belle soupa de bon appétit. **Elle** n'avait presque plus peur du monstre, mais **elle** manqua mourir de frayeur lorsqu'**il** lui dit :
« La Belle, voulez-**vous** être ma femme ? »
Elle fut quelque temps sans répondre : **elle** avait peur d'exciter la colère du monstre en refusant sa proposition.

La Belle et la Bête

Le pronom *elle* désigne la Belle, c'est un pronom féminin de 3e personne du singulier. Le pronom *il* désigne le monstre, c'est un pronom masculin de 3e personne du singulier.
Le pronom *vous* désigne la Belle dans la question posée par le monstre, c'est un pronom de 2e personne du pluriel (ici de politesse au singulier).

Ils varient aussi selon la **fonction** qu'ils occupent.

La mer, vous commencez à **la** connaître, **elle** s'occupe de tant de choses à la fois qu'**elle** ne sait plus raconter les histoires.

▸ Bulle ou la voix de l'océan

la, elle, elle désignent la mer ; *la* est un pronom complément direct du verbe ; *elle* est un pronom sujet.

Observez bien un barbu manger, et vous verrez que, même s'**il** ouvre grand la bouche, il **lui** est difficile d'avaler du ragoût, de la glace ou de la crème au chocolat sans en laisser des traces sur sa barbe.

▸ Les Deux Gredins

il, lui désignent un barbu ; *il* est un pronom sujet ; *lui* est un pronom complément indirect.

Et comment le gros méchant lion d'Afrique de la voisine du dessus a-t-**il** pu dévorer la pauvre gazelle d'Afrique avec de grands yeux du voisin du dessous ?

▸ Les Meilleurs Contes d'Astrapi

il désigne le lion ; c'est un pronom sujet.

Les pronoms personnels

		SUJET	COMP. DIRECT	COMP. INDIRECT	COMP. DE LIEU
SINGULIER	1re pers.	je	me	me, moi	
	2e pers.	tu	te	te, toi	
	3e pers.	il, elle, on	le, la, en	lui, elle, en, y	en, y
PLURIEL	1re pers.	nous	nous	nous	
	2e pers.	vous	vous	vous	
	3e pers.	ils, elles	les	leur, eux, elles, en, y	en, y

84 Quelle est la forme renforcée des pronoms personnels ?

Lorsqu'on veut **insister** sur la personne dont on parle, on utilise la forme renforcée des pronoms personnels : **moi, toi, lui, elle, nous, vous, eux, elles ; à moi, pour toi...**

Nous, on regardait partout, et le monsieur courait dans le magasin en criant : « Non, non, ne touchez pas ! Ça casse ! » **Moi**, il me faisait de la peine, le monsieur. Ça doit être énervant de travailler dans un magasin où tout casse.

› Les Récrés du Petit Nicolas

Corentin est venu, il a dit bonjour à Maman, à Papa et on s'est donné la main. Il a l'air assez chouette, pas aussi chouette que les copains de l'école, bien sûr, mais il faut dire que les copains de l'école, **eux**, ils sont terribles.

› Le Petit Nicolas et les Copains

85 Dans quel ordre placer les pronoms le, la, les et lui, leur employés ensemble ?

Les pronoms personnels compléments directs du verbe **le**, **la**, **les** se placent **avant** les pronoms personnels compléments indirects du verbe **lui**, **leur** *(le lui, le leur, la lui, la leur, les lui, les leur)*.

Le fauteuil s'avance au coin de la cheminée et commence son discours :
– Quand le chat Hector veut venir dormir sur mon siège, il me demande poliment la permission et me remercie quand je **la lui** donne.

› Les Coups en dessous

GRAMMAIRE

86 Quand remplacer un nom par en ?

Le pronom personnel **en** permet de remplacer un nom **non dénombrable** *(herbe, soupe)* en fonction **complément direct du verbe.**

→ PARAGRAPHE 75

– Attends, j'en connais une qui va te faire sécher, dit le lièvre. Qu'est-ce que je peux battre à grands coups sans laisser de trace ?
– J'habite à côté et j'**en** bois, dit la tortue. C'est l'eau.

▸ Dix Contes d'Afrique noire

j'en bois = je bois de l'eau
compl. direct — compl. direct

Le pronom personnel **en** permet aussi de remplacer un nom (objet, animal, idée) en fonction **complément indirect** introduit par **de.**

– Oh ! je t'en prie, excuse-moi ! s'écria de nouveau Alice, car, cette fois-ci, la Souris était toute hérissée, et la petite fille était sûre de l'avoir offensée gravement. Nous ne parlerons plus de ma chatte, puisque ça te déplaît.
– Nous n'**en** parlerons plus ! s'écria la Souris qui tremblait jusqu'au bout de la queue.

▸ Les Aventures d'Alice au pays des merveilles

nous n'en parlerons plus = nous ne parlerons plus de ma chatte
compl. indirect — compl. indirect

ATTENTION

On emploie **de lui** *(de moi, de toi...)* pour remplacer les noms compléments indirects qui représentent des **êtres humains**.

Agnan s'est mis à crier et à pleurer, il a dit que personne ne l'aimait, que c'était injuste, que tout le monde profitait **de lui**...

▸ Le Petit Nicolas et les Copains

Le pronom personnel **en** permet enfin de remplacer un nom (objet, animal, idée) en fonction **complément de lieu**.

Paul l'ours blanc prit un bain dans un geyser fumant. Il trouva cela horrible, mais il **en** ressortit aussi blanc que la neige, et sa famille le regarda avec une grande admiration.

▸ La Conférence des animaux

il en ressortit = il ressortit du geyser
compl. de lieu — compl. de lieu

87 Quand remplacer un nom par y ?

Le pronom personnel **y** permet de remplacer un nom (objet, animal, idée) **complément indirect du verbe** introduit par **à**.

La fermière eut beau mitonner des pâtées délicieuses, supplier Antoine d'**y** goûter, le jeune porc continua obstinément à réclamer des citrons pressés, des pamplemousses sans sucre, des biscottes sans sel et des yoghourts à zéro pour cent de matière grasse.

▸ Le Mouton noir et le Loup blanc

d'y goûter = de goûter aux pâtées délicieuses
compl. indirect — compl. indirect

ATTENTION

On emploie **à lui** *(à moi, à toi...)* pour remplacer les noms compléments indirects qui représentent des **êtres humains**.

Autrefois, près du village au bord du fleuve vivait un jaguar très rusé. Quand un problème survenait dans la grande forêt, on faisait toujours appel **à lui**.

▸ Le Roi des piranhas

on faisait appel à lui = on faisait appel au jaguar
compl. indirect — compl. indirect

Le pronom personnel **y** permet de remplacer un nom qui est en fonction **complément de lieu.**

– J'ai traversé une terre jusqu'ici inconnue, révélait un jour mon ami, le professeur Rouboroubo… Il **y** faisait tellement chaud, tellement sec, que les vaches donnaient du lait en poudre.

▸ Réponses bêtes à des questions idiotes

il y faisait tellement chaud
compl. de lieu
= il faisait tellement chaud sur cette terre inconnue
compl. de lieu

Les pronoms possessifs

88 À quoi servent les pronoms possessifs ?

Les pronoms possessifs permettent de remplacer un nom en indiquant **celui** ou **celle qui possède** l'objet ou l'être animé désigné par le nom.

La maîtresse s'est mise à crier, elle nous a donné des retenues, et Geoffroy a dit que si on ne retrouvait pas sa montre, il faudrait que la maîtresse aille parler à son père, et Joachim a dit qu'il faudrait qu'elle aille parler **au sien** aussi, pour le coup du coupe-papier.

▸ Le Petit Nicolas a des ennuis

au sien = au père de Joachim

Tout le monde le sait, un visage sans barbe, comme **le vôtre** ou **le mien**, se salit si on ne le lave pas régulièrement.

▸ Les Deux Gredins

le vôtre = votre visage *le mien = mon visage*

89 Quels sont les pronoms possessifs ?

Les pronoms possessifs **changent de forme** selon **la** ou **les personnes qui possèdent.**

C'est moi qui possède : *le mien, la mienne, les miens, les miennes.*
C'est lui/elle qui possède : *le sien, la sienne, les siens, les siennes.*
Ce sont eux/elles qui possèdent : *le leur, la leur, les leurs.*
etc.

Les pronoms possessifs varient en **genre** et en **nombre**.
Ils prennent le genre et le nombre de **ce qui est possédé**.

mon vélo → le mien
masculin singulier → **masculin singulier**

ma maison → la mienne
féminin singulier → **féminin singulier**

Les pronoms possessifs

	SINGULIER Un seul objet est possédé		PLURIEL Des objets sont possédés	
	Masculin	Féminin	Masculin	Féminin
c'est à moi	le mien	la mienne	les miens	les miennes
c'est à toi	le tien	la tienne	les tiens	les tiennes
c'est à lui/elle	le sien	la sienne	les siens	les siennes
c'est à nous	le nôtre	la nôtre	les nôtres	les nôtres
c'est à vous	le vôtre	la vôtre	les vôtres	les vôtres
c'est à eux/elles	le leur	la leur	les leurs	les leurs

ATTENTION

- Les pronoms **le nôtre** et **le vôtre** prennent un accent circonflexe, alors que les déterminants **notre** et **votre** s'écrivent sans accent.
- Le pronom **leur** ne change pas de forme au féminin : **le leur**, **la leur**.

Les pronoms démonstratifs

90 À quoi servent les pronoms démonstratifs ?

Les pronoms démonstratifs permettent de désigner sans les nommer un objet, une personne ou un événement en les distinguant **comme si on les montrait** du doigt.

Une hirondelle en ses voyages
Avait beaucoup appris. Quiconque a beaucoup vu
Peut avoir beaucoup retenu.
Celle-ci prévoyait jusqu'aux moindres orages,
Et devant qu'ils fussent éclos,
Les annonçait aux matelots.

▸ L'Hirondelle et les Petits Oiseaux

celle-ci = l'hirondelle

« Oh ! dit le roi, je veux te donner un grand équipage.
– **Cela** n'est point nécessaire, répondit-il ; il ne me faut qu'un bon cheval, avec des lettres de votre part. »

▸ La Belle aux cheveux d'or

cela = te donner un grand équipage

91 Quels sont les pronoms démonstratifs ?

Certains pronoms démonstratifs **changent de forme** selon le **genre** et le **nombre** du **nom qu'ils remplacent** *(celui, ceux, celle, celles, celui-ci, celle-ci...)*.

As-tu déjà réuni en tas toutes les bulles de l'océan Indien pour affirmer que **celle-ci** est la plus belle ?

▸ Bulle ou la voix de l'océan

celle-ci	=	*cette bulle*
féminin singulier		**féminin singulier**

D'autres pronoms démonstratifs *(ce, ceci, cela, ça)* ne remplacent pas un nom mais représentent un événement, une opinion... Ils **ne changent pas de forme** : ils sont invariables.

– Bien. Nous allons passer au jeu suivant. Tout le monde face à la mer. Au signal, vous allez tous à l'eau ! Prêts ? Partez !
Ça, **ça** nous plaisait bien, ce qu'il y a de mieux à la plage, avec le sable, c'est la mer.

Les Vacances du Petit Nicolas

Les pronoms démonstratifs

	SINGULIER		PLURIEL		INVARIABLE
	Masculin	Féminin	Masculin	Féminin	
Formes simples	celui	celle	ceux	celles	ce/c'
Formes composées	celui-ci celui-là	celle-ci celle-là	ceux-ci ceux-là	celles-ci celles-là	ceci cela, ça

92 À quoi servent les formes composées ?

Les formes composées *(celui-ci, celui-là...)* permettent de distinguer deux objets selon qu'ils sont **proches** *(celui-ci)* ou **éloignés** *(celui-là)*.

– Ce sont **ceux-là**, a dit le directeur, ceux dont je vous ai parlé.
– Ne vous inquiétez pas, Monsieur le Directeur, a dit le docteur, nous sommes habitués ; avec nous, ils marcheront droit. Tout va se passer dans le calme et le silence.
Et puis on a entendu des cris terribles ; c'était le Bouillon qui arrivait en traînant Agnan par le bras.
– Je crois, a dit le Bouillon, que vous devriez commencer par **celui-ci** ; il est un peu nerveux.

Le Petit Nicolas et les Copains

Les pronoms indéfinis

93 Qu'appelle-t-on pronom indéfini ?

Les pronoms indéfinis **aucun**, **rien**, **personne** permettent de ne considérer **aucun des éléments** d'un groupe.

Il était une fois une histoire, une très, très belle histoire, mais que **personne** n'avait jamais écrite ni racontée, parce que **personne** ne la connaissait.

▸ Histoire du prince Pipo…

– Ce n'est pas de la force qu'il faut pour lutter contre Renart, mais de la prudence et de l'habileté. Ne craignez **rien**, Tybert, vous serez largement récompensé de vos peines.

▸ Le Roman de Renart

Les pronoms indéfinis **tous** *(toutes, tout)* et **chacun** *(chacune)* permettent de désigner **tous les éléments** d'un groupe.

Le Bouillon, c'est notre surveillant, et il se méfie quand il nous voit **tous** ensemble.

▸ Le Petit Nicolas et les Copains

Cependant tout le palais s'était réveillé avec la princesse ; **chacun** songeait à faire sa charge, et comme ils n'étaient pas tous amoureux, ils mouraient de faim ; la dame d'honneur, pressée comme les autres, s'impatienta, et dit tout haut à la princesse que la viande était servie. Le prince aida la princesse à se lever ; elle était tout habillée et fort magnifiquement.

▸ La Belle au bois dormant

Les pronoms indéfinis **certains** *(certaines)*, **les uns** *(les unes)*, **les autres**, **quelques-uns** *(quelqu'un, quelques-unes)*… permettent de désigner **certains éléments** d'un groupe.

Pendant des jours, pendant des semaines, la pauvre histoire chercha en vain **quelqu'un** qui pût l'écrire ou qui voulût la raconter. [...] **Les uns** la trouvaient trop ceci et pas assez cela. **Les autres**, au contraire, lui reprochaient d'être trop cela et pas assez ceci.

▸ Histoire du prince Pipo...

Les pronoms relatifs

94 Qu'est-ce qu'un pronom relatif ?

Un pronom relatif **introduit** une **proposition relative**.

Le premier orphelin **qui** monta sur l'estrade était un agneau **qui** fut aussitôt adopté par un gros mouton de l'assemblée. Suivit un marcassin **qu'**une famille de sangliers réclama, et le défilé des orphelins continua ainsi sans incident jusqu'au moment où un vieux renard prétendit adopter les deux canetons **que** les petites avaient rencontrés dans la matinée.

▸ Les Contes du chat perché

J'ai repéré un coin tranquille,
Où je me rends, hors de la ville.
Un endroit idéal, la clairière rêvée
Pour s'empiffrer en paix de chocolats fourrés.

▸ Sales Bêtes

Les pronoms relatifs

FORMES SIMPLES	qui, que, qu', dont, où
FORMES COMPOSÉES (article + quel)	lequel, laquelle, lesquels, lesquelles auquel, à laquelle, auxquels, auxquelles duquel, de laquelle, desquels, desquelles

GRAMMAIRE

95 Qu'est-ce que l'antécédent du pronom relatif ?

Le mot que le pronom relatif **remplace** s'appelle **antécédent** du pronom relatif. Il est placé **avant** le pronom relatif.

1. Gaspard aimait beaucoup flairer-mordre-mâcher-mâchouiller-manger **les herbes**.
2. **Les herbes** poussent dans le fond du jardin.

→ Gaspard aimait flairer-mordre-mâcher-mâchouiller-manger **les herbes** qui poussent dans le fond du jardin.

Le Chat qui parlait malgré lui

Le pronom relatif *qui* évite de répéter le mot *herbes*.
Le mot *herbes* est l'antécédent du pronom relatif *qui*.

On utilise **qui** lorsque le pronom relatif est **sujet** du verbe de la proposition relative.

Il a inventé une voiture **qui** roule toute seule.

On utilise **que** lorsque le pronom relatif est **complément direct du verbe** de la proposition relative.

La casquette **que** j'ai choisie est assez originale.

que est complément direct du verbe *ai choisie*

On utilise **dont** lorsque le pronom relatif est **complément indirect** du verbe de la proposition relative
ou **complément du nom** de la proposition relative.

L'homme **dont** je t'ai parlé est venu dîner à la maison.

dont est complément indirect du verbe *ai parlé*

La maison **dont** le toit est vert a été vendue.

dont est complément du nom *toit*

On utilise **où** lorsque le pronom relatif est **complément de lieu** de la proposition relative.

Il a adoré l'endroit **où** je l'ai amené.

où est complément de lieu de la proposition relative.
endroit est l'antécédent du pronom relatif *où*.

Les pronoms interrogatifs

96 À quoi servent les pronoms interrogatifs ?

On utilise les pronoms interrogatifs **qui** et **que** pour demander **qui fait l'action** ou **ce qui la subit**.

À une toute petite lucarne, il montre le bout de son nez.
– **Qui** est là ?
– Moi.
– Qui moi ? Il y a beaucoup de moi en ce bas monde : exactement autant que de gens.
– Ysengrin.
– Ah ! excusez-moi, mon oncle, je vous prenais pour un larron.
– Fâcheuse méprise.

▸ Le Roman de Renart

L'inspecteur a fait un sourire et il a appuyé ses mains sur le banc. « Bien, il a dit, **que** faisiez-vous, avant que je n'arrive ?
– On changeait le banc de place, a répondu Cyrille.
– Ne parlons plus de ce banc ! a crié l'inspecteur, qui avait l'air d'être nerveux. Et d'abord, pourquoi changiez-vous ce banc de place ?
– À cause de l'encre », a dit Joachim.

▸ Le Petit Nicolas

Distinguer les prépositions des conjonctions de coordination

À RETENIR

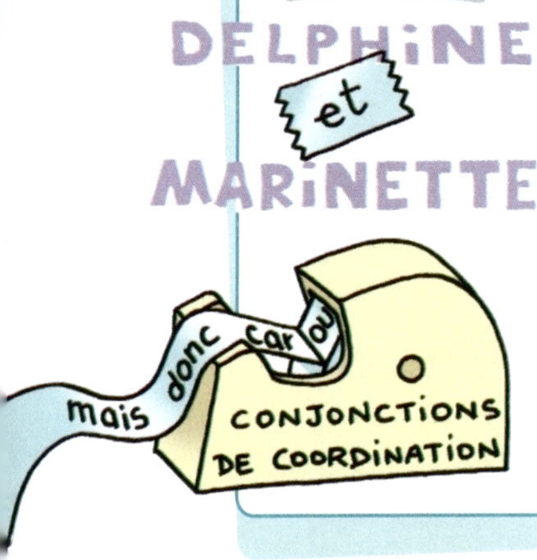

- Les **conjonctions de coordination** et les **prépositions** sont des mots **invariables** qui ont dans la phrase des **rôles très différents**.
- Les prépositions relient des mots qui ont des **fonctions différentes** et **introduisent des compléments**.
- Les conjonctions de coordination relient des mots ou des propositions **de même fonction**.

97 À quoi servent les prépositions ?

Les prépositions (**avec**, **pour**, **à**, **de**...) servent à relier un nom ou un groupe nominal au reste de la phrase.

Delphine, l'aînée, et Marinette, la plus blonde, jouaient **dans** la cuisine **à** pigeon vole, **aux** osselets, **au** pendu, **à** la poupée et **à** loup-y-es-tu.

▸ Les Contes du chat perché

Une préposition peut changer le **sens** de la phrase.

– Et qu'est-ce qu'on va faire **avec** nos têtards? a demandé Clotaire.

▸ Les Récrés du Petit Nicolas

→ Et qu'est-ce qu'on va faire **sans** nos têtards ?

Les prépositions indiquent la **fonction** que le nom ou le groupe qu'elles introduisent occupe dans la phrase.

C'est l'anniversaire de ma maman et j'ai décidé de lui acheter un cadeau comme toutes les années **depuis** l'année dernière, parce qu'avant j'étais trop petit.
J'ai pris les sous qu'il y avait **dans** ma tirelire et il y en avait beaucoup, heureusement, parce que, par hasard, maman m'a donné de l'argent hier.

▸ Le Petit Nicolas

depuis indique **quand** se passe ce que Nicolas raconte,
le GN *l'année dernière* a pour fonction **complément de temps**;
dans indique **où** se trouve l'argent ;
le GN *ma tirelire* a pour fonction **complément de lieu**.

98 Quelles sont les principales prépositions ?

Les prépositions peuvent contenir un ou plusieurs mots.

à – dans – de – pour – sans   à cause de – grâce à – loin de

Les prépositions

PRÉPOSITIONS	INTRODUIT DES COMPLÉMENTS EXPRIMANT…
à	la fonction : *une tasse à café*
	la qualité : *une chemise à carreaux*
	le lieu : *à Montpellier, au café*
	le temps : *à dix heures*
après	le temps : *après le déjeuner*
avant	le temps : *avant midi*
avec	la manière : *avec douceur*
	le moyen : *avec un crayon de couleur*
	l'accompagnement : *avec Gabriel*
chez	le lieu : *chez le coiffeur*

PRÉPOSITIONS	INTRODUIT DES COMPLÉMENTS EXPRIMANT...
dans	le lieu : *dans la chambre*
	le temps : *dans trois jours*
de	la cause : *vert de peur*
	le contenu : *un bol de chocolat*
	la manière : *de bonne humeur*
	la matière : *une boule de cristal*
	le lieu : *de la plage, du village*
	la possession : *le camion de papa*
	le temps : *de cinq à six heures*
depuis	le temps : *depuis un mois*
derrière	le lieu : *derrière le lit*
dès	le temps : *dès le lever du soleil*
devant	le lieu : *devant la fenêtre*
en	la manière : *en avion*
	la matière : *un sol en marbre*
	le lieu : *en Bretagne*
	le temps : *en trois secondes*
entre	le lieu : *entre les deux fauteuils*
	le temps : *entre cinq et six heures*
malgré	la concession : *malgré ce malentendu*
par	l'agent : *Il a été surpris par la pluie.*
	le lieu : *par là-bas*
	la manière : *par hasard*
	le moyen : *par avion*
parmi	le lieu : *parmi les enfants*
pendant	le temps : *pendant les vacances*
pour	le but : *pour courir plus vite*
	la cause : *Elle est récompensée pour son travail.*
	le temps : *pour la semaine prochaine*

PRÉPOSITIONS	INTRODUIT DES COMPLÉMENTS EXPRIMANT…
sans	l'accompagnement : *sans ses parents*
	la manière : *sans barbe*
	le moyen : *sans marteau*
sauf	l'exclusion : *sauf Gabriel*
sous	le lieu : *sous un tas de feuilles mortes*
sur	le lieu : *sur la terrasse*
vers	le lieu : *vers le carrefour*
	le temps : *vers le milieu de la nuit*

PRÉPOSITIONS COMPOSÉES	INTRODUIT DES COMPLÉMENTS EXPRIMANT…
à cause de	la cause : *à cause du mauvais temps*
à condition de	la condition : *à condition de vouloir*
à la manière de	la comparaison : *écrire une fable à la manière de La Fontaine*
à travers	le lieu : *à travers champs*
	le temps : *à travers les siècles*
afin de	le but : *afin de vous satisfaire*
au-delà de	le lieu : *au-delà de la vallée*
	le temps : *au-delà de l'été*
au-dessous de	le lieu : *au-dessous de l'arbre*
au-dessus de	le lieu : *au-dessus du garage*
dans l'intention de	le but : *dans l'intention de vous plaire*
de manière à	le but, la conséquence : *de manière à éviter les embouteillages*
en face de	le lieu : *en face de la boulangerie*
en raison de	la cause : *en raison de la tempête*
grâce à	la cause : *grâce à ton aide*
jusqu'à	le lieu : *jusqu'à la Lune*
	le temps : *jusqu'à notre retour*
loin de	le lieu : *loin de toi, loin des maisons*
près de	le lieu : *près de toi, près des maisons*

99 Quels éléments de la phrase les prépositions relient-elles ?

Une préposition peut relier un **nom** ou un **GN** au **verbe** de la phrase.

Si tu vas **dans** les bois,
Prends garde **au** léopard.

Il miaule **à** mi-voix
Et vient **de** nulle part.

Le léopard

Si tu vas (verbe)	← **dans** →	*les bois,* (GN)		*Il miaule* (verbe)	← **à** →	*mi-voix.* (nom)
Prends garde (verbe)	← **au** →	*léopard.* (nom)		*Il vient* (verbe)	← **de** →	*nulle part.* (GN)

Elle peut aussi relier un **nom** ou un **GN** à un autre **nom** ou à un **adjectif qualificatif**.

Là où on a discuté, c'est quand Agnan a demandé qu'on lui donne un sifflet. Le seul qui en avait un, c'était Rufus, dont le papa est agent **de** police.
« Je ne peux pas le prêter, mon sifflet **à** roulette, a dit Rufus, c'est un souvenir **de** famille. »

Le Petit Nicolas

agent (nom)	← **de** →	*police* (nom)		*sifflet* (nom)	← **à** →	*roulette* (nom)
souvenir (nom)	← **de** →	*famille* (nom)				

Le chat Hector se fâche et rage-nage avec sa patte dans le bocal pour faire au poisson rouge son affaire. Le poisson rouge devient blanc **de** peur.

Les Coups en dessous

blanc (adjectif)	← **de** →	*peur* (nom)

Une préposition peut enfin relier un **verbe** à l'infinitif au **verbe** conjugué de la phrase.

– C'est un de mes amis... un Chat du comté de Chester. Permettez-moi **de** vous le présenter.
– Je n'aime pas du tout sa mine, déclara le Roi. Néanmoins, je l'autorise **à** me baiser la main, s'il le désire.
– J'aime mieux pas, riposta le Chat.

Les Aventures d'Alice au pays des merveilles

Permettez-moi (verbe) ← de → *vous le présenter.* (verbe)
Je l'autorise (verbe) ← à → *me baiser la main.* (verbe)

100 À quoi servent les conjonctions de coordination ?

Les conjonctions de coordination **mais**, **ou**, **et**, **ni** relient des **mots** qui occupent la **même fonction** (sujet, complément du verbe ou complément de phrase).

Je voulais aller très loin, très loin, là où papa **et** maman ne me trouveraient pas, en Chine **ou** à Arcachon où nous avons passé les vacances l'année dernière et c'est drôlement loin de chez nous, il y a la mer et des huîtres.

Le Petit Nicolas

papa et maman : sujets coordonnés par *et*
en Chine ou à Arcachon : compléments de lieu coordonnés par *ou*

Alice l'appela doucement : « Ma petite Souris chérie ! Je t'en prie, reviens, et nous ne parlerons plus **ni** de chats **ni** de chiens, puisque tu ne les aimes pas ! »

Les Aventures d'Alice au pays des merveilles

*ne parlons plus **ni** de chats **ni** de chiens* : compléments du verbe coordonnés par *ni... ni*

Les conjonctions de coordination **mais, ou, et, donc, or, ni, car** servent à relier des **propositions** qui ont le même statut.

Moi, j'aime bien la pluie quand elle est très forte, parce qu'alors je ne vais pas à l'école **et** je reste à la maison **et** je joue au train électrique. **Mais** aujourd'hui, il ne pleuvait pas assez **et** j'ai dû aller en classe.

▸ Le Petit Nicolas et les Copains

parce qu'alors je ne vais pas à l'école et je reste à la maison et je joue au train électrique :
et coordonne trois propositions subordonnées de cause.

Mais aujourd'hui, il ne pleuvait pas assez et j'ai dû aller en classe : *mais* coordonne cette phrase à la phrase précédente ; *et* coordonne deux propositions indépendantes.

101 Quel est le sens des conjonctions de coordination ?

CONJONCTIONS	PRINCIPAUX SENS
car	cause : *Il reste au lit ce matin **car** il est en vacances.*
donc	conséquence : *Il pleut, **donc** je prends un parapluie.*
et	addition : *Paul **et** Gaspard sont là.*
mais	opposition : *Maxime serait bien sorti, **mais** il a la grippe.*
ni	négation : *Anna n'avait jamais été **ni** malade **ni** absente.*
ou	alternative : *Choisis : le camion **ou** le train.*
or	objection : *Elles avaient dit qu'elles viendraient, **or** personne ne les a vues.*

102 Comment distinguer les prépositions et les conjonctions de coordination ?

- Les prépositions relient deux mots qui ont des **fonctions différentes.**
- Les conjonctions de coordination relient deux mots ou propositions qui ont la **même fonction.**

C'est ainsi que je pus observer le terrible rire **des** crocodiles : le rire qui tue, qui tue les crocodiles. **Car** plus ils riaient et plus ils ouvraient la gueule. Ils l'ouvrirent comme ça jusqu'à la queue et chaque crocodile, au dernier éclat de rire, se sépara en deux.

▸ Réponses bêtes à des questions idiotes

le terrible rire	← *des* →	*crocodiles*
nom noyau	préposition (= de + les)	compl. du nom

C'est ainsi que je pus observer le terrible rire des crocodiles : le rire qui tue, qui tue les crocodiles.
proposition

Car	*plus ils riaient et plus ils ouvraient la gueule.*
conjonction de coordination	proposition

Reconnaître un adverbe

À RETENIR

- Les **adverbes** sont des mots **invariables** qui permettent de préciser dans quelles **circonstances** se déroule une action. Ils sont liés à un verbe, un adjectif qualificatif ou un autre adverbe.
- Les adverbes se présentent sous la forme de mots simples *(hier)*, de groupes de mots *(tout à coup)* ou de mots terminés par *-ment* *(joyeusement)*.

Rôle et formation des adverbes

103 À quoi servent les adverbes ?

Les adverbes précisent les **circonstances** de lieu, de temps ou de manière dans lesquelles se déroule l'**action** présentée par le **verbe**.

[Alice] était si troublée qu'elle en oublia combien elle avait grandi pendant les quelques dernières minutes, et elle se leva d'un bond, si **brusquement** qu'elle renversa le banc des jurés avec le bas de sa jupe. Les jurés dégringolèrent sur la tête des assistants placés **au-dessous**, puis ils restèrent étalés les quatre fers en l'air, lui rappelant **beaucoup** les poissons rouges d'un bocal qu'elle avait renversé par accident huit jours **auparavant**.

Les Aventures d'Alice au pays des merveilles

Les adverbes *brusquement*, *beaucoup* indiquent la manière.
L'adverbe *au-dessous* indique le lieu.
L'adverbe *auparavant* indique le temps.

Les adverbes indiquent le **degré** d'une **qualité** ou d'un **défaut**.

Quand une histoire est **vraiment** belle, on la retient ! Si je l'ai oubliée, c'est qu'elle n'était pas **si** belle que ça !
– Si, si, je suis **très** belle ! cria l'histoire de toutes ses forces.

Histoire du prince Pipo...

Les adverbes *vraiment*, *si*, *très* indiquent le degré de *belle*.

Les adverbes donnent des informations sur **ce que pense celui qui parle**.

Heureusement, je sais bien lire l'heure, pas comme l'année dernière quand j'étais petit et j'aurais été obligé tout le temps de demander aux gens quelle heure il est à ma montre, ce qui n'aurait pas été facile.

Les Récrés du Petit Nicolas

L'adverbe *heureusement* exprime le soulagement de celui qui parle.

104 Sur quoi portent les adverbes ?

Ils peuvent modifier le **sens** d'un verbe, d'un adjectif qualificatif ou d'un autre adverbe.

– Ça va durer longtemps, votre petite conversation ? a crié le professeur de gymnastique, qui ne bougeait plus les bras parce qu'il les avait croisés. Ce qui bougeait **drôlement**, c'était ses trous de nez, mais je ne crois pas que c'est en faisant ça qu'on aura des muscles.

▸ Les Vacances du Petit Nicolas

L'adverbe *drôlement* modifie le **verbe** *bougeait*.

– Seulement, comme personne ne m'attendait à la gare, j'ai préféré laisser ma valise à la consigne ; elle est **très** lourde. J'ai pensé, gendre, que vous pourriez aller la chercher...
Papa a regardé Mémé, et il est ressorti sans rien dire. Quand il est revenu, il avait l'air **un peu** fatigué. C'est que la valise de Mémé était **très** lourde et **très** grosse, et Papa devait la porter avec les deux mains.

▸ Le Petit Nicolas a des ennuis

L'adverbe *très* modifie les **adjectifs** *lourde* et *grosse*.
un peu modifie l'**adjectif** *fatigué*.

Il n'avait jamais rencontré de sorcière de sa vie, mais il pensait que dans ce cas-là, il n'y avait que deux choses à faire : un, avoir peur ; deux, s'enfuir **le plus** vite possible.

▸ Le Chevalier désastreux

L'adverbe *le plus* modifie l'**adverbe** *vite*.

105 Sous quelles formes se présentent les adverbes ?

Les adverbes se présentent sous trois formes différentes : des mots simples, des groupes de mots et des mots terminés par *-ment*.

Des mots simples

hier ici maintenant

Des mots terminés par -ment

décidément heureusement lentement

Des groupes de mots

tout à coup au fur et à mesure ne... pas jusque-là

106 Comment se forment les adverbes en -ment ?

La plupart des adverbes terminés par **-ment** se forment en ajoutant **-ment** au **féminin de l'adjectif qualificatif**.

clair**e** → clair**ement** courag**euse** → courag**eusement**
ga**ie** → gai**ement**

EXCEPTIONS

genti**lle** → genti**ment** joli**e** → joli**ment** vrai**e** → vrai**ment**

Les adjectifs qualificatifs terminés par **-ent** forment leurs adverbes en **-emment.**

évid**ent** → évid**emment**
impati**ent** → impati**emment**
prud**ent** → prud**emment**

À L'ORAL On lit **emment** et on prononce [amɑ̃].

EXCEPTION

lent → lent**ement**

Les adjectifs qualificatifs terminés par **-ant** forment leurs adverbes en **-amment.**

brill**ant** → brill**amment**
cour**ant** → cour**amment**
sav**ant** → sav**amment**

Le sens des adverbes

107 Quels sont les différents adverbes ?

Adverbes de lieu	ailleurs, autour, avant, dedans, dehors, derrière, dessous, dessus, devant, ici, là, loin, partout, près
Adverbes de temps	alors, après, après-demain, aujourd'hui, aussitôt, avant, avant-hier, bientôt, déjà, demain, depuis, encore, enfin, ensuite, hier, jamais, longtemps, maintenant, parfois, puis, quelquefois, soudain, souvent, tard, tôt, toujours
Adverbes de manière	ainsi, bien, comme, debout, ensemble, exprès, gratis, mal, mieux, plutôt, vite, et les adverbes en *-ment* : rapidement, doucement...
Adverbes de quantité	assez, aussi, autant, beaucoup, moins, peu, plus, presque, tout, très
Adverbes d'affirmation et de négation	oui, si, vraiment, peut-être, ne... pas, ne... plus, ne... rien, ne... jamais, non
Adverbes d'opinion	décidément, finalement, heureusement, justement

108 Qu'est-ce qu'un adverbe de lieu ?

Les adverbes comme *ici, là, là-bas, ailleurs, loin, dessus, dessous, devant, derrière*... précisent l'**endroit** où se déroule une action. Ils sont directement reliés au verbe.

Le pic-vert est très délicat.
Il frappe quatre coups de bec.
Le ver répond qu'il n'est pas **là**.
Le pic s'entête et d'un coup sec
gobe le ver qui n'est pas **là**.

› Le Pic-vert et le Ver

il n'est pas là
verbe (est) **adverbe** (là)

Devant, à côté de la maîtresse, il y avait Agnan. C'est le premier de la classe et le chouchou de la maîtresse. Nous, on ne l'aime pas trop, mais on ne tape pas beaucoup **dessus** à cause de ses lunettes.

▸ Les Récrés du Petit Nicolas

Devant, il y *avait* Agnan.
adverbe — verbe

on ne *tape* pas beaucoup *dessus*
verbe — adverbe

ATTENTION

devant, **derrière** sont aussi des prépositions.

Devant elle s'étendait un autre couloir où elle vit le Lapin Blanc en train de courir à toute vitesse. Il n'y avait pas un instant à perdre : voilà notre Alice partie, rapide comme le vent.

▸ Les Aventures d'Alice au pays des merveilles

devant	→	*elle*	*s'étendait*	*un autre couloir*
préposition		pronom personnel	verbe	sujet

109 Qu'est-ce qu'un adverbe de temps ?

Les adverbes comme *hier, demain, longtemps, la veille, le lendemain*... précisent la **période** où se déroule une action, ou la **durée** de cette action.

Ce qu'elle avait de bien, ma montre, c'est qu'elle avait une grande aiguille qui tournait plus vite que les deux autres qu'on ne voit pas bouger à moins de regarder bien et **longtemps**.

▸ Les Récrés du Petit Nicolas

Longtemps est un adverbe de temps : il indique la durée de l'action.

Les emplois des adverbes de temps

ACTION DANS LE PASSÉ	ACTION DANS L'AVENIR
hier, avant-hier la veille récemment dernièrement autrefois, jadis jusqu'ici auparavant	demain, après-demain le lendemain sous peu prochainement bientôt dorénavant désormais

ACTION COURTE ET BRUTALE	ACTION QUI DURE OU SE RÉPÈTE
soudain tout à coup brusquement subitement aussitôt tout de suite	longtemps d'habitude habituellement régulièrement progressivement par moments

110 Qu'est-ce qu'un adverbe de manière ?

Les adverbes de manière comme *doucement, gentiment, rapidement, courageusement*... indiquent **de quelle manière** se déroule une action.

Le caniche nommé Mac Niche disait toujours :
– Un couple d'homme et de femme bien dressés dans une maison, ça réchauffe et ça tient compagnie. Si on s'occupe un peu d'eux, si on les dresse **gentiment**, si on les récompense **régulièrement** et les élève **convenablement**, ils sont très faciles à vivre.

Les Animaux très sagaces

Gentiment, *régulièrement* et *convenablement* sont des adverbes de manière : grâce à eux, on sait comment les animaux doivent dresser, récompenser, élever des êtres humains. Si on supprimait ces adverbes, on ne saurait pas comment les dresser, les récompenser et les élever.

111 L'adverbe tout est-il invariable ?

Non ! **Tout** est le seul adverbe dont la forme varie. Devant un adjectif qualificatif **féminin singulier** ou **pluriel** commençant par une **consonne**, **tout** s'écrit **toute** ou **toutes**.

Ce soir, la lune brille **toute** claire dans la nuit. Quand elle est grosse comme ça, Louis Bernard dit que c'est parce qu'elle a trop mangé de soupe au pistou.

› L'Année du mistouflon

Puis, se penchant vers les Pâquerettes qui s'apprêtaient à recommencer, elle murmura :
– Si vous ne vous taisez pas tout de suite, je vais vous cueillir !
Il y eut un silence immédiat, et plusieurs Pâquerettes roses devinrent **toutes** blanches.

› De l'autre côté du miroir

Dans les autres cas, **tout** est **invariable**.

– Tumbly, corrigea le chevalier, messire Tumbly.
– Oh, pardon, s'excusa le dragon, messire Tumbly, si ça peut vous faire plaisir ! Mais vous ressemblez si peu à un chevalier. D'habitude, ils sont **tout** emballés, ce qui est pratique pour la cuisine. Ils cuisent dans leur armure comme dans un four : c'est absolument délicieux.

› Le Chevalier désastreux

*ils sont **tout** emballés*
masculin pluriel

– Il faut punir les enfants, lui dit-elle, ils ont démonté la pendule du salon, le moulin à café de Maria, le piano à queue, la suspension de la salle à manger, le poste de T.S.F., et si on les laisse faire, ils vont démonter la maison **tout** entière.

▸ La Maison qui s'envole

la maison ***tout*** *entière*
féminin singulier
commençant par une voyelle

ATTENTION

Il ne faut pas confondre l'adverbe ***tout*** *(= complètement)* et le pronom indéfini ***tout***.

Nous, on regardait partout, et le monsieur courait dans le magasin en criant : « Non, non, ne touchez pas ! Ça casse ! » Moi, il me faisait de la peine, le monsieur. Ça doit être énervant de travailler dans un magasin où **tout** casse.

▸ Les Récrés du Petit Nicolas

Ici, *tout* ne peut pas être remplacé par *complètement*.
Tout est un pronom indéfini qui désigne les objets du magasin.

Reconnaître la fonction sujet

À RETENIR

- Le groupe qui exprime de qui ou de quoi l'on parle occupe la **fonction sujet**.
Ce groupe répond à la question **Qui est-ce qui... ?** ou **Qu'est-ce qui... ?**
Il peut être encadré par **c'est... qui**.
- La fonction sujet peut être occupée par des mots ou groupes de mots de classes différentes (nom, GN, pronom, infinitif, proposition).
- Le sujet **fait varier le verbe** en nombre et en personne.

112 À quoi sert la fonction sujet ?

La fonction sujet indique quelle personne, quel animal ou quel objet **accomplit une action**.

Le maître chat arriva enfin dans un beau château dont le maître était un ogre, le plus riche qu'on ait jamais vu.

▸ Le Chat botté

Le maître chat	*arriva*	*enfin dans un beau château.*
sujet	verbe d'action	

La fonction sujet permet aussi d'indiquer quelle personne, quel animal ou quel objet **possède une qualité** particulière.

Le ver est un parfait animal domestique : plus fidèle que l'escargot, plus drôle que la limace, il ne risque pas, comme la coccinelle, de s'envoler.

▸ Le Ver, cet inconnu

Le ver	*est*	*un parfait animal domestique.*
sujet	verbe d'état	

113 Comment identifier la fonction sujet ?

La fonction sujet répond aux questions : **Qui est-ce qui fait... ?** ou **Qui est-ce qui est... ?**

Hugues avance en sautillant sur le chemin de l'école. **Son cartable** pèse très lourd : 500 grammes de mathématiques + 1 kilo de français + 700 grammes d'anglais + des crayons et des stylos pour 500 grammes, et combien ça fait tout ça ? **Hugues** est assez fort en additions, mais il fait beaucoup d'erreurs dans les autres opérations, même en base 10.

Les Meilleurs Contes d'Astrapi

Qui est-ce qui avance en sautillant ? Hugues.
→ *Hugues* est le sujet du verbe *avancer*.

Qu'est-ce qui pèse très lourd ? Son cartable.
→ *Son cartable* est le sujet du verbe *peser*.

→ **Qui est-ce qui est** assez fort en additions ? Hugues.
Hugues est le sujet du verbe *être*.

On peut donc identifier le groupe sujet en le plaçant entre **c'est** et **qui**.

La **Doyenne** toqua à la porte du château.
– Qui est làààààààà ? répondit une voix caverneuse qui sentait le gaz car **l'Ogre** venait de dévorer l'employé du gaz venu relever le compteur.

Contes de la rue de Bretagne

C'est la Doyenne **qui** toqua à la porte du château.

C'était l'Ogre **qui** venait de dévorer l'employé du gaz.

114 Quelle est la place du sujet ?

Le mot ou le groupe de mots qui occupe la fonction **sujet** se place en général **avant le verbe** de la phrase.
On le distingue ainsi du complément direct du verbe qui, lui, est placé **après** le verbe.

Un merle tricotait
Une paire de bas.

▸ Choses drôles

Un merle (sujet) *tricotait* *une paire de bas* (compl. du verbe).

Jouer sur les fonctions des mots permet d'inventer des histoires extraordinaires !

Une paire de bas (sujet) *tricotait* *un merle* (compl. du verbe).

Il était une fois un enfant qui posait des tas de questions. Il n'avait pas tort : c'est très bien de poser des questions. Le seul ennui c'est qu'il n'était pas facile de répondre aux questions de cet enfant.
Par exemple, il demandait : « Pourquoi les **tiroirs** ont-ils des **tables** ? » [...]
Une autre fois il demandait : « Pourquoi les **queues** ont-elles des **poissons** ? » Ou bien : « Pourquoi les **moustaches** ont-elles des **chats** ? »
Les gens hochaient la tête et s'en allaient à leurs affaires.

▸ Histoires au téléphone

115 Le sujet est-il toujours avant le verbe ?

Non ! Le sujet est placé **après le verbe** dans une phrase **interrogative**.

– Pourquoi restez-**vous** assis tout seul sur ce mur ? demanda Alice qui ne voulait pas entamer une discussion.
– Mais, voyons, parce qu'il n'y a personne avec moi ! s'écria le Gros Coco.

De l'autre côté du miroir

Le sujet se trouve aussi après le verbe dans un dialogue, pour indiquer **qui parle**.

Rufus a dit qu'il ne se sentait pas bien.
– Vous l'avez dit à vos parents ? a demandé **M. Mouchabière**.
– Oui, a dit **Rufus**, je l'ai dit à ma maman ce matin.
– Et alors, a dit **M. Mouchabière**, pourquoi vous a-t-elle laissé venir à l'école, votre maman ?
– Ben, a expliqué **Rufus**, je le lui dis tous les matins, à ma maman, que je ne me sens pas bien. Alors, bien sûr, elle ne peut pas savoir.

Le Petit Nicolas et les Copains

Lorsque des adverbes comme *ainsi, peut-être, sans doute* sont placés **au début de la phrase** et que le sujet est un **nom** ou **pronom** personnel, le sujet se place après le verbe.

Ainsi parla **Télémaque** ; mais dans son esprit, il avait reconnu une déesse immortelle.

L'Odyssée

Peut-être n'était-**ce** qu'une hallucination auditive mais j'entendis à ce moment-là un loup dire à un autre :
– Alors, on la mange ou pas ?
Je n'eus pas la force d'attendre la réponse.

Mémoires d'une vache

Enfin, on peut placer le sujet après le verbe pour le mettre en valeur.

Chez le plus grand chausseur se fournit **le mille-pattes**.
Un excellent client : cinq cents paires de souliers,
Des blancs, des bleus, des noirs, des chaussures disparates.

▸ Le Mille-pattes

116 Y a-t-il toujours un sujet dans une phrase ?

Dans une phrase, un mot ou un groupe de mots occupe toujours la fonction sujet. **Si l'on supprimait le groupe sujet, la phrase n'aurait plus de sens.**
Seules **les phrases impératives** se construisent **sans sujet**.

– Moi, a dit **Athanase**. L'été dernier, **j'**ai pêché un poisson comme ça ! et **il** a ouvert les bras autant qu'**il** a pu. Nous, **on** a rigolé parce qu'**Athanase** est très menteur.

▸ Les Vacances du Petit Nicolas

L'été dernier,	*j'*	*ai pêché*	*un poisson comme ça !*
compl. de temps	**sujet**	**verbe**	**compl. du verbe**

→ *j'* (**sujet**) *ai pêché* (**verbe**)

Dans les expressions sur le temps qu'il fait, le sujet est **il**, même si ce pronom ne représente aucune personne, aucun animal ou objet.

Cette nuit, **il** a neigé sur la queue des dinosaures et le mufle des bisons ; **il** fait si froid que les cactus claquent des dents et que les champignons éternuent.

▸ Petit-Féroce et ses amis

117 Quels mots peuvent occuper la fonction sujet ?

Le sujet est souvent un **nom** ou un **groupe nominal.**

Agnan n'avait pas l'air tellement content de me voir, il m'a tendu la main et c'était tout mou.

▸ Le Petit Nicolas

Le sujet peut être un **pronom.**

J'ai appelé : « Monsieur Cochon, Monsieur Cochon, **vous** êtes là ? » Et devinez ce qu'**il** m'a répondu, ce sale petit porc. « Hors d'ici, Loup, et ne viens plus me déranger ! »

▸ La Vérité sur l'affaire des trois petits cochons

J' est le sujet du verbe *ai appelé.*
vous est le sujet du verbe *êtes.*
il est le sujet du verbe *a répondu.*

Le sujet est parfois un **infinitif.**

M. Pardigon a tapé sur le tableau avec son doigt au-dessus du mot « ame », juste là où il avait effacé l'accent et il a dit :
– **Enlever** à ce mot son accent qui ressemble à deux ailes c'est comme couper ses ailes à un oiseau.

▸ Chichois et la Rigolade

Enlever (= c') est le sujet du verbe *est.*

Le sujet est enfin, parfois, une **proposition.**

– Ah ! la géographie est quand même une belle chose… mais **ce qui doit être plus beau encore**, c'est de voyager.

▸ Les Contes du chat perché

ce qui doit être plus beau encore (= c') est le sujet du verbe *est.*

118 Le sujet détermine-t-il l'accord du ve

Oui ! Il faut penser en particulier à écrire **s** à la fin du verbe si le sujet est à la 2e personne du singulier et **nt** si le sujet est à la 3e personne du pluriel.

Mais le renard revint à son idée :
– Ma vie est monotone. Je chasse les poules, les hommes me chasse**nt**. Toutes les poules se ressemble**nt**, et tous les hommes se ressemble**nt**. Je m'ennuie donc un peu. Mais, si tu m'apprivoise**s**, ma vie sera comme ensoleillée.

Le Petit Prince

EXCEPTIONS

tu peu**x**, tu vau**x**, tu veu**x**

ATTENTION

Il faut accorder le verbe avec le sujet !

→ PARAGRAPHES 166 À 170

…rbe ?

…fonction … sujet

- Pour **attribuer une qualité** au sujet de la phrase, on peut employer un **verbe d'état** qui se construit avec un attribut du sujet.
- La fonction attribut du sujet peut être occupée par un adjectif qualificatif, un nom ou un GN, un pronom personnel ou un infinitif.

119 À quoi sert l'attribut du sujet ?

L'attribut du sujet permet d'indiquer dans une phrase **ce qu'est** une personne, un animal ou une chose.

– Quand je serai **roi**, déclara le cochon, j'enfermerai les parents dans une cage.
– Mais vous ne deviendrez jamais **roi**, dit le sanglier. Vous êtes trop **laid**.

Les Contes du chat perché

Ainsi, le cochon peut dire :
– ce qu'il sera : *Je serai roi.* (roi : **attribut**)
– ce qu'il fera : *J'enfermerai les parents.* (les parents : **compl. du verbe**)

Et, de même, le sanglier peut donner son avis sur :
– ce que sera le cochon : *Vous ne deviendrez jamais roi.* (roi : **attribut**)
– ce qu'il est : *Vous êtes trop laid.* (laid : **attribut**)

120 Avec quels verbes trouve-t-on un attribut du sujet ?

L'attribut du sujet se construit toujours avec un verbe comme **être, demeurer, devenir, paraître, rester, sembler, avoir l'air**. On appelle ces verbes des **verbes d'état** pour les distinguer des verbes d'action *(courir, manger...)*.

Une sorcière pose directement sa perruque sur son cuir chevelu. Le dessous d'une perruque **est** toujours rugueux. Ce qui donne une affreuse démangeaison. Les sorcières appellent cela la gratouille de la perruque.

▸ Sacrées Sorcières

121 Comment distinguer l'attribut du sujet du complément direct du verbe ?

Après un **verbe d'état**, on trouve **toujours** un **attribut** du sujet, jamais un complément direct.

Les rats étaient extrêmement **perplexes**.
Trottinant, remuant leur nez qu'ils ont fort long,
Sourcils en accent circonflexe,
Rats toujours inquiets de ce que l'on dira ;
Ils commencèrent des controverses de rats.

▸ Fables

Les rats	*étaient*	*extrêmement*	*perplexes.*
sujet	verbe d'état		attribut du sujet

Un commando de rats en pays ennemi
Découvrit **un chat endormi**.

▸ Fables

Un commando de rats	*découvrit*	*un chat endormi.*
sujet	verbe d'action	compl. du verbe

122 Quels mots peuvent occuper la fonction attribut du sujet ?

- La fonction attribut du sujet peut être occupée par des mots de **classe différente.**
- C'est souvent un **adjectif qualificatif.**

Je suis né, j'étais **barbu** :
C'est la barbe ! c'est la barbe !

› Qui sujs-je ?

- Ce peut être un **nom** ou un **groupe nominal.**

Émerveillé, le cochon fit un pas en avant pour voir les plumes de plus près, mais le paon fit un saut en arrière.
– S'il vous plaît, dit-il, ne m'approchez pas. Je suis **une bête de luxe**. Je n'ai pas l'habitude de me frotter à n'importe qui.

› Les Contes du chat perché

- C'est quelquefois un **infinitif.**

Il était une fois une patate – une vulgaire patate, comme nous en voyons tous les jours – mais dévorée d'ambition. Le rêve de sa vie était de **devenir** frite.

› Le Gentil Petit Diable

- Et, dans certains cas, c'est un **pronom personnel.**

Pauvre Dodoche ! Elle était limace, et bien triste de **l'**être. Tellement triste qu'elle n'arrêtait pas de pleurer dans la nuit…

› Un vilain petit loup

elle était bien triste de l'être = elle était bien triste d'être limace
Le pronom personnel *l'* remplace le nom *limace* :
il est attribut du sujet *elle*.

123 Comment s'accorde l'attribut du sujet ?

Si l'attribut du sujet est un adjectif qualificatif, il **s'accorde** en **genre** et en **nombre** avec le sujet du verbe d'état.

Les vers sont **voraces**, ils mangent tout ce qu'ils trouvent ; celui-ci vient d'avaler une clef.

▸ Le Ver, cet inconnu

Les vers	*sont*	*voraces.*
sujet masculin pluriel		adj. attribut masculin pluriel

Il était une fois une Tortue. Elle était très **lente** mais très fiable. Elle arrivait toujours là où elle avait décidé d'aller. Il lui fallait seulement plus longtemps qu'aux autres.

▸ Le Petit Homme de fromage

Elle	*était*	*très*	*lente.*
sujet féminin singulier			adj. attribut féminin singulier

Reconnaître le complément direct du verbe (COD)

À RETENIR

- Le **complément direct**, appelé aussi **complément d'objet direct (COD)**, désigne l'être ou la chose sur lesquels **porte l'action** effectuée par le sujet. Le groupe **complément direct** peut être encadré par **c'est... que**.
- Le complément direct est relié **directement** au verbe. Il appartient au **groupe verbal**.
- Le complément direct s'emploie avec des verbes **transitifs**.
- Il n'y a **jamais** de complément direct après un verbe d'état.

124 À quoi sert la fonction complément direct du verbe ?

La fonction **complément direct** permet de désigner la personne, l'animal ou la chose qui **subit l'action** exprimée par le **verbe**.

Maintenant, mon seul espoir de redevenir prince est qu'une princesse me donne **un baiser**. L'ennui, c'est que la plupart des princesses n'embrasseraient pas **un crapaud**, même si on **les** payait pour cela.

› Qui a volé les tartes ?

qu'une princesse me *donne* (verbe) *un baiser* (compl. direct)

la plupart des princesses n'embrasseraient (verbe) *pas un crapaud* (compl. direct)

même si on *les* (compl. direct) *payait* (verbe)

125 Comment reconnaître le complément direct du verbe ?

Le groupe qui occupe la fonction complément direct du verbe peut être encadré par **c'est... que**.

Le chien
De l'informaticien
Programme, selon leur odeur,
Ses os dans un ordinateur.

› Le Chien de l'informaticien

Ce sont *ses os* **que** le chien programme : *ses os* est complément direct du verbe *programmer (programme)*.

126 Le complément direct se trouve-t-il toujours après le verbe ?

Non ! Le complément direct se trouve en général après le verbe, mais on peut le placer en tête de phrase pour le **mettre en valeur**. Dans ce cas, il faut le **reprendre** par un pronom personnel **(le, la, les, l')** placé avant le verbe.

Ce monstre-là rêvait de manger des gens. Tous les jours, il se postait sur le seuil de sa caverne et disait, avec des ricanements sinistres :
– Le premier qui passe, je **le** mange.

› Le Monstre poilu

Le premier qui passe (compl. direct), *je* **le** (compl. direct) *mange = Je mange le premier qui passe* (compl. direct).

Le GN *le premier qui passe* est un complément direct déplacé en tête de phrase et repris par le pronom *le*.

127 Le complément direct est-il relié au verbe par une préposition ?

Non ! On l'appelle **complément direct** (COD) justement parce qu'il est relié **directement** au verbe.
Le verbe est appelé **transitif**.

→ PARAGRAPHE 129

HENRIETTE. – Et puis, à quoi ça sert-il les fables ?
RENÉ. – Ah bien ! ça vous apprend **quelque chose**.
HENRIETTE. – Ah ! par exemple, je voudrais bien savoir ce que nous apprend *Le Corbeau et le Renard*.
RENÉ. – Mais cela t'apprend qu'il ne faut pas parler aux gens quand on a **du fromage** dans la bouche.

Fiancés en herbe

Quelque chose est le complément direct du verbe *apprendre* (*apprend*).
Du fromage est le complément direct du verbe *avoir (a)* ; il n'est pas introduit par une préposition.
Aux gens est un complément indirect introduit par la préposition *à*.

128 Comment reconnaître un complément direct précédé d'un article partitif ?

Il faut apprendre à reconnaître un **article partitif** pour ne pas le confondre avec une préposition.

→ PARAGRAPHE 75

Moi, j'ai proposé qu'on aille dans le terrain vague qui n'est pas loin **de la maison**. [...] Il est chouette, le terrain vague, nous y allons souvent, pour jouer. Il y a de tout, là-bas : **de l'herbe**, **de la boue**, des pavés, des vieilles caisses, des boîtes de conserve, des chats et surtout, surtout une auto !

Le Petit Nicolas

Le terrain vague qui n'est pas loin *de* (**préposition**) *la maison.* (**compl. de lieu**)

Il y a de tout, là-bas : *de l'* (**article partitif**) *herbe,* (**compl. direct**) *de la* (**article partitif**) *boue* (**compl. direct**)

Les articles partitifs **du** et **de la** déterminent des noms **non dénombrables** *(confiture, lait)*. Ces articles indiquent qu'on ne considère qu'une certaine quantité, qu'une **partie** de l'objet en question.

– À partir de maintenant, tu mangeras **du chou** trois fois par jour.

La Potion magique de Georges Bouillon

du permet d'indiquer que le sujet va manger **une partie** d'un chou entier.

129 Après quels verbes trouve-t-on un complément direct ?

On doit obligatoirement utiliser un **complément direct (COD) après** certains verbes comme **rencontrer**, **apercevoir**, **battre**... : on rencontre quelqu'un, on aperçoit quelqu'un ou quelque chose... Ce sont des verbes **transitifs** qui exigent un complément direct.

J'ai rencontré **un canard vert**
qui survolait **les autoroutes**
se prenant pour l'hélicoptère
de la police de la route.

L'Enfant modeste

Cette phrase n'aurait pas de sens sans les compléments directs *un canard vert* et *les autoroutes* :

J'ai rencontré (**verbe**) *un canard vert* (**compl. direct**) *qui* *survolait* (**verbe**) *les autoroutes.* (**compl. direct**)

GRAMMAIRE

130 Peut-on avoir un complément direct après un verbe d'état ?

Non ! **Après** des verbes comme **être**, **sembler**, **devenir**..., c'est-à-dire des **verbes d'état**, on trouve la fonction **attribut** du sujet.

→ PARAGRAPHE 120

– Vous n'êtes guère **honnête**, reprit la fée, sans se mettre en colère ; eh bien ! puisque vous êtes si peu **obligeante**, je vous donne pour don qu'à chaque parole que vous direz, il vous sortira de la bouche ou un serpent ou un crapaud.

Les Fées

L'**attribut** *honnête* indique ce que *vous* **n'est** pas.
L'**attribut** *obligeante* indique ce que *vous* **est** peu.
Les **compléments directs** *un serpent* et *un crapaud* indiquent ce qu'il sortira de la bouche.

131 Le complément direct (COD) est-il toujours indispensable à la construction de la phrase ?

Non ! Cela **dépend du verbe** utilisé dans la phrase. Certains verbes transitifs ne se construisent pas obligatoirement avec un **complément direct** *(manger, lire, écouter, sonner...).*

Je chante !
Je chante soir et matin,
Je chante sur les chemins.

Je chante

Camille chante un air d'opéra.

Je chante !
verbe

On dit seulement que l'on chante, sans préciser quel type de chanson.

Camille chante un air d'opéra.
verbe **compl. direct**

On précise ce que Camille chante.

Ils se mirent à table, et **mangèrent** d'un appétit qui faisait plaisir au père et à la mère, à qui ils racontaient la peur qu'ils avaient eue dans la forêt en parlant presque toujours tous ensemble : ces bonnes gens étaient ravis de revoir leurs enfants avec eux, et cette joie dura tant que les dix écus durèrent.

Le Petit Poucet

Ils [...] mangèrent d'un appétit qui faisait plaisir au père
verbe
et à la mère...

Le verbe *manger* (*mangèrent*) n'a pas de complément direct ici.

« Hélas ! mes pauvres enfants, où êtes-vous venus ? Savez-vous bien que c'est ici la maison d'un ogre qui **mange les petits enfants** ?

Le Petit Poucet

un ogre qui mange les petits enfants
verbe **compl. direct**

Il n'y a **jamais** de complément direct avec des verbes **intransitifs** *(marcher, rire, partir...).*

Aujourd'hui, je **pars** en colonie de vacances et je suis bien content. La seule chose qui m'ennuie, c'est que Papa et Maman ont l'air un peu tristes ; c'est sûrement parce qu'ils ne sont pas habitués à rester seuls pendant les vacances.

Les Vacances du Petit Nicolas

132 Quels mots peuvent occuper la fonction complément direct ?

Le complément direct est souvent un **nom** ou un **groupe nominal.**

Un hibou a **un hobby**.
Il collectionne **les nids**.

▸ Le Hobby du hibou

Le complément direct peut être un **pronom personnel** *(me, te, le...)*.

Papa est arrivé très tard à l'hôtel, il était fatigué, il n'avait pas faim et il est allé se coucher.
Le seau, il ne **l'**avait pas trouvé, mais ce n'est pas grave, parce que je me suis aperçu que je **l'**avais laissé dans ma chambre.

▸ Les Vacances du Petit Nicolas

Le complément direct peut aussi être un verbe à l'**infinitif.**

– C'est parfait ! brailla la Reine. Sais-tu **jouer** au croquet ?

▸ Les Aventures d'Alice au pays des merveilles

Après certains verbes *(vouloir, penser, dire...)*, une proposition **subordonnée** peut occuper la fonction complément direct (COD).

– À ton aise, répliqua l'oncle, mais je veux, pour ta punition, **que ta tête devienne grosse comme une outre, que tes cheveux verdissent, et que tes doigts se transforment en saucisses de Francfort**.

▸ Le 35 mai

Je veux **quoi** ? *que ta tête devienne grosse comme une outre*
subordonnée complément direct

que tes cheveux verdissent
subordonnée complément direct

que tes doigts se transforment en saucisses
subordonnée complément direct

Reconnaître les autres compléments du verbe (COI, COS)

À RETENIR

- Certains compléments du verbe sont précédés d'une **préposition**.
- On les appelle **complément indirect** du verbe ou **complément d'objet indirect (COI)** : parler **à** quelqu'un, rêver **de** quelque chose...
- Quand un verbe a aussi un complément direct, le complément indirect s'appelle alors **complément d'objet second (COS)**.

133 À quoi sert la fonction complément indirect du verbe ?

La fonction **complément indirect** du verbe permet de désigner une personne ou un animal **à qui** on pense, **de qui** on se souvient, **à qui** on parle, **de qui** on rêve, **à qui** on sourit, **de qui** on se moque...

Le Chêne un jour dit **au** Roseau :
Vous avez bien sujet d'accuser la Nature ;
Un roitelet pour vous est un pesant fardeau.

▸ Le Chêne et le Roseau

À qui le Chêne parle-t-il ? *au Roseau* (compl. indirect)

La fonction **complément indirect** du verbe permet aussi de préciser **de quoi** on se plaint, **de quoi** on parle, **de quoi** on s'aperçoit, **de quoi** on rêve, **de quoi** on rit...

Si vous voulez qu'un éléphant
Son amitié jamais ne rompe
(si on le trompe son cœur se fend)
ne vous moquez pas, mes enfants,
de sa trompe.

▸ Les Bonnes Manières

De quoi ne faut-il pas se moquer ? *de sa trompe* (**compl. indirect**)

134 Comment se construit le complément indirect du verbe ?

Le complément indirect est **relié au verbe par l'intermédiaire d'une préposition** (*à* ou *de*).

Les baleines ont des jets d'eau pour permettre **aux poissons** qui n'ont pas de baignoire de prendre au moins une douche...

▸ Réponses bêtes à des questions idiotes

Le complément indirect *aux poissons* est rattaché au verbe *permettre* par la préposition *à* (*aux* = *à* + *les*).

135 Avec quels verbes trouve-t-on un complément indirect ?

On trouve des compléments indirects avec des verbes comme *parler (à ou de), s'apercevoir (de), penser (à ou de), s'intéresser (à), se moquer (de), se souvenir (de), succéder (à), s'occuper (de), envoyer (à), écrire (à), hériter (de), discuter (de), dépendre (de), avoir envie (de), sourire (à), obéir (à)...*
On trouve ces constructions dans le dictionnaire.

136 À quelles questions répond le complément indirect du verbe ?

Les groupes en fonction complément indirect du verbe répondent aux questions : **à qui ?, à quoi ?, de qui ?, de quoi ?**

Cet été-là, j'ai acheté **à mon perroquet** des plantes qui montaient jusqu'au plafond et deux palmiers. J'ai remplacé la moquette par de la mousse et du gazon.

▸ Les Meilleurs Contes d'Astrapi

À qui ai-je acheté des plantes ? *à mon perroquet*
compl. indirect

– Je voudrais voir un coucher de soleil… Faites-moi plaisir… Ordonnez **au soleil** de se coucher…

▸ Le Petit Prince

À quoi devez-vous ordonner quelque chose ? *au soleil*
compl. indirect

Le chien faisait courir les loups et les moutons étaient bien contents d'être débarrassés **des loups**.
De temps en temps, le berger tuait un mouton en cachette des autres et comme les moutons, ils n'ont jamais su compter, ils n'y voyaient que du feu !

▸ Chichois et les histoires de France

De qui les moutons étaient bien contents d'être débarrassés ? *des loups*
compl. indirect

Des compagnies de brigands redoutés pour leur cruauté et surnommés les « Presse-purée », les « Coupe-gorges » et les « Rince-bouteilles » profitent **du désarroi général** pour attaquer le Quadrille des Lanciers.

▸ Le Professeur Froeppel

De quoi profitent les brigands ? *du désarroi général*
compl. indirect

137 **à** et **de** introduisent-ils toujours des compléments indirects du verbe ?

Non ! Les prépositions **à** et **de** peuvent aussi introduire des **compléments de phrase** de **lieu** et de **temps**.
Les compléments de phrase de lieu et de temps répondent à la question *Où ?* ou à la question *Quand ?*

→ PARAGRAPHE 142

On a remis au plus tard possible le moment d'aller chez le dentiste. Mais un jour, il a bien fallu se décider. Maman a pris le téléphone et, en deux minutes, le dentiste et elle étaient tombés d'accord pour me torturer, vendredi, **à** quatre heures, **au** dispensaire.

Les Meilleurs Contes d'Astrapi

Quand le dentiste me torturera-t-il ? *à quatre heures* (compl. de temps)

Où le dentiste me torturera-t-il ? *au dispensaire* (compl. de lieu)

Les prépositions **à** et **de** servent souvent à introduire des compléments du nom. Un complément du nom (nom, pronom, verbe à l'infinitif, adverbe) est en général placé après le nom qu'il complète.

une bouteille **de** verre une machine **à** laver

ATTENTION

- Lorsque le complément du nom est une proposition relative, il est introduit par **que** :
Le petit chat **que** l'on m'a offert dort toute la journée.
- D'autres prépositions peuvent introduire un complément du nom :
une table **en** marbre.

138 Quand le complément indirect devient-il un complément d'objet second (COS) ?

Quand une phrase comprend un complément direct et un complément indirect, le complément direct s'appelle complément d'objet premier et le complément indirect s'appelle **complément d'objet second (COS)**.

Le ver domestique demande beaucoup de soins : il **lui** faut **une nourriture appétissante**, une résidence confortable et des exercices réguliers.

▸ Le Ver, cet inconnu

Il faut **quoi ?**
une nourriture appétissante, une résidence confortable...
compl. direct

à qui ? au ver = *lui*
compl. indirect (COS)

139 Avec quels verbes trouve-t-on un complément direct et un complément indirect (COS) ?

Le complément indirect COS apparaît avec des verbes comme ***dire*** *quelque chose à quelqu'un*, ***donner*** *quelque chose à quelqu'un*, ***envoyer*** *quelque chose à quelqu'un*, ***écrire*** *quelque chose à quelqu'un...*

La Vache rouge menait une vie très occupée. Le matin, elle **donnait** des leçons de rumination **à** la Génisse rouge, sa fille.

▸ Mary Poppins

Elle donnait **quoi ?** *des leçons de rumination*
compl. direct du verbe

à qui ? *à la Génisse rouge, sa fille*
compl. indirect (COS)

140 Quels mots peuvent occuper la fonction complément indirect du verbe ?

Le complément indirect du verbe est souvent un **nom** ou un **groupe nominal**.

Un nom

– Que savez-vous de cette affaire ? demanda le Roi **à Alice**.
– Rien.

▸ Les Aventures d'Alice au pays des merveilles

Un groupe nominal

– Tenez, reprit l'âne, je me suis laissé dire qu'à l'école, quand un enfant ne comprend rien **aux leçons**, le maître l'envoie au coin avec un bonnet d'âne sur la tête !

▸ Les Contes du chat perché

Avec des verbes comme *penser à, oublier de, se souvenir de, essayer de...*, on peut trouver en fonction complément indirect un **infinitif**.

Le TGV est à la mode et personne ne s'arrête plus pour voir passer un escargot. On n'a d'yeux que pour la Vitesse. Et pourtant il suffirait **de fixer** deux petites roulettes de chaque côté de ce gastéropode pour lui faire accomplir des progrès remarquables en matière de locomotion.

▸ Réponses bêtes à des questions idiotes

Et pourtant il suffirait **de quoi ?** *de fixer*...
compl. indirect

Les **pronoms personnels** et les **pronoms relatifs** peuvent aussi occuper la fonction complément indirect du verbe.

Le roi **lui** fit mille caresses, et comme les beaux habits qu'on venait de **lui** donner relevaient sa bonne mine (car il était beau, et bien fait de sa personne), la fille du roi le trouva fort à son gré.

Le Chat botté

À qui le roi fit-il mille caresses ? à lui
pronom personnel compl. indirect

Il avait de nombreux compagnons de jeu avec qui il passait son temps à courir sur le sable et à barboter dans l'Océan. Bref, c'était la belle vie, la vie **dont** rêvent tous les petits garçons.

James et la Grosse Pêche

De quelle vie rêvent les petits garçons ? **de** la belle vie
= *dont*
pronom relatif compl. indirect

GRAMMAIRE

Reconnaître les compléments de phrase

À RETENIR

- Certains compléments **n'appartiennent pas au groupe verbal**, on les appelle **compléments de phrase**.
- Les trois principaux **compléments de phrase** sont les compléments de **lieu**, de **temps** et de **manière** ; ils donnent des informations sur les circonstances de l'action.

141 À quoi servent les compléments de phrase ?

Les compléments de phrase permettent de préciser les circonstances de l'action : **où** elle se passe, **quand** ou **pendant combien de temps**, **comment**, **pourquoi** et **dans quel but**.

Monsieur Joe errait donc, mais **en vain**. **Nulle part** il ne trouvait de princesse en détresse. **Habituellement**, elles sont enfermées **dans un donjon**, et passent leur temps à agiter un mouchoir par la fenêtre étroite. Mais **cette fois**, rien.

Le Chevalier désastreux

Comment ?	*en vain* (compl. de manière)	
Où ?	*nulle part,* (compl. de lieu)	*dans un donjon* (compl. de lieu)
Quand ?	*habituellement,* (compl. de temps)	*cette fois* (compl. de temps)

142 Quels sont les trois principaux compléments de phrase?

Les compléments de **lieu** répondent aux questions **où ?** et **d'où ?**

« Que puis-je faire pour toi, petit crapaud?
– Eh bien voilà, rétorqua le crapaud, je ne suis pas vraiment un crapaud, mais un très beau prince métamorphosé en crapaud par le maléfice d'une méchante sorcière. Et seul le baiser d'une belle princesse peut rompre ce maléfice. »
La princesse réfléchit quelques instants, puis sortit le crapaud **de l'étang** et lui donna un baiser.
« Je blaguais », dit le crapaud. Et il replongea **dans l'étang** tandis que la princesse essuyait la bave gluante qu'il avait laissée **sur ses lèvres**.

Le Petit Homme de fromage

D'où la princesse sortit-elle le crapaud ? *de l'étang*
lieu d'où l'on vient : compl. de lieu

Où replongea le crapaud ? *dans l'étang*
lieu où l'on va : compl. de lieu

Où laissa-t-il sa bave gluante ? *sur les lèvres de la princesse*
lieu où l'on se trouve : compl. de lieu

Les compléments de **temps** répondent aux questions **quand ?** et **pendant combien de temps ?**

Si les poissons savaient marcher
ils aimeraient bien aller **le jeudi** au marché.

Avec des « si »

Quand les poissons aimeraient-ils aller au marché ? *le jeudi*
date : compl. de temps

Alice fut tellement surprise qu'elle resta sans rien dire **pendant une bonne minute**, comme si cette réponse lui avait complètement coupé le souffle.

▸ De l'autre côté du miroir

Pendant combien de temps Alice resta-t-elle sans rien dire ? *pendant une bonne minute*
durée : compl. de temps

Les compléments de **manière** répondent à la question **de quelle manière ?**

Tumbly se retourna. Il se retrouva nez à nez avec le lion. Celui-ci se tenait **timidement** à l'écart **en tremblant**.
– Je viens vous présenter mes excuses, dit le lion **d'une voix chevrotante**. J'ai été très mal élevé tout à l'heure. Je n'aurais pas dû vous rugir au nez **comme je l'ai fait**. C'est très mal élevé !

▸ Le Chevalier désastreux

De quelle manière se tenait le lion ? *timidement*, *en tremblant*
compl. de manière / **compl. de manière**

De quelle manière parla-t-il ? *d'une voix chevrotante*
compl. de manière

De quelle manière a-t-il rugi ? *comme je l'ai fait*
compl. de manière

143 Existe-t-il d'autres compléments de phrase ?

Oui ! Il existe des compléments de **cause**, de **but**, de **moyen**...

Même si ma tête pouvait passer, se disait la pauvre Alice, ça ne me servirait pas à grand-chose **à cause de mes épaules**. Oh ! que je voudrais pouvoir rentrer en moi-même comme une longue-vue !

▸ Les Aventures d'Alice au pays des merveilles

Pourquoi ça ne me servirait pas à grand-chose ?
à cause de mes épaules
compl. de cause

Toutes les dames étaient attentives à considérer sa coiffure et ses habits, **pour en avoir dès le lendemain de semblables**.

▸ Cendrillon

Dans quel but les dames étaient-elles attentives à considérer sa coiffure et ses habits ?
pour en avoir dès le lendemain de semblables
compl. de but

Alors, la petite vieille décida de confectionner un homme **à partir d'un vieux bout de fromage**.

▸ Le Petit Homme de fromage

Avec quoi la petite vieille confectionna-t-elle un homme ?
à partir d'un vieux bout de fromage
compl. de moyen

144 Peut-on déplacer les compléments de phrase ?

Oui ! On peut déplacer un mot ou groupe de mots complément de phrase sans changer sa fonction. Lorsque l'on veut **mettre en valeur** un complément de phrase, on le **déplace en tête de la phrase** et on le fait suivre d'une **virgule**.

Sur les bords de la Marne ,
Un crapaud il y a,
Qui pleure à chaudes larmes
Sous un acacia.

▸ Le Crapaud

Il y a un crapaud *sur les bords de la Marne*...
compl. de lieu

145 Peut-on supprimer les compléments de phrase ?

Oui ! On peut généralement supprimer un complément de phrase. La phrase est toujours correcte **grammaticalement** mais on **perd une indication** sur le lieu, le temps ou la manière dont se déroule un événement.

Le chat fut si effrayé de voir un lion devant lui qu'il gagna aussitôt les gouttières, non sans peine et sans péril, à cause de ses bottes qui ne valaient rien pour marcher sur les tuiles.

› Le Chat botté

→ Si l'on supprimait les compléments de phrase, la phrase se réduirait à :
Le chat fut si effrayé de voir un lion qu'il gagna les gouttières.

ATTENTION

Avec certains verbes, on est **obligé** d'utiliser un complément de phrase pour obtenir une phrase **complète**.

Alors, je suis monté dans ma chambre et je me suis amusé devant la glace ; j'ai mis la lampe **sous ma figure** et ça fait ressembler à un fantôme, et puis j'ai mis la lampe **dans ma bouche** et on a les joues toutes rouges, et j'ai mis la lampe **dans ma poche** et on voit la lumière à travers le pantalon, et j'étais en train de chercher des traces de bandits quand Maman m'a appelé pour me dire que le dîner était prêt.

› Le Petit Nicolas a des ennuis

Le verbe *mettre* exige ici des compléments de phrase.
La phrase *j'ai mis la lampe* n'a pas de sens sans eux : *J'ai mis la lampe sous ma figure* (compl. de lieu)*, dans ma bouche* (compl. de lieu)*, dans ma poche* (compl. de lieu)*.*

146 Quelle peut être la classe d'un complément de lieu ?

Un complément de lieu est souvent un **groupe nominal** introduit par une préposition.

Tom Pouce était monté **dans** le foin et s'y était arrangé un joli petit lit : il comptait s'y reposer jusqu'au jour et ensuite retourner chez ses parents.

▸ Tom Pouce

Ce peut être un **adverbe**.

Le monstre lui ayant demandé si c'était de bon cœur qu'elle était venue, elle lui dit en tremblant que oui.
« Vous êtes bien bonne, lui dit la Bête, et je vous suis bien obligé. Bonhomme, partez demain matin et ne vous avisez jamais de revenir **ici**. Adieu, la Belle !
– Adieu, la Bête », répondit-elle, et tout de suite le monstre se retira.

▸ La Belle et la Bête

Les deux pronoms **en** et **y** occupent parfois la fonction complément de lieu.

– Avez-vous inventé un système pour empêcher les cheveux d'être emportés par le vent ?
– Pas encore ; mais j'ai un système pour les empêcher de tomber.
– Je voudrais bien le connaître.
– D'abord tu prends un bâton bien droit. Ensuite tu **y** fais grimper tes cheveux, comme un arbre fruitier.

▸ De l'autre côté du miroir

Ensuite tu y fais grimper tes cheveux
= Tu fais grimper tes cheveux **sur** un bâton bien droit.

Un tiroir de la commode s'ouvrit, la nappe **en** sortit et fit la course avec les plats pour arriver la première sur la table, mais elle arriva bonne dernière.

▸ Le Dragon de poche

la nappe en sortit : la nappe sortit **du** tiroir de la commode.

Enfin, une proposition **subordonnée relative** peut être complément de lieu.

– Bah ! a dit Maixent. Si tes parents disent que ton petit frère couche dans ta chambre, il couchera dans ta chambre, et voilà tout.
– Non, monsieur ! Non, monsieur ! a crié Joachim. Ils le coucheront **où ils voudront**, mais pas chez moi ! Je m'enfermerai, non mais sans blague !

▸ Le Petit Nicolas a des ennuis

147 Quelle peut être la classe d'un complément de temps ?

Un complément de temps est souvent un **groupe nominal** avec ou sans préposition.

Le dragon s'éveilla **avant le chant du coq**. Ce n'était d'ailleurs pas difficile puisqu'il n'y avait pas de coq au château.

▸ Dragon l'Ordinaire

La nuit suivante, l'Oiseau amoureux ne manqua pas d'apporter à sa belle une montre d'une grandeur raisonnable, qui était dans une perle.

▸ L'Oiseau bleu

Un complément de temps peut être un **adverbe**.

Il était une fois un artichaut qui tombait **souvent** amoureux.

▸ Edgar n'aime pas les épinards

Un complément de temps est parfois une **proposition subordonnée conjonctive**.

Quand le roi sut ces nouvelles, il fit rapidement bâtir une grosse tour. Il y mit sa fille et, pour qu'elle ne s'ennuyât point, le roi, la reine et les deux frères allaient la voir tous les jours.

▸ La Princesse Rosette

ATTENTION

Il ne faut pas confondre les compléments directs du verbe (COD) et les compléments de phrase construits sans préposition.

Quelques jours plus tard, Ransome, Sims et Jefferies étaient en mesure d'affirmer qu'elles étaient toutes prêtes à pondre. Et, effectivement, au bout d'une semaine elles pondaient **tous les jours**. Au début, elles eurent du mal à maîtriser le moment où l'œuf venait, et elles le déposèrent n'importe où et n'importe quand, lorsque le besoin s'en faisait sentir, et même, parfois, au milieu de la cour. M. Fermier se félicitait toujours que les poules pondent ainsi **leurs premiers œufs** au petit bonheur, parce que cela lui épargnait la peine de grimper la grande échelle jusqu'aux nids.

▸ Les Longs-Museaux

Quand les poules pondaient-elles ?

Elles pondaient tous les jours. (tous les jours : **compl. de temps**)

Que pondent les poules ?

Elles pondent leurs premiers œufs. (leurs premiers œufs : **compl. direct du verbe**)

GRAMMAIRE

148 Quelle peut être la classe d'un complément de manière ?

Un complément de manière est souvent un **groupe nominal** précédé d'une préposition.

Alors, comme la fin de l'enchantement était venue, la princesse s'éveilla ; et le regardant **avec des yeux plus tendres** qu'une première vue ne semblait le permettre :
« Est-ce vous, mon prince ? lui dit-elle, vous vous êtes bien fait attendre. »

▸ La Belle au bois dormant

avec des yeux plus tendres
GN compl. de manière

Un complément de manière peut être un **adverbe**.

Un jour, le Lièvre aperçut la Tortue qui marchait, lente mais fiable, sur la route et lui dit :
« Tortue, ce que tu es lente. Je me sens capable de faire pousser mon poil plus vite que tu n'avances.
« Ah ouais ? » répondit **lentement** la Tortue.

▸ Le Petit Homme de fromage

Un complément de manière est parfois une **proposition subordonnée conjonctive**.

« À l'école, on m'avait surnommé Malvenu Malfaiteur ! cria le malheureux brigand. C'est ce surnom qui m'a conduit sur la voie du crime ! Mais cachez-moi, chère Mlle Labourdette, sinon ils me captureront. »
Mlle Labourdette lui colla une étiquette avec un numéro, **comme s'il avait été un livre de la bibliothèque**, et elle le plaça sur une étagère au milieu des livres dont le nom des auteurs commençait par un M.

▸ L'Enlèvement de la bibliothécaire

Utiliser la voix passive

À RETENIR

- La **voix active** et la **voix passive** constituent **deux façons de présenter un même événement**.
- Le verbe de la phrase à la voix passive est toujours construit avec l'auxiliaire **être** et le **participe passé** du verbe.
- Seuls les verbes **transitifs** peuvent être mis à la voix passive.
- À la voix passive le sujet subit une action accomplie par le **complément d'agent**.

149 Qu'est-ce qu'une phrase à la voix passive ?

Une phrase est à la voix passive lorsque le **sujet** de la phrase **subit l'action** au lieu de la faire.

Beaucoup de gens, et notamment **ceux qui vont être mangés par eux**, ont remarqué que les crocodiles ne rient jamais à gorge déployée.

Réponses bêtes à des questions idiotes

Les gens **ne se mangent pas** eux-mêmes, ce sont les crocodiles qui **les mangent** : les gens subissent l'action d'**être mangés**.

Le **verbe** de la phrase passive se construit avec l'auxiliaire **être** et le **participe passé** du verbe.

La vie de Spillers, au contraire, **était consacrée** à sa famille: ses poussins étaient tout pour elle. Elle tirait une fierté sans borne de ses couvées et, de plus, elle était très soignée de sa personne, jamais une plume de travers.

Les Longs-Museaux

était consacrée = auxiliaire *être* + participe passé du verbe *consacrer*

150 Les verbes conjugués avec être sont-ils toujours à la voix passive ?

Non ! Il ne faut surtout pas confondre le **passé composé** des verbes comme *tomber, venir, rentrer, monter...* qui se forme toujours avec l'auxiliaire **être** *(je suis venu)* et le **présent** des verbes à la voix passive qui se construit aussi avec l'auxiliaire *être*.

Tomber

	VOIX ACTIVE	VOIX PASSIVE
Présent	je tombe	
Passé composé	je suis tombé(e)	

Chasser

	VOIX ACTIVE	VOIX PASSIVE
Présent	il chasse	il est chassé
Passé composé	il a chassé	il a été chassé

151 Tous les verbes peuvent-ils être à la voix passive ?

Non ! Seuls les verbes qui ont un complément direct, c'est-à-dire les **verbes transitifs directs**, autorisent une construction passive.
En effet, lorsqu'on passe **de l'actif au passif**, c'est le **complément direct du verbe** (COD) de la phrase active qui **devient le sujet** de la phrase passive : un verbe qui n'a pas de complément direct (COD) ne peut donc pas être utilisé à la voix passive.

La reine renvoya l'espionne dans la tour.

▸ L'Oiseau bleu

Voix active

La reine (sujet) *renvoya* *l'espionne* (compl. direct du verbe) *dans la tour.*

Voix passive

L'espionne (sujet (subit l'action)) *fut renvoyée dans la tour* *par la reine.* (compl. d'agent (fait l'action))

Un perce-oreille
A démoli
Les murs du métro de Paris.

▸ Le Perce-oreille

Voix active

Un perce-oreille (sujet) *a démoli* *les murs du métro de Paris.* (compl. direct du verbe)

Voix passive

Les murs du métro de Paris (sujet (subit l'action)) *ont été démolis* *par un perce-oreille.* (compl. d'agent (fait l'action))

152 Qu'est-ce que le complément d'agent ?

Dans une phrase à la voix passive, le sujet subit l'action. C'est le **complément d'agent**, introduit par la préposition **par**, qui **fait l'action**.

J'ai de sérieuses raisons de croire que la planète d'où venait Le Petit Prince est l'astéroïde B 612. Cet astéroïde n'a été aperçu qu'une fois au télescope, en 1909, **par un astronome turc**. Il avait fait alors une grande démonstration de sa découverte à un Congrès International d'Astronomie. Mais personne ne l'avait cru à cause de son costume. Les grandes personnes sont comme ça.

Le Petit Prince

Voix passive

Cet astéroïde a été aperçu par un astronome turc

sujet (*Cet astéroïde*) — compl. d'agent (*par un astronome turc*)

– *astéroïde* occupe la fonction **sujet** ;
– le verbe *apercevoir* est accompagné de l'auxiliaire *être* ;
– *un astronome turc*, introduit par la préposition *par*,
fait l'action d'*apercevoir* : c'est le **complément d'agent**.

Voix active

Un astronome turc a aperçu cet astéroïde.

sujet (*Un astronome turc*) — compl. direct du verbe (*cet astéroïde*)

153 À quoi sert la voix passive ?

La voix passive permet de **ne pas indiquer qui est responsable d'une action,** ce qui peut être utile si on ne veut pas dire qui a fait telle ou telle chose ou si on ne le sait pas.

« Où est-il donc, ce petit misérable ?
– Je vous l'ai déjà dit, répondit Grand-mère. Il est dans mon sac à main ! Et je continue à penser qu'il vaudrait mieux aller dans un endroit moins public, avant que vous découvriez son nouvel aspect.
– Cette femme est folle ! s'écria Mme Jenkins. Dis-lui de partir.
– À dire vrai, poursuivit Grand-mère, votre fils, Bruno, **a été complètement transformé** !

▸ Sacrées Sorcières

Grand-mère emploie la **voix passive sans complément d'agent** parce qu'elle **ne veut pas dire** en public qui a transformé Bruno : ce sont des sorcières qui ont transformé l'enfant et Grand-mère a peur de leur vengeance.

– Auriez-vous déniché une vraie princesse ?
– Parfaitement.
– En détresse ?
– Aucun doute là-dessus. **Elle était enfermée** tout en haut d'une tour. Elle agitait un mouchoir blanc et criait.
– Qu'est-ce qu'elle criait ? demanda Tumbly.
– Ce qu'on crie toujours dans ces cas-là. *Au secours ! Sauvez-moi !* etc.

▸ Le Chevalier désastreux

Il n'y a pas de complément d'agent ici parce que celui qui parle **ne sait pas** qui a bien pu enfermer la princesse.

154 Comment identifier les temps du verbe à la voix passive ?

À la voix passive, c'est l'auxiliaire **être** qui **indique** à quel temps est le **verbe**.

	TEMPS DE L'AUXILIAIRE *ÊTRE*	TEMPS DU VERBE À LA VOIX PASSIVE
Il est battu	présent	présent
Il a été battu	passé composé	passé composé
Il était battu	imparfait	imparfait
Il sera battu	futur	futur
Il serait battu	conditionnel	conditionnel
Il avait été battu	plus-que-parfait	plus-que-parfait

Faire l'analyse grammaticale d'une phrase

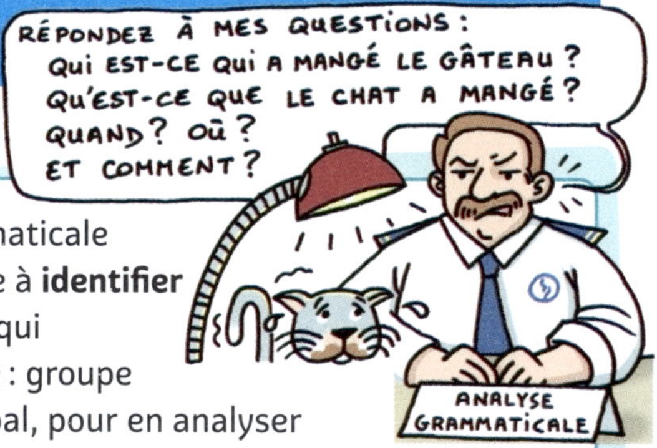

À RETENIR

- Faire l'analyse grammaticale d'une phrase consiste à **identifier les groupes** de mots qui constituent la phrase : groupe nominal, groupe verbal, pour en analyser la **classe** et la **fonction**.
- Retenez les **questions** auxquelles répondent les différents groupes de la phrase :
  – *qui est-ce qui ?* → sujet
  – *qu'est-ce que ?* → complément du verbe
  – *comment ?* → complément de phrase (manière)
  – *quand ?* → complément de phrase (temps)
  – *où ?* → complément de phrase (lieu)
- Après un verbe d'état, on trouve un **attribut**.

155 Quelle est la première étape ?

Il faut tout d'abord **repérer le verbe** de la phrase :
- **Où** est le verbe ? (Quel est son infinitif ?)
- Est-ce un verbe **d'état** (*être*, *sembler*, *paraître*, *rester*, *demeurer*...) ? Est-ce un verbe **d'action** (*manger*, *courir*...) ?
- À quel **temps** est-il conjugué (présent, futur, passé composé...) ? À quelle **personne** est-il conjugué ?

Marianne **marchait** à grands pas sur la route nationale.

Marcher est le verbe de la phrase, c'est un verbe d'action. Il est conjugué à la 3e personne du singulier de l'imparfait de l'indicatif.

156 Quelle est la deuxième étape ?

On identifie les **groupes** qui composent la phrase.
Pour chacun de ces groupes, on indique sa **classe** et sa **fonction**.

L'homme **marchait** dans l'avenue.

Trois groupes composent cette phrase :
- *l'homme* : GN dont le noyau est le nom masculin singulier *homme*. Il a pour fonction sujet ;
- *marchait* : groupe verbal, ici réduit au verbe seul ;
- *dans l'avenue* : GN dont le noyau est le nom féminin singulier *avenue*. Il a pour fonction complément de lieu. Cette fonction est marquée par la préposition *dans*. Le complément de phrase précise l'endroit où l'homme marchait.

La petite fille **a dévoré** son gâteau avec plaisir.

Trois groupes composent cette phrase :
- *la petite fille* : GN sujet ;
- *a dévoré son gâteau* : groupe verbal qui contient un complément direct du verbe (*son gâteau*) ;
- *avec plaisir* : GN complément de phrase (complément de manière). Sa fonction est marquée par la préposition *avec*.

L'élève **a offert** des fleurs à sa maîtresse.

Deux groupes composent cette phrase :
- *l'élève* : GN sujet ;
- *a offert des fleurs* : groupe verbal, qui contient un complément direct du verbe (*des fleurs*) et un complément indirect COS (*à sa maîtresse*).

157 Quelle est la troisième étape ?

On identifie le **mot noyau** de chaque groupe et on indique sa classe et sa fonction.
On identifie ensuite la classe et la fonction des **mots** rattachés au noyau du groupe.

Le petit homme | était | satisfait de sa découverte.

Le	*petit*	*homme*
article défini masc. sing. rattaché au nom *homme*	adj. qualificatif masc. sing. épithète du nom *homme*	nom masc. sing. noyau du GN sujet du verbe *être*

groupe nominal sujet

est	*satisfait*	*de*	*sa*	*découverte*
verbe d'état	adj. qualificatif attribut du sujet *homme*	préposition rattachant *découverte* à l'adj. *satisfait*	dét. possessif fém. sing. rattaché au nom *découverte*	nom fém. sing. compl. de l'adj. *satisfait*

groupe adjectival attribut du sujet

groupe verbal

Décomposer la phrase en propositions

À RETENIR

- À l'intérieur de chaque phrase, il peut y avoir plusieurs **propositions**.
- Chaque **verbe conjugué** constitue, avec les groupes fonctionnels qui lui sont rattachés, une proposition.
- On distingue trois sortes de propositions : les propositions **indépendantes**, les propositions **principales** et les propositions **subordonnées**.
- La proposition subordonnée peut compléter le verbe de la principale (**conjonctive** complément direct), compléter la phrase (conjonctive circonstancielle) ou compléter un nom (**relative**).

158 Qu'est-ce qu'une proposition ?

Une proposition est constituée d'un **verbe conjugué** auquel se rattachent un ou des groupes fonctionnels : sujet, complément direct, complément indirect…
Il peut y avoir une ou plusieurs propositions dans une phrase.
Il y a a**utant de propositions que de verbes conjugués**.

Il **était convaincu** que la sorcière **allait** le transformer en grenouille. Ce qui ne lui **aurait** pas **déplu**, à vrai dire. Il **aurait** enfin **été débarrassé** de cette épouvantable armure et de cet horrible cheval. Il ne **serait** plus **obligé** d'accomplir tous ces fichus exploits que **doivent** accomplir les chevaliers…

Le Chevalier désastreux

Dans ce texte, il y a six verbes conjugués, donc six propositions.

159 Pourquoi utiliser plusieurs propositions dans une même phrase ?

On utilise plusieurs propositions dans une même phrase pour **relier** entre eux **plusieurs événements** qui s'accomplissent au même moment.

J'étais assis là et j'ouvrais des oreilles de plus en plus grandes (chez les fantômes, c'est ainsi : lorsqu'elles **veulent** sérieusement écouter, les oreilles **s'agrandissent**).

› Les Temps sont durs pour les fantômes

Lorsqu'elles veulent sérieusement écouter,
proposition 1 = événement 1

les oreilles s'agrandissent.
proposition 2 = événement 2

L'événement 1 et l'événement 2 se complètent pour former une même histoire.

On utilise plusieurs propositions dans une même phrase pour **relier** entre eux **plusieurs événements** qui **se suivent**.

Le pélican de Jonathan,
Au matin, **pond** un œuf tout blanc
Et il en **sort** un pélican
Lui ressemblant étonnamment.

Et ce deuxième pélican
Pond, à son tour, un œuf tout blanc
D'où **sort**, inévitablement,
Un autre qui en **fait** tout autant.

› Le Pélican

Dans ce poème, cinq actions se succèdent et permettent de raconter l'histoire du pélican de Jonathan.

On peut aussi utiliser une proposition pour **expliquer** l'événement décrit par une autre proposition.

Le cheval veut aller au bal.
Il brosse avec soin sa crinière,
Cire ses sabots, cloue ses fers,
Ajuste sa sous-ventrière
Et cavale.

Marelles

La première proposition *(Le cheval veut aller au bal)* explique les cinq autres propositions : *il brosse..., cire..., cloue..., ajuste..., cavale* **parce qu'il** veut aller au bal.

160 Qu'est-ce qu'une proposition indépendante ?

On dit qu'une proposition est indépendante lorsqu'elle n'est **pas rattachée** à une autre proposition par une conjonction de subordination *(que, quand, parce que...)* ou par un pronom relatif. Une proposition indépendante peut donc constituer **une phrase à elle toute seule**.

Je **suis** poilu,
Fauve et dentu,
J'**ai** les yeux verts.

Mes crocs pointus
Me **donnent** l'air
Patibulaire.

Marelles

Je suis poilu, fauve et dentu, *j'ai les yeux verts.*
proposition 1 — proposition 2
phrase

Mes crocs pointus me donnent l'air patibulaire.
proposition indépendante = phrase

161 Peut-il y avoir plusieurs propositions indépendantes dans la même phrase ?

Oui ! Dans ce cas, elles peuvent être **juxtaposées** (séparées par une virgule, un point-virgule ou les deux-points) ou **coordonnées**.

→ PARAGRAPHES 8 À 10 ET 100-101

Un instant, le fantôme de Canterville **demeura** absolument immobile, dans un accès d'indignation bien naturelle ; puis, ayant lancé violemment le flacon sur le parquet poli, il **s'enfuit** le long du couloir, en poussant des gémissements sourds et en émettant une lueur verdâtre et fantomatique.

▸ Le Fantôme de Canterville

Cette phrase comprend **deux** verbes conjugués (*demeura* et *s'enfuit*) ; elle se compose de **deux** propositions indépendantes juxtaposées par un point-virgule.

162 Qu'appelle-t-on proposition principale et proposition subordonnée ?

Lorsqu'une proposition est le **complément** d'une autre, on dit qu'elle est **subordonnée** à une proposition **principale**.

En hiver, on dit souvent : « Fermez la porte, il fait froid dehors ! » Mais quand la porte est fermée, il fait toujours aussi froid dehors.

▸ Les Pensées

Quand la porte est fermée, (**proposition subordonnée**) *il fait toujours aussi froid dehors.* (**proposition principale**)

163 Quelles sont les fonctions d'une proposition subordonnée ?

La subordonnée peut être **complément de phrase** ou **complément du verbe** de la proposition principale.
Elle est introduite par une conjonction de subordination *(que, quand...)*.

Le Roi pensa que le vieux se moquait de lui et voulut essayer les lunettes. Oh ! prodige ! **Lorsqu'il eut les verres devant les yeux**, il lui sembla **qu'il retrouvait un monde perdu**. Il vit un moucheron sur la pointe d'un brin d'herbe ; il vit un pou dans la barbe du vieillard et il vit aussi la première étoile trembler sur le ciel pâlissant.

▸ Les Lunettes du lion

Lorsqu'il eut les verres devant les yeux,
verbe (eut)
proposition subordonnée compl. de phrase (temps)

il lui sembla
verbe (sembla)
proposition principale

qu'il retrouvait un monde perdu.
verbe (retrouvait)
proposition subordonnée compl. du verbe *sembla*

La subordonnée peut avoir la fonction **complément du nom**.
Elle est introduite par un pronom relatif.

Au 84 de la rue de Bretagne demeurait une sorcière **qui n'arrivait plus à croquer d'enfants** parce que ses méthodes étaient dépassées.

▸ Contes de la rue de Bretagne

une sorcière — **nom**
qui n'arrivait plus à croquer d'enfants — **proposition subordonnée compl. du nom *sorcière***

164 Quels sont les différents types de subordonnées ?

Les propositions subordonnées **relatives** sont compléments du nom. Ce nom est l'antécédent du pronom relatif.

« Et les loups ? Où donc sont-ils passés ? « me demandai-je à part moi. Et tandis que je me posais ces questions, le loup **qui avait tiré les poils de ma queue**, clac ! planta ses dents dans cette région un peu en retrait de mon corps. Je hurlai de douleur tout en lui lançant une terrible ruade **qu'il prit de plein fouet**. Le malheureux repartit en poussant des hurlements, remportant avec lui ses oreilles et sa queue, remportant avec lui sa bouche, mais certainement pas les dents **qu'il y avait dedans**.

Mémoires d'une vache

le loup — nom ; *qui avait tiré les poils de ma queue* — subordonnée relative compl. du nom *loup*

une terrible ruade — nom ; *qu'il prit de plein fouet* — subordonnée relative compl. du nom *ruade*

les dents — nom ; *qu'il y avait dedans* — subordonnée relative compl. du nom *dents*

Les propositions subordonnées **conjonctives** peuvent être complément de phrase ou complément du verbe de la proposition principale.

Lorsqu'il arriva en haut de l'escalier, il reprit ses esprits, et résolut de lancer son célèbre éclat de rire démoniaque. Il l'avait, en plus d'une circonstance, trouvé extrêmement utile. On dit **que ce rire avait, en une seule nuit, fait grisonner la perruque de Lord Raker**...

Le Fantôme de Canterville

Lorsqu'il arriva en haut de l'escalier, — subordonnée conjonctive compl. de temps
il reprit ses esprits... — proposition principale

On dit — proposition principale
que ce rire avait fait grisonner la perruque... — subordonnée conjonctive compl. direct du verbe *dit*

165 Quels sont les différents types de subordonnées conjonctives ?

Parmi les propositions subordonnées conjonctives, on distingue :

- les propositions subordonnées conjonctives **compléments directs du verbe** de la principale.

Maintenant, vous savez **que votre voisine de palier peut être une sorcière.**
Ou bien la dame aux yeux brillants, assise en face de vous dans le bus, ce matin.

▸ Sacrées Sorcières

Vous savez (verbe : *savez*) — principale
que votre voisine de palier peut être une sorcière. — subordonnée compl. direct du verbe

- les propositions subordonnées conjonctives **compléments de phrase**.

J'étais dans le jardin et je ne faisais rien, **quand est venu Alceste** et il m'a demandé ce que je faisais et je lui ai répondu : « Rien. »

▸ Le Petit Nicolas

J'étais dans le jardin et je ne faisais rien, (verbes : *étais*, *faisais*) — principales coordonnées
quand est venu Alceste. — subordonnée compl. de phrase (temps)

Nous, les enfants, on ne lit jamais dans le métro **parce que le spectacle est super**.

La Grande Aventure du livre

Nous, les enfants, on ne lit jamais dans le métro
verbe
principale
parce que le spectacle est super.
subordonnée compl. de phrase (cause)

TABLEAU RÉCAPITULATIF DES SUBORDONNÉES	
CONJONCTIVES	compléments directs du verbe
	compléments de phrase (de temps, de lieu...)
RELATIVES	compléments du nom

On trouve souvent dans un même texte les différents types de propositions (subordonnées et indépendantes).

Une petite souris demande à un gros éléphant qui prend son bain dans un large fleuve d'Afrique:
– Veux-tu sortir de l'eau deux minutes?
Le pachyderme s'exécute de mauvaise grâce et lorsqu'il est sur la berge, la petite souris lui dit:
– Bon, tu peux te remettre à l'eau, je croyais que tu avais mis mon maillot!

Encyclopédie des histoires drôles

Une petite souris demande à un gros éléphant
principale
qui prend son bain dans un large fleuve d'Afrique
subordonnée relative
Le pachyderme s'exécute de mauvaise grâce
proposition indépendante
et lorsqu'il est sur la berge, — **subordonnée compl. de temps**
la petite souris lui dit... — **proposition principale**

Orthographe grammaticale

L'orthographe grammaticale est l'ensemble des règles d'orthographe qui précisent comment s'accordent les mots dans la phrase : le verbe avec son sujet, les divers éléments du groupe nominal avec le nom noyau...

Accorder le sujet et le verbe

À RETENIR

- Pour **accorder le verbe avec son sujet**, il faut d'abord savoir identifier le sujet puis il faut se demander si le verbe est à un **temps simple** ou à un **temps composé**.
- Aux temps simples, le verbe s'accorde toujours avec son **sujet**.
- Le sujet est le plus souvent placé **avant** le verbe, mais il peut se trouver **après**. Il est parfois séparé du verbe par quelques mots.
- Lorsque le sujet est un pronom relatif, le verbe s'accorde avec l'**antécédent** du pronom relatif.

166 Avec quoi s'accorde le verbe ?

Aux **temps simples** (présent, imparfait, futur...), le verbe s'accorde toujours avec son **sujet**.

Un agneau **se désaltérait**
Dans le courant d'une onde pure.
Un loup **survient** à jeun, qui **cherchait** aventure,
Et que la faim en ces lieux **attirait**.
« Qui te **rend** si hardi de troubler mon breuvage ?
Dit cet animal plein de rage :
Tu **seras** châtié de ta témérité.

Le Loup et l'Agneau

Plusieurs verbes peuvent avoir le même sujet ; ils s'accordent **tous** avec ce sujet.

Le cochon **frappa** à la porte et **grogna** :
– Petits loups, petits loups, laissez-moi entrer !
– Non, non et non, dirent les trois petits loups. [...]
– Puisque c'est comme ça, je vais souffler, pouffer, pousser mille bouffées, et je démolirai votre maison ! dit le cochon.
Et il **souffla**, **pouffa**, **poussa** mille bouffées, et même plus que ça, mais la maison ne bougea pas.

▸ Les Trois Petits Loups et le Grand Méchant Cochon

167 Où le sujet peut-il être placé ?

Le sujet se trouve le plus souvent **avant le verbe**.
S'il se trouve **après**, on parle de sujet **inversé**.

Ce n'est quand même pas ma faute si **les loups** mangent des petites bêtes mignonnes comme les lapins, les agneaux, les cochons !
On est fait comme ça. Si **les hamburgers** étaient mignons, vous aussi, on vous traiterait de grands méchants.

▸ La Vérité sur l'affaire des trois petits cochons

les loups (sujet) *mangent* (verbe) *des petites bêtes*
Si les hamburgers (sujet) *étaient* (verbe) *mignons*

– Plaise à votre Majesté, où dois-**je** commencer ? demanda-t-**il**.
– Commencez au commencement, dit **le roi** d'un ton grave, et continuez jusqu'à ce que vous arriviez à la fin ; ensuite, arrêtez-vous.

▸ Les Aventures d'Alice au pays des merveilles

Où dois- (verbe) *je* (sujet) *commencer ? demanda* (verbe) *-t-il.* (sujet)
Commencez au commencement, dit (verbe) *le roi.* (sujet)

Le sujet et le verbe peuvent être séparés par d'autres mots. Le verbe s'accorde toujours avec le **nom noyau** du groupe nominal sujet.

Le monstre, hors de lui, **se roulait** par terre de colère. C'était d'ailleurs très drôle à voir. Maintenant il hurlait :
– Ce ne sont pas des manières de princesse !
– Poils aux fesses !

▸ Le Monstre poilu

Le monstre, hors de lui, se roulait par terre de colère.

nom noyau (monstre) — **verbe** (se roulait)

groupe nominal (Le monstre, hors de lui,)

Le verbe *se roulait* est conjugué à la 3e personne du singulier ; il s'accorde avec le nom singulier *monstre*.

Pour une vampire, elle était plutôt jolie… un petit nez retroussé, parsemé de taches de rousseur, de grands yeux bleus et des cheveux peignés avec soin. Seule sa forte odeur de moisi **était** quelque peu gênante.

▸ Le Grand Amour du petit vampire

Seule sa forte odeur de moisi était quelque peu gênante.

nom noyau (odeur) — **verbe** (était)

groupe nominal (Seule sa forte odeur de moisi)

Le verbe *était* est conjugué à la 3e personne du singulier ; il s'accorde avec le nom singulier *odeur*.

Cependant la reine Florine, déguisée sous un habit de paysanne, avec ses cheveux épars et mêlés, qui cachaient son visage, un chapeau de paille sur la tête, un sac de toile sur son épaule, **commença** son voyage, tantôt à pied, tantôt à cheval, tantôt par mer, tantôt par terre.

▸ L'Oiseau bleu

Le verbe *commença* est conjugué à la 3e personne du singulier ; il s'accorde avec le nom singulier *reine*.

168 Comment accorder le verbe quand il a plusieurs sujets au singulier ?

Un verbe peut avoir plusieurs sujets au singulier. Si les sujets sont **coordonnés** par **et**, ou **juxtaposés**, le verbe se met au **pluriel**.

Cependant Delphine et Marinette **avaient couru** à l'étable avertir le malheureux bœuf qui était justement en train d'étudier sa grammaire. En les voyant, il ferma les yeux et récita sans se tromper une fois la règle des participes, qui est pourtant très difficile.

Les Contes du chat perché

Le verbe *avaient couru* est conjugué à la 3e personne du pluriel ; il s'accorde avec les sujets coordonnés *Delphine* et *Marinette*.

169 Comment accorder le verbe avec plusieurs pronoms personnels ?

Un verbe peut avoir plusieurs sujets à des personnes différentes. Le verbe se met alors à la **première** ou à la **deuxième personne du pluriel**.

SUJET	VERBE	EXEMPLES
toi + moi (2e + 1re pers. du singulier)	nous (1re pers. du pluriel)	Toi et moi sommes de vrais amis.
lui/elle + moi (3e + 1re pers. du singulier)	nous (1re pers. du pluriel)	Elle et moi avons fait nos études ensemble.
lui/elle + toi (3e + 2e pers. du singulier)	vous (2e pers. du pluriel)	Lui et toi habitez la même ville.

ORTHOGRAPHE GRAMMATICALE

170 Comment accorder le verbe quand le sujet est un pronom relatif ?

Pour accorder le verbe quand le sujet est un pronom relatif, il faut trouver l'**antécédent** de ce pronom relatif : c'est lui qui détermine l'accord.

La vache n'était pas moins curieuse de tout ce qu'elle apercevait derrière les vitres du buffet. Surtout, elle ne pouvait détacher son regard d'un fromage et d'un pot de lait, qui lui **firent** murmurer à plusieurs reprises : « Je comprends, maintenant, je comprends... »

Les Contes du chat perché

Le pronom relatif *qui* est le sujet du verbe *firent* ; il a pour antécédents *fromage* et *pot de lait* (deux noms coordonnés) ; le verbe *firent* est donc au pluriel.

Accorder le participe passé

À RETENIR

- Pour accorder un verbe à un **temps composé** avec son sujet, il faut identifier l'auxiliaire (**avoir** ou **être**), puis le sujet, son genre et son nombre.
- Aux temps composés, le participe passé employé avec l'auxiliaire **être** s'accorde en genre et en nombre avec le **sujet**.
- Le participe passé employé avec l'auxiliaire **avoir** ne s'accorde **jamais** avec le **sujet** du verbe.
- Si un **complément direct du verbe** (COD) est placé **avant** le verbe, le participe passé employé avec **avoir s'accorde** en genre et en nombre avec ce complément direct du verbe (COD).

171 Quel est l'auxiliaire utilisé : être ou avoir ?

Aux **temps composés** (passé composé, plus-que-parfait...), les verbes sont formés d'un **auxiliaire** (*avoir* ou *être*) et d'un **participe passé**.

Tremblantes, les petites se prirent par le cou, mêlant leurs cheveux blonds et leurs chuchotements. Le loup dut convenir qu'il n'**avait** rien **vu** d'aussi joli depuis le temps qu'il courait par bois et par plaines. Il en fut tout attendri.

– Mais qu'est-ce que j'ai ? pensait-il, voilà que je flageole sur mes pattes.

À force d'y réfléchir, il comprit qu'il **était devenu** bon, tout à coup.

▸ Les Contes du chat perché

il n'avait rien vu — n'avait : auxiliaire *avoir* ; vu : participe passé du verbe *voir*

il était devenu bon — était : auxiliaire *être* ; devenu : participe passé du verbe *devenir*

172 Comment accorder le participe passé employé avec l'auxiliaire être ?

Le participe passé employé avec l'auxiliaire **être** s'accorde en genre et en nombre avec le **sujet** du verbe.

Le roi avait couru mille risques depuis qu'il était en cage. Le clou qui l'accrochait s'était rompu ; la cage était tomb**ée**, et Sa Majesté emplumée souffrit beaucoup de cette chute.

▸ L'Oiseau bleu

*La cage était tomb**ée**.* — cage : nom féminin singulier ; tombée : participe passé féminin singulier

173 Comment accorder le participe passé employé avec l'auxiliaire être, lorsqu'il y a plusieurs sujets ?

Si **tous** les sujets (coordonnés par **et** ou juxtaposés) sont au **féminin**, le participe passé s'accorde au **féminin pluriel**.

Delphine et Marinette étaient devenu**es** très pâles et joignaient les mains avec des yeux suppliants.
– Pas de prière qui tienne ! S'il ne pleut pas, vous irez chez la tante Mélina lui porter un pot de confiture.

▸ Les Contes du chat perché

Delphine	*et*	*Marinette*	*étaient*	*devenu**es***	*très pâles.*
nom féminin singulier		**nom féminin singulier**		**participe passé féminin pluriel**	

Si **tous** les sujets sont de genre **masculin**, le participe passé s'accorde au **masculin pluriel**.

Le roi et son frère, qui étaient prisonniers, et qui savaient que leur sœur devait arriver, s'étaient habill**és** de beau pour la recevoir.

▸ La Princesse Rosette

Le	*roi*	*et*	*son*	*frère*	*s'étaient*	*habill**és**.*
	nom masculin singulier			**nom masculin singulier**		**participe passé masculin pluriel**

Si les sujets n'ont pas le même genre, le participe passé est toujours au **masculin pluriel**.

À l'entrée de la cour, le canard, le chat, le coq, les poules, les oies et le cochon guettaient l'arrivée des petites pour avoir des nouvelles de la Cornette et furent bien étonn**és** de les voir apparaître seules avec le chien. La nouvelle de la disparition des vaches les mit en effervescence. Les oies se lamentaient, les poules couraient en tous sens, le cochon criait…

▸ Les Contes du chat perché

Le sujet comprend des noms masculins et des noms féminins ; le participe passé *étonnés* s'accorde donc au masculin pluriel.

174 Comment accorder le participe passé employé avec l'auxiliaire avoir ?

Le participe passé employé avec l'auxiliaire **avoir** ne s'accorde **jamais** avec le **sujet**.

Tous m'ont dit qu'ils n'avaient jamais, au grand jamais, **vu** une sorcière aussi laide que moi. J'ai **eu** ma photo sur la couverture de tous les magazines de la région.

› La Grande Fête de la sorcière Camomille

ils	*n'avaient*	*jamais vu*
sujet pluriel	auxiliaire *avoir*	participe passé invariable
j'	*ai*	*eu*
sujet singulier	auxiliaire *avoir*	participe passé invariable

175 Le participe passé employé avec avoir est-il toujours invariable ?

Non ! Le participe passé employé avec l'auxiliaire *avoir* **s'accorde** en genre et en nombre **avec le complément direct** du verbe (appelé aussi **COD**) quand celui-ci est placé **avant le verbe**.

Cependant, elle ne tarda pas à comprendre qu'elle était dans la mare des larmes qu'elle avait vers**ées** quand elle avait deux mètres soixante et quinze de haut.

› Les Aventures d'Alice au pays des merveilles

des larmes	***qu'***	*elle avait versées*
antécédent féminin pluriel	pronom relatif COD	participe passé féminin pluriel

Accorder les déterminants et les adjectifs qualificatifs avec le nom

À RETENIR

- Les déterminants et les adjectifs qualificatifs d'un groupe nominal **s'accordent en genre et en nombre** avec le nom noyau.
- Les **adjectifs numéraux** sont **invariables**, sauf *vingt* et *cent*.

176 Qu'est-ce qu'un groupe nominal ?

Le groupe nominal (GN) est un groupe de mots organisé autour d'un nom noyau. Il peut occuper différentes fonctions : sujet, complément du verbe (direct ou indirect), attribut du sujet, complément de phrase (de temps, de lieu...).

→ PARAGRAPHE 41

HENRIETTE (*après un temps, relevant la tête*). – Ah ! que c'est ennuyeux ! Ça ne veut pas entrer...
RENÉ. – Moi ça commence !... Je sais jusqu'à « fromage » !, «... tenait **dans son bec un fromage**... »
HENRIETTE. – Deux lignes !... déjà !...
RENÉ. – Oui, et toi ?
HENRIETTE. – Moi, je commence un peu à savoir le titre.
RENÉ. – Oh ! tu verras, ça n'est pas très difficile... c'est très bête, **cette fable-là**... c'est **pour les petits enfants**... mais on la retient facilement.

▸ Fiancés en herbe

tenait dans son bec — **nom noyau** ; *un fromage* — **nom noyau**

c'est très bête cette fable-là — **nom noyau**

c'est pour les petits enfants — **nom noyau**

177 Quels mots peut-on trouver dans le GN ?

On y trouve des **noms.** → PARAGRAPHES 40 À 48

On y trouve aussi des **déterminants.** → PARAGRAPHES 70 À 80

- **Articles :** le, la, les, un, une, des, du, de la
- **Déterminants possessifs :** mon, ma, notre, votre, leur, leurs...
- **Déterminants démonstratifs :** ce, cet, cette, ces...
- **Déterminants indéfinis :** certains, quelques, tout, toute, tous...
- **Déterminants numéraux :** deux, vingt, cent, deuxième...

On y trouve enfin des **adjectifs qualificatifs.**

→ PARAGRAPHES 59 À 66

178 Comment faire l'accord dans le GN ?

Les déterminants et les adjectifs qualificatifs prennent le **genre** et le **nombre** du **nom noyau.**

Ce prince trouva aisément des dames du palais qui entrèrent dans la confidence ; il y en eut une qui lui assura que le soir même Florine serait à **une petite** fenêtre **basse** qui répondait sur le jardin, et que par là elle pourrait lui parler.

L'Oiseau bleu

une	*petite*	*fenêtre*	*basse*
article indéfini	adj. qualificatif	nom noyau	adj. qualificatif
féminin singulier	féminin singulier	féminin singulier	féminin singulier

L'escargogol et l'escargorki
D'un pied alerte déambulent
Parmi **les bouleaux verts** et **gris**
Sur les berges de la Kamenka.

▸ Les Opossums célèbres

Les	*bouleaux*	*verts et gris*
article défini masculin pluriel	nom noyau masculin pluriel	adj. qualificatifs masculin pluriel

Elles décidèrent facilement le bœuf, la vache, le cheval, le mouton, le coq, la poule, à les suivre dans la cuisine. La plupart étaient très contents de jouer à l'Arche de Noé. Il y eut bien **quelques** grincheux, comme le dindon et le cochon, pour protester qu'ils ne voulaient pas être dérangés…

▸ Les Contes du chat perché

quelques	*grincheux*
dét. indéfini masculin pluriel	nom noyau masculin pluriel

La Belle ne put s'empêcher de frémir en voyant **cette horrible** figure, mais elle se rassura de son mieux et, le monstre lui ayant demandé si c'était de bon cœur qu'elle était venue, elle lui dit en tremblant que oui.

▸ La Belle et la Bête

cette	*horrible*	*figure*
dét. démonstratif féminin singulier	adj. qualificatif féminin singulier	nom noyau féminin singulier

Les déterminants **numéraux** cardinaux *(deux, dix, trente, mille…)* sont **invariables sauf vingt** et **cent**. *Vingt* et *cent* peuvent se mettre au pluriel **s'ils sont multipliés** et **qu'ils ne sont pas suivis d'un déterminant numéral**.

Nouvelle orthographe

La réforme autorise à écrire tous les déterminants numéraux composés avec un trait d'union. Exemples : **vingt-et-un** élèves, **deux-cents** euros, **six-cents** livres.

quatre-vingt**s**, quatre-vingt-un, quatre-vingt-deux…
six cent**s**, six cent un, six cent deux, six cent trois…

179 Comment accorder un adjectif qualificatif qui se rapporte à plusieurs noms ?

Lorsque les noms sont **masculins**, l'adjectif s'accorde au **masculin pluriel**.

C'était un mélange de **poissons**, d'**oiseaux** et de **mammifères putréfiés**. Une odeur tout à fait insoutenable. Un peu comme celle qui s'exhalerait d'une porcherie-poissonnerie-basse-cour, si cela existait.

Le Chevalier désastreux

de poissons,	*d'oiseaux*	*et*	*de*	*mammifères*	*putréfiés*
nom masculin pluriel	nom masculin pluriel			nom masculin pluriel	adj. qualificatif masculin pluriel

Lorsque les noms sont **féminins**, l'adjectif s'accorde au **féminin pluriel**.

Effrayées, Delphine et Marinette se mirent à pleurer. En voyant les larmes, le vieux cygne, perdant la tête, se mit à tourner en rond devant elles.

Les Contes du chat perché

Effrayées,	*Delphine*	*et*	*Marinette*	*se mirent à pleurer.*
adj. qualificatif féminin pluriel	nom féminin singulier		nom féminin singulier	

Lorsque les noms ont des genres **différents**, l'adjectif s'accorde au **masculin pluriel**.

C'était un joli canard. Il avait la tête et le col **bleus**, le jabot couleur de rouille et les ailes rayées bleu et blanc.

Les Contes du chat perché

la	*tête*	*et*	*le*	*col*	*bleus*
	n. féminin singulier			n. masculin singulier	adj. qualificatif masculin pluriel

Former le pluriel des noms

À RETENIR

- La plupart des noms ont un **pluriel en s**. Mais il existe des exceptions que vous devez connaître.

→ PARAGRAPHES 192 À 194

- Les noms en **-eu**, **-au**, **-eau**, **-ou**, **-al** et **-ail** forment leur pluriel selon des règles spéciales.

180 Quel est, en général, le pluriel des noms ?

En général, les noms forment leur pluriel en ajoutant un **s** à la forme du singulier.

le lièvre → les lièvre**s** un rat → des rat**s**

181 Comment se forme le pluriel des noms en -eu, -au, -eau ?

La plupart des noms terminés au singulier par **-eu**, **-au**, **-eau** forment leur pluriel en ajoutant un **x**.

les chev**eux** les drap**eaux** les tuy**aux**

EXCEPTIONS Les mots **landau**, **bleu** et **pneu** forment leur pluriel en ajoutant un **s**.
les land**aus** les bl**eus** les pn**eus**

182 Comment se forme le pluriel des noms en -ou ?

La plupart des noms terminés par **-ou** au singulier forment leur pluriel en ajoutant un **s**.

un sou → des sou**s**

EXCEPTIONS Sept mots en **-ou** prennent un **x** au pluriel : **bijou, caillou, chou, genou, hibou, joujou, pou**.
un bijou → des bijou**x**

183 Comment se forme le pluriel des noms en -s, -x ou -z ?

Les noms déjà terminés au singulier par **-s**, **-x** ou **-z** ne changent pas au pluriel.

le boi**s** → les boi**s** le pri**x** → les pri**x** le ga**z** → les ga**z**

184 Quel est le pluriel des noms en -al ?

La plupart des noms terminés par **-al** forment leur pluriel en **-aux**.

un anim**al** → des anim**aux** un chev**al** → des chev**aux**

EXCEPTIONS Certains mots en **-al** forment leur pluriel en ajoutant un **s** : **bal, carnaval, chacal, festival, récital, régal**.
un carnaval → des carnaval**s**

Les hiboux

Ce sont les mères des **hiboux**
Qui désiraient chercher les **poux**
De leurs enfants, leurs petits **choux**,
En les tenant sur les **genoux**.

Leurs yeux d'or valent des **bijoux**,
Leur bec est dur comme **cailloux**,
Ils sont doux comme des **joujoux**,
Mais aux hiboux point de **genoux** !

▸ Robert Desnos, *Chantefables et Chantefleurs*, © Grund 1944

185 Quel est le pluriel des noms en -ail ?

Certains mots terminés par **-ail** forment leur pluriel en ajoutant un **s** : **attirail, chandail, détail, épouvantail, gouvernail, portail**...

un dét**ail** → des dét**ails**   un port**ail** → des port**ails**

D'autres mots terminés par **-ail** ont un pluriel en **-aux** : **corail, émail, travail** et **vitrail.**

un cor**ail** → des cor**aux**   un ém**ail** → des ém**aux**

186 Le pluriel peut-il changer la prononciation d'un nom ?

À L'ORAL Oui ! Au pluriel, dans quelques cas, on ne prononce pas les consonnes finales.

un œuf [œf] → quatre œufs [ø]
un bœuf [bœf] → des bœufs [bø]

ATTENTION un œil [œj], des‿yeux [dezjø]

Une histoire de chacals

Le propriétaire d'un zoo écrit
à un de ses fournisseurs en Afrique :
« Cher Monsieur, veuillez me faire
expédier deux *chacals*, s'il vous plaît. »
Il relit ce qu'il a écrit, se gratte la tête,
puis déchire sa lettre et en fait une autre :
« Cher Monsieur, veuillez me faire
expédier deux *chacaux*, s'il vous plaît. »
Il relit la lettre, hésite et se dit :
« Décidément, je n'en sais rien. »
Alors, il déchire la seconde lettre
et en écrit une troisième :
« Cher Monsieur, veuillez me faire
expédier un chacal, s'il vous plaît.
Post-scriptum : pendant que vous y êtes,
mettez-m'en deux… »

Hervé Nègre, *Dictionnaire des histoires drôles*,

Former le pluriel des adjectifs qualificatifs

À RETENIR

- La plupart des adjectifs qualificatifs ont un **pluriel en s** et s'accordent avec le ou les noms qu'ils qualifient. Mais il existe des exceptions que vous devez connaître.

187 Comment se forme, en général, le pluriel des adjectifs qualificatifs ?

La plupart des adjectifs forment leur pluriel en ajoutant un **s**.

grand, grande → grand**s**, grande**s**
important, importante → importan**ts**, importante**s**
joli, jolie → joli**s**, jolie**s**

188 Comment se forme le pluriel des adjectifs qualificatifs en -s ou en -x ?

Les adjectifs terminés par **-s** ou **-x** au singulier **ne changent pas** de forme au **masculin pluriel**.

un gro**s** câlin → de gros câlins
un gâteau délicieu**x** → des gâteaux délicieu**x**

189 Comment se forme le pluriel des adjectifs qualificatifs en -al ?

Les adjectifs terminés par **-al** forment généralement leur masculin pluriel en **-aux**.

vertic**al** → vertic**aux** (féminin pluriel : vertic**ales**)

ATTENTION **Banal**, **bancal**, **fatal**, **natal** et **naval** forment leur masculin pluriel en ajoutant un **s** à la forme du singulier.
nav**al** → nav**als**

190 Comment se forme le pluriel des adjectifs qualificatifs en -eau ?

Les adjectifs terminés par **-eau** forment leur pluriel en **-eaux**.

un b**eau** parc → de b**eaux** parcs

191 Quel est le pluriel des adjectifs qualificatifs de couleur ?

Lorsque la couleur est désignée par **un seul adjectif** *(blanc, jaune, vert...)*, celui-ci **s'accorde** en genre et en nombre avec le nom qu'il qualifie.

des	murs	blancs	des	maisons	blanches
	nom masculin pluriel	adj. masculin pluriel		nom féminin pluriel	adj. féminin pluriel

ORTHOGRAPHE GRAMMATICALE

Lorsqu'un nom de **fruit** *(marron, orange...)*, de **fleur** *(jonquille...)* ou de **pierre précieuse** *(émeraude...)* est employé comme adjectif de couleur, l'adjectif est **invariable**.

des chapeaux (nom masculin pluriel) marron (adj. invariable)

des mers (nom féminin pluriel) turquoise (adj. invariable)

EXCEPTIONS des chemises **roses**, des pulls **mauves**

Lorsque la couleur est désignée par un **adjectif composé** (adjectif + adjectif ou adjectif + nom), l'adjectif reste **invariable**.

des vestes (nom féminin pluriel) bleu marine (adj. composé invariable)

des camions (nom masculin pluriel) vert pomme (adj. composé invariable)

C'est à ses écailles **rouge vif**,
À sa tête triangulaire
Et à sa collerette blanche
Qu'on reconnaît la vipèrenoël.

Les Opossums célèbres

des écailles (nom féminin pluriel) rouge vif (adj. composé invariable)

J'ai quatre cornes citron

J'ai quatre cornes **citron**
et trois jolis yeux **turquoise**,
une moustache **framboise**,
un gentil visage rond.

Mon ventre est **vert véronèse**,
ma poitrine **vert wagon**,
mes cheveux sentent la fraise
et parfois le macaron.

Pierre Gamarra dans J. Charpentreau,
Mon Premier Livre de devinettes,

ORTHOGRAPHE GRAMMATICALE

Former le pluriel des noms composés

À RETENIR

- Pour mettre un **nom composé** au pluriel, il faut d'abord identifier la classe des mots qui le composent.
- Dans un nom composé, seuls l'**adjectif** et le **nom** peuvent prendre la **marque du pluriel**.
- Les autres éléments (verbe, adverbe, préposition) sont **invariables**.

192 Qu'est-ce qu'un nom composé ?

Un nom composé est un nom formé de **deux** ou **trois mots**.

un porte-clés   une pomme de terre

193 Quel est le pluriel d'un nom composé ?

• Le **verbe**, l'**adverbe** et la **préposition** sont **invariables** dans un nom composé. **L'adjectif s'accorde** toujours.

des **sèche**-linge   des arcs-**en**-ciel   des **basses**-cours

• Dans un nom composé au pluriel, **en général**, le **nom s'accorde**.
• Mais si le nom composé est formé d'un verbe et d'un nom, le **nom peut ne pas s'accorder**. Cela dépend du **sens** du nom composé.

un lave-vaisselle → des lave-vaisselle

On lave **la** vaisselle : *vaisselle* reste au singulier.

un tire-bouchon → des tire-bouchons

On retire **des** bouchons : bouchons se met au pluriel.

Nouvelle orthographe

Dans les noms composés avec un trait d'union (verbe + nom ou préposition + nom), le second élément prend la marque du pluriel seulement et toujours lorsque le mot est au pluriel.
un lave-vaisselle → des lave-vaisselles
un porte-bagage → des porte-bagages
un sans-abri → des sans-abris

ORTHOGRAPHE GRAMMATICALE

194 Formation du pluriel des mots composés

MOTS COMPOSÉS	EXEMPLES
nom + nom	un chou-fleur → des choux-fleurs
adjectif + nom	une longue-vue → des longues-vues
nom + préposition + nom	un crayon à papier → des crayons à papier
verbe + nom	un tire-bouchon → des tire-bouchons un porte-monnaie → des porte-monnaie
adverbe + nom	une avant-garde → des avant-gardes

Nouvelle orthographe

La réforme autorise à souder certains noms composés avec *contre-*, *entre-*, *extra-*, *porte-* ainsi que les mots d'origine étrangère.
Exemples : un **contrecourant** ; des **extraterrestres** ; un **porteclé**, un **weekend**.

La Complainte du progrès

Autrefois s'il arrivait
Que l'on se querelle
L'air lugubre on s'en allait
En laissant la vaisselle
Aujourd'hui, que voulez-vous
La vie est si chère
On dit rentre chez ta mère
Et on se garde tout
Ah… Gudule… Excuse-toi…
ou je reprends tout ça

Mon frigidaire
Mon armoire à cuillers
Mon évier en fer
Et mon poêl'à mazout
Mon **cire-godasses**
Mon **repasse-limaces**
Mon tabouret à glace
Et mon **chasse-filou**
La tourniquette
À faire la vinaigrette
Le **ratatine-ordures**
Et le **coupe-friture** […]

Paroles de Boris Vian, musique d'Alain Goraguer

Distinguer les homophones

À RETENIR

Certains mots se prononcent de la **même manière**, mais ils ont une **orthographe différente** : ce sont des **homophones**. Pour bien les écrire, il faut apprendre à les reconnaître.

ORTHOGRAPHE GRAMMATICALE

195 Qu'appelle-t-on des homophones ?

Les **homophones** sont des mots qui se prononcent de façon **identique** mais **ne s'écrivent pas** de la même façon. Ils diffèrent également par le sens.

un ba**l** une ba**lle**

Parfois, ces mots n'appartiennent pas à la même classe grammaticale ; on les appelle alors des homophones grammaticaux.

le **lait** : nom
laid : adjectif
bien qu'il **l'ait** : pronom personnel + verbe *avoir* à la 3e personne du singulier

un **compte** : nom
il **compte** : verbe

196 Comment distinguer à et a ?

On peut mettre les phrases à l'imparfait : **a** devient **avait**, **à** ne change pas. Le mot **a** est la forme conjuguée du verbe *avoir*, **à** est une préposition.

Mon âne, mon âne **a** bien mal **à** la tête… ▸ Chanson

Si l'on met la phrase à l'imparfait, seul le verbe *avoir* change : **a** devient **avait**, **à** ne change pas.
→ Mon âne avait bien mal à la tête.

Devant un infinitif, on écrit toujours **à**.

Tu n'as pas l'air sotte, contrairement à la plupart des vaches de Balanzategui qui ne pensent qu'**à** manger et **à** dormir.

▸ Mémoires d'une vache

à (**préposition**) *manger* (**infinitif**) — *à* (**préposition**) *dormir* (**infinitif**)

197 Comment distinguer ce et se ?

Se est placé **devant un verbe**. Si l'on met la phrase à la première personne du singulier, **se** devient **me**. C'est un pronom personnel.

Quand l'aurore-aux-doigts-de-rose parut, Nausicaa **se** réveilla, le cœur plein du rêve de la nuit. Elle courut à la recherche de son père ou de sa mère. Alcinoos **se** rendait au conseil des Phéaciens.

▸ L'Odyssée

Nausicaa se réveilla (se : **pronom personnel**) → *Nausicaa me réveilla* (me : **pronom personnel**)

Ce peut se trouver **devant** un **nom masculin.**
Ce devient **cette** devant un nom féminin.
C'est un déterminant démonstratif.

Ce pauvre monstre voulut soupirer et il fit un sifflement si épouvantable que tout le palais en retentit.

La Belle et la Bête

Ce pauvre monstre → Cette pauvre bête
dét. démonstratif

Ce (pronom démonstratif) peut se trouver **avant** un **verbe.**
Dans ce cas, on peut le remplacer par **cela.**

– Ce que tu dis des vaches est faux, et tu ne devrais pas te sous-estimer ainsi, dit-il.
– C'est possible, répondis-je avec une certaine prudence.
– C'est sûr, ma fille. Une vache, **ce** n'est pas n'importe quoi !

Mémoires d'une vache

198 Comment distinguer ces et ses ?

On peut mettre les phrases au singulier : **ces** devient **ce** ou **cette**, **ses** devient **son** ou **sa. Ces** est un déterminant démonstratif, **ses** est un déterminant possessif.

Courageux comme un timbre-poste
il allait son chemin
en tapant doucement dans **ses** mains
pour compter **ses** pas

Poèmes et Poésies

en tapant doucement dans ses mains
dét. possessif
→ en tapant doucement dans sa main

Lorsqu'il vit les parents bien loin au dernier tournant du sentier, le loup fit le tour de la maison en boitant d'une patte, mais les portes étaient bien fermées. Du côté des vaches et des cochons, il n'avait rien à espérer. **Ces** espèces n'ont pas assez d'esprit pour qu'on puisse les persuader de se laisser manger.

Les Contes du chat perché

Ces espèces n'ont pas assez d'esprit.
dét. démonstratif
→ Cette espèce n'a pas assez d'esprit.

Ses est un déterminant possessif ; il indique à qui appartient quelque chose.

Ce jour-là, vers midi, la faim réveilla le dragon.
Il chaussa **ses** pantoufles et s'essaya à cracher un peu de feu.
Juste pour voir s'il était en forme.

Dragon l'Ordinaire

Il chaussa ses pantoufles : les pantoufles du dragon.
dét. possessif

199 Comment distinguer c'est et s'est ?

On peut mettre les phrases à la première personne du singulier, par exemple : **s'est** devient **me suis**, et **c'est** ne change pas.

Tu sais bien, la pauvre vieille Renaude qui était ici l'an dernier? une maîtresse chèvre, forte et méchante comme un bouc. Elle **s'est** battue avec le loup toute la nuit... puis, le matin, le loup l'a mangée.
– Pécaïre ! Pauvre Renaude !... Ça ne fait rien, monsieur Seguin, laissez-moi aller dans la montagne.

La Chèvre de Monsieur Seguin

Elle (**pronom personnel**) s'est (**auxiliaire *être***) battue... → je me suis battu(e)

Moi j'étais drôlement content, parce que j'aime bien sortir avec mon Papa, et le marché, **c'est** chouette. Il y a du monde et ça crie partout, c'est comme une grande récré qui sentirait bon.

Le Petit Nicolas a des ennuis

C' (**pronom démonstratif**) est (**verbe *être***) chouette.

On peut aussi mettre les phrases à la forme négative : **s'est** devient **ne s'est pas**, et **c'est** devient **ce n'est pas**.

Elle s'est battue avec le loup.
→ Elle ne s'est pas battue avec le loup.
C'est chouette. → Ce n'est pas chouette.

ORTHOGRAPHE GRAMMATICALE

200 Comment distinguer c'était et s'était ?

On peut mettre les phrases à la première personne du singulier, par exemple : **s'était** (ou **s'étaient**) devient **m'étais**, et **c'était** (ou **c'étaient**) ne change pas.

Tous les fantômes que j'ai pu voir se bornaient à voleter et à bavarder, comme des papillons ou des rossignols. **C'étaient** de vrais gentlemen, tout à fait inutiles et pas méchants du tout, qui semblaient s'ennuyer dans l'autre monde comme ils **s'étaient** déjà ennuyés dans celui-ci.

Un métier de fantôme

C' (pronom démonstratif) *étaient* (verbe être) *de vrais gentlemen.*

ils s' (pronom personnel) étaient (auxiliaire être) déjà ennuyés → *je m'étais déjà ennuyé*

On peut aussi mettre les phrases à la forme négative : **s'était** devient **ne s'était pas**, et **c'était** devient **ce n'était pas**.

C'étaient de vrais gentlemen.
→ Ce n'étaient pas de vrais gentlemen.

ils s'étaient déjà ennuyés
→ ils ne s'étaient pas déjà ennuyés

201 Comment distinguer dans et d'en ?

Dans introduit un nom ou un groupe nominal.
Dans est une préposition.

– On ne peut pas discuter avec vous, soupira le bœuf, vous êtes des enfants.
Et il se replongea **dans** un chapitre de géographie, en faisant remuer sa queue pour témoigner aux petites que leur présence l'impatientait.

Les Contes du chat perché

Et il se replongea dans un chapitre de géographie.

préposition (dans)

groupe nominal compl. de lieu (un chapitre de géographie)

D'en ne se trouve jamais devant un nom. **En** remplace un complément.

Là encore, il lui fallut tourner longtemps autour de la place avant **d'en** découvrir l'entrée, bien défendue par des branches d'épines.

Le Roman de Renart

avant d'en découvrir l'entrée :
avant de découvrir l'entrée de la place

ATTENTION Pensez aussi au nom féminin **dent**.

L'idée que mon père allait vraiment me traîner à proximité de ces êtres effroyables qu'étaient les hommes, et m'obliger à leur faire peur avec des Hou-hou-hou! des Ha-ha-ha!, à grincer des **dents** et à rouler de gros yeux, cette idée me plongeait dans une telle panique que j'étais bel et bien près de crever de peur.

Les temps sont durs pour les fantômes

202 Comment distinguer et et est ?

On peut mettre les phrases à l'imparfait : **est** (verbe *être*) devient **était**, **et** (conjonction de coordination) ne change pas.

Le chien du boulanger
Est maigre comme un clou,
Mais celui du boucher
Est gras **et** rond comme une pomme de terre.

▸ Amour de mai

→ *Le chien du boulanger était maigre comme un clou,* (était : **verbe *être***)
celui du boucher était gras et rond comme une pomme de terre. (était : **verbe *être***; et : **conj. de coordination**)

203 Comment distinguer la, l'a et là ?

La se trouve **devant un nom** féminin singulier. Si on met le nom au masculin ou au pluriel, **la** devient **le** ou **les**. C'est un article défini.

Elle alla crier famine
Chez **la** fourmi sa voisine,
La priant de lui prêter
Quelque grain pour subsister
Jusqu'à la saison nouvelle.

▸ La Cigale et la Fourmi

Chez la fourmi sa voisine → *chez les fourmis* (la : **article défini**)

La se trouve **devant un verbe** et remplace un nom. C'est un pronom personnel.

La (pronom personnel) *priant* (verbe) *de lui prêter quelque grain*
= priant la fourmi de lui prêter quelque grain

Là désigne un lieu. On peut le remplacer par **ici** ou par un complément de lieu. C'est un adverbe.

Et au beau milieu du tas de paille, j'ai vu le Premier Petit Cochon – mort comme une bûche. Il était **là** depuis le début. Ç'aurait été trop bête de laisser une belle assiette de charcuterie comme ça sur la paille. Alors j'ai tout mangé.

La Vérité sur l'affaire des trois petits cochons

Il était là (adverbe) depuis le début. = *Il était sur la paille* (compl. de lieu).

L'a (ou **l'as**) est formé du pronom personnel **le** ou **la** et du verbe **avoir**. Pour le distinguer de **la** ou de **là**, on peut mettre les verbes à l'imparfait : **l'a** *(l'as)* devient **l'avait** *(l'avais)*, **la** et **là** ne changent pas.

– Eudes ! a crié Eudes, et M. Pierrot a enlevé les choses qu'il avait sur les oreilles.
– Pas si fort, a dit M. Kiki. C'est pour ça qu'on a inventé **la** radio ; pour se faire entendre très loin sans crier. Allez, on recommence... Comment t'appelles-tu, mon petit ?
– Ben, Eudes, je vous l'ai déjà dit, a dit Eudes.
– Mais non, a dit M. Kiki. Il ne faut pas me dire que tu me **l'as** déjà dit. Je te demande ton nom, tu me le dis, et c'est tout.

Le Petit Nicolas et les copains

Il ne faut pas me dire que tu me l' (pronom personnel) *as* (auxiliaire *avoir*) *déjà dit.*

→ Il ne fallait pas me dire que tu me l'avais déjà dit.

ORTHOGRAPHE GRAMMATICALE

204 Comment distinguer leur et leurs ?

Leur reste invariable quand il se trouve **devant un verbe**. C'est un pronom personnel.
Leur s'accorde en nombre (**leurs**) s'il se trouve **devant un nom** pluriel. C'est un déterminant possessif.

Le sanglier s'intéressa beaucoup à l'école et regretta de ne pouvoir y envoyer ses marcassins. Mais il ne comprenait pas que les parents des petites fussent aussi sévères.
– Voyez-vous que j'empêche mes marcassins de jouer pendant tout un après-midi pour **leur** faire faire un problème? Ils ne m'obéiraient pas. Du reste, **leur** mère les soutiendrait sûrement contre moi.

▸ Les Contes du chat perché

leur (dét. possessif) *mère* → leurs mères (au pluriel)

Si on peut remplacer **leur** par **lui**, alors **leur** reste invariable.

– *Voyez-vous que j'empêche mes marcassins de jouer pendant tout un après-midi pour leur (pronom personnel) faire faire un problème ?*
→ Voyez-vous que j'empêche mon marcassin de jouer pendant tout un après-midi pour lui faire faire un problème ?

205 Comment distinguer même adverbe et même(s) adjectif ?

Même est invariable s'il signifie : *aussi, de plus, encore plus.* C'est un adverbe.

Je fume souvent la pipe
m'a dit le printemps
et je gonfle de jolis nuages
parfois **même** je réussis
un arc-en-ciel
ce qui n'est pas si facile

▸ Poèmes et Poésies

parfois même je réussis un arc-en-ciel = parfois aussi
adverbe

Même s'accorde en nombre avec le nom qu'il détermine si on ne peut pas le changer de place. C'est un adjectif qualificatif.

Cet autobus avait un certain goût. Curieux mais incontestable. Tous les autobus n'ont pas le **même** goût. Ça se dit, mais c'est vrai. Suffit d'en faire l'expérience. Celui-là, un S – pour ne rien cacher – avait une petite saveur de cacahouète grillée je ne vous dis que ça.

« Gustatif », Exercices de style

On ne peut pas changer de place l'adjectif *même*
→ les mêmes goûts.

206 Comment distinguer ni et n'y ?

Si on met la phrase à la forme affirmative, **ni** (conjonction de coordination) devient **et**, **n'y** (*ne* + *y*) devient **y**.

Une limace, c'est mou. C'est flasque. C'est gélatineux. Ça n'a **ni** queue **ni** tête. **Ni** tête **ni** queue. Ça finit comme ça commence et ça ne commence pas très bien !

Un vilain petit loup

Ça n'a ni queue ni tête. → Ça a une queue et une tête.

Nous sommes partis avec nos cannes à pêche et nos vers, et nous sommes arrivés sur la jetée, tout au bout. Il **n'y** avait personne, sauf un gros monsieur avec un petit chapeau blanc qui était en train de pêcher, et qui n'a pas eu l'air tellement content de nous voir.

Les Vacances du Petit Nicolas

Il n' (négation) *y* (pronom personnel) *avait personne* → Il y avait quelqu'un

ORTHOGRAPHE GRAMMATICALE

207 Comment distinguer notre et (le) nôtre ?

Au pluriel, **notre** devient **nos** et **nôtre** devient **nôtres**. De plus, **nôtre** n'apparaît pas sans **le** ou **la**. **Notre** est un déterminant possessif, **le nôtre** est un pronom possessif.

– Je crains que le fantôme n'existe bel et bien, dit Lord Canterville en souriant, et qu'il puisse résister aux propositions de vos imprésarios, si entreprenants soient-ils. Il est bien connu depuis 1584, et il fait toujours son apparition avant la mort d'un membre de **notre** famille.

Le Fantôme de Canterville

un membre de notre famille (notre : dét. possessif) → un membre de nos familles

Tu te trouves tout simplement au paradis des chiens. Tous les chiens après leur mort viennent ici, où ils ne sont plus jamais malheureux et n'ont plus jamais de soucis. Le paradis des humains se trouve beaucoup plus haut. **Le nôtre** est à mi-chemin et beaucoup d'hommes qui vont au paradis passent par chez nous.

L'Académie de M. Tachedencre

Le nôtre est à mi-chemin (Le nôtre : pronom possessif) → Les nôtres sont à mi-chemin

208 Comment distinguer on et ont ?

On peut mettre les phrases à l'imparfait : **ont** (forme conjuguée du verbe *avoir*) devient **avaient**, **on** (pronom personnel) ne change pas.

« En voilà une histoire ! dit le roi. Monsieur le secrétaire, regardez donc ce que dit l'Encyclopédie au sujet des vaches qui **ont** des étoiles sur les cornes. »

Le secrétaire se mit à quatre pattes et fouilla sous le trône. Il réapparut bientôt, un grand livre dans les mains. **On** le mettait toujours sous le trône pour le cas où le roi aurait besoin d'un renseignement.

▸ Mary Poppins

des vaches qui *ont* *des étoiles sur les cornes*
v. *avoir*
→ des vaches qui avaient des étoiles sur les cornes

On le mettait toujours sous le trône : *on* ne change pas.
pron. personnel

209 Comment distinguer ou et où ?

On peut remplacer **ou** par **ou bien**.
Ou est une conjonction de coordination.

Je n'ai pas l'habitude d'écrire. Je ne sais pas. J'aimerais bien écrire une tragédie **ou** un sonnet **ou** une ode, mais il y a les règles. Ça me gêne.

▸ « Maladroit », Exercices de style

une tragédie ou un sonnet = une tragédie ou bien un sonnet
conj. de coordination

Où permet de poser une question ou de ne pas répéter un mot. Il indique le lieu. On ne peut pas le remplacer par *ou bien*. **Où** est un pronom.

Ah ! dites, dites
Où sont passés les troglodytes ?

▸ Innocentines

Où sont passés les troglodytes ?
pron. interrogatif
On pose une question sur le lieu.

ORTHOGRAPHE GRAMMATICALE

Alors Albert s'approcha de lui, et lui prenant la main : « Monsieur, dit-il, nous avons découvert un endroit **où** vous pourrez vous reposer. »

▸ L'Île mystérieuse

Un endroit <u>*où*</u> *vous pourrez vous reposer :*
pronom relatif
où remplace *un endroit*.

210 Comment distinguer peu, peux et peut ?

On peut mettre les phrases à l'imparfait : **peux** devient **pouvais**, **peut** devient **pouvait**, **peu** ne change pas.
On reconnaît alors les formes du verbe *pouvoir*, alors que *peu*, adverbe, ne change pas.

– Montez plutôt, nous la partagerons tout aussi bien ici.
– Mais je ne **peux** pas grimper, vous le savez, Tybert.
– Et moi je ne **peux** pas descendre.

▸ Le Roman de Renart

je ne <u>*peux*</u> *pas* → je ne <u>pouvais</u> pas
verbe *pouvoir*

Une femme de 53 kilos et portant des boucles d'oreilles roses **peut**-elle soulever une moto de 192 kilos en pleine tempête ?

▸ Le Livre de nattes

Une femme de 53 kilos <u>*peut*</u>*-elle soulever une moto ?*
verbe *pouvoir*
→ Une femme *de 53 kilos* <u>pouvait</u>-elle soulever une moto ?

On vit **peu** d'animaux pendant cette journée, à peine quelques singes, qui fuyaient avec mille contorsions et grimaces dont s'amusait fort Passepartout.

▸ Le Tour du monde en quatre-vingts jours

On vit <u>*peu*</u> *d'animaux* ≠ On vit <u>beaucoup</u> d'animaux
adverbe

211 Comment distinguer plutôt et plus tôt ?

Plus tôt est le contraire de **plus tard**.
Plutôt a le sens de **assez, de préférence**...

– Après tout, maintenant que le contrat est signé, je peux bien vous le dire... la maison est hantée !
– Hantée ? Hantée par qui ?
– Par la sorcière du placard aux balais !
– Vous ne pouviez pas le dire **plus tôt** ?

▸ La Sorcière de la rue Mouffetard

Vous ne pouviez pas le dire plus tôt ?
≠ Vous ne pouviez pas le dire plus tard ?

Sire, répond l'agneau, que Votre Majesté
Ne se mette pas en colère ;
Mais **plutôt** qu'elle considère
Que je me vas désaltérant
Dans le courant,
Plus de vingt pas au-dessous d'elle...

▸ Le Loup et l'Agneau

Mais plutôt qu'elle considère
= Mais qu'elle considère de préférence

212 Comment distinguer près et prêt ?

Près est une préposition qui introduit le lieu et demeure **invariable. Prêt** est un adjectif qualificatif qui **s'accorde** en genre et en nombre avec le nom qu'il qualifie.

Alice n'aimait pas du tout voir la Duchesse si **près** d'elle.

▸ Les Aventures d'Alice au pays des merveilles

Où est la Duchesse ? → Près d'Alice.

Sept heures sonnaient alors. On offrit à Mr Frog de suspendre le whist afin qu'il pût faire ses préparatifs de départ.
« Je suis toujours **prêt** ! » répondit cet impassible gentleman.

▸ Le Tour du monde en quatre-vingts jours

« Je suis toujours prêt ! » répondit cet impassible gentleman.
→ « Je suis toujours prête ! » répondit cette impassible lady.

213 Comment distinguer quand, quant et qu'en ?

Quand peut être remplacé par **lorsque**.
Quant (à) peut être remplacé par **en ce qui concerne**.

– **Quant** à vous autres, et bien que la pluie ait cessé, vous ne descendrez pas dans la cour de récréation aujourd'hui. Ça vous apprendra un peu le respect de la discipline ; vous resterez en classe sous la surveillance de votre maîtresse !
Et **quand** le directeur est parti, **quand** on s'est rassis, avec Geoffroy et Maixent, à notre banc, on s'est dit que la maîtresse était vraiment chouette, et qu'elle nous aimait bien, nous qui, pourtant, la faisons quelquefois enrager.

▸ Le Petit Nicolas et les copains

Quant à vous autres = En ce qui vous concerne, vous autres
Et quand le directeur est parti, quand on s'est rassis
= Et lorsque le directeur est parti, lorsqu'on s'est rassis

Qu'en se compose de la conjonction **que** et du pronom personnel **en**. **En** remplace un complément introduit par **de**.

Je lui permets de garder ses deux souris dans sa chambre, à condition qu'elles restent dans leur cage. **Qu'en** pensez-vous ?

▸ Sacrées Sorcières

Qu'en pensez-vous ? = Que pensez-vous de ma proposition ?
pron. personnel

214 Comment distinguer quel, quelle et qu'elle?

Pour distinguer **quelle(s)** et **qu'elle(s)**, on peut mettre la phrase au masculin : **qu'elle(s)** devient **qu'il(s)**.

– Et d'abord, à quoi bon rester ici à faire des problèmes quand il fait si beau dehors? Les pauvres petites seraient bien mieux à jouer.
– C'est ça. Et plus tard, quand elles auront vingt ans, **qu'elles** seront mariées, elles seront si bêtes que leurs maris se moqueront d'elles.
– Elles apprendront à leurs maris à jouer à la balle et à saute-mouton. N'est-ce pas, petites?

Les Contes du chat perché

Et plus tard, quand elles auront vingt ans,
qu' (**conjonction de subordination**) *elles* (**pronom personnel**) *seront mariées, elles seront si bêtes*

→ Et plus tard, quand ils auront vingt ans, qu'ils seront mariés, ils seront si bêtes

– Eh! c'est un goupil, fait-il, un magnifique goupil! **Quel** dos! **Quelle** gorge! Vienne l'hiver, voici une fourrure que je vendrai un bon prix.

Le Roman de Renart

Quel, *quelle* sont des déterminants exclamatifs.

TOPAZE. – Élève Séguédille, voulez-vous me dire **quel** est l'état d'esprit de l'honnête homme après une journée de travail?
ÉLÈVE SÉGUÉVILLE. – Il est fatigué.

Topaze

Quel est un déterminant interrogatif.

215 Comment distinguer sans, sent, s'en ?

Sans est le contraire de **avec**.

Ne devrait-on pas prévoir, sur le dos de chaque araignée, un petit module à énergie solaire actionnant des pales d'hélicoptère ? Les araignées, **sans** fil, seraient beaucoup plus libres de leurs déplacements et leur caractère y gagnerait en douceur…

▸ Réponses bêtes à des questions idiotes

sans (préposition) *fil* (nom) ≠ avec un fil

« Hé ! bonjour, Monsieur du Corbeau,
Que vous êtes joli ! que vous me semblez beau !
Sans mentir, si votre ramage
Se rapporte à votre plumage,
Vous êtes le phénix des hôtes de ces bois. »

▸ Le Corbeau et le Renard

sans (préposition) *mentir* (infinitif)

ATTENTION Souvenez-vous de cette règle simple :
après **à**, **de**, **par**, **pour**, **sans**, le verbe est toujours à l'infinitif.

Sens et **sent** sont des formes conjuguées du verbe **sentir**.

– Je dis que je **sens** ici une odeur de cerf !
Feignant d'être réveillé en sursaut, le chat se dressa sur ses pattes, regarda le chien d'un air étonné et lui dit :
– Qu'est-ce que vous faites ici ? En voilà des façons de venir renifler à la porte des gens !

▸ Les Contes du chat perché

Le pauvre radiateur
raide comme une grille
se **sent** triste et rêveur.

▸ Complainte du pauvre radiateur

S'en (*se* + *en*) s'écrit en deux mots. Il ne se trouve jamais devant un nom. **En** remplace un complément introduit par **de**.

→ PARAGRAPHE 86

Certainement c'est parfois une gêne d'emporter partout avec soi cette coquille mais [les escargots] ne **s'en** plaignent pas et finalement ils en sont bien contents. Il est précieux, où que l'on se trouve, de pouvoir rentrer chez soi et défier les importuns.

Le Parti pris des choses

Les escargots ne s'en plaignent pas : ils ne se plaignent pas d'emporter cette coquille avec eux.

ATTENTION Pensez aussi au nom **sang** et au numéral **cent**.

Les serpents sont des créatures à **sang** froid. Or le froid est une rareté sans prix dans les pays chauds. Je ne m'y déplace jamais sans ma couleuvre-garde-manger-réfrigérateur.

Réponses bêtes à des questions idiotes

L'autruche Paméla naquit au Sénégal
Son père était célèbre à **cent** lieues à la ronde
Et sa mère, dit-on, la plus belle du monde.

Cent Sonnets

216 Comment distinguer son et sont ?

On peut mettre les phrases à l'imparfait : **sont** devient **étaient**, et **son** ne change pas. **Sont** est la forme conjuguée du verbe *être*, **son** est un déterminant possessif.

Gaspard était d'origine écossaise par **son** père, un célèbre chat de la race des Anglais bleus, qui **sont** gris comme leur nom ne l'indique pas et qu'on appelle en France des chats des Chartreux.

Le chat qui parlait malgré lui

qui sont gris (sont : verbe *être*) → qui étaient gris

son (dét. possessif) *père* (nom)

ATTENTION Pensez aussi au nom **son** qui désigne un bruit ou un aliment à base de céréales.

217 Comment distinguer si et s'y ?

Si signifie **oui, à condition que, au cas où, tellement.**
S'y (*se* + *y*) s'écrit en deux mots. On peut mettre la phrase à la première personne du singulier, par exemple : **s'y** devient **m'y**, et **si** ne change pas.

– Tes fleurs sont allées cette nuit au bal, et voilà pourquoi leurs têtes sont ainsi penchées.
– Cependant les fleurs ne savent pas danser, dit la petite Ida.
– **Si**, répondit l'étudiant. Lorsqu'il fait noir et que nous dormons, nous, elles dansent et s'en donnent à cœur joie, presque toutes les nuits.

▸ Cinq Contes

si = oui
adverbe

– **Si** jamais tu te transformes en cochon, mon chéri, déclara Alice d'un ton sérieux, je ne m'occuperai plus de toi. Fais attention à mes paroles ! [...]
Alice commençait à se dire : « Que vais-je faire de cette créature quand je l'aurai emmenée à la maison ? » lorsque le bébé poussa un nouveau grognement, **si** fort, cette fois, qu'elle regarda son visage non sans inquiétude. Il n'y avait pas moyen de **s'y** tromper : c'était bel et bien un cochon, et elle sentit qu'il serait parfaitement absurde de le porter plus loin.

▸ Les Aventures d'Alice au pays des merveilles

Si jamais tu te transformes en cochon
conjonction de subordination
= au cas où tu te transformerais en cochon

Le bébé poussa un grognement si fort = tellement fort
adverbe

→ Je poussai un nouveau grognement si fort

Il n'y avait pas moyen de s'y tromper

→ Il n'y avait pas moyen de m'y tromper

218 Comment distinguer votre et (le) vôtre ?

Au pluriel, **votre** devient **vos** et **vôtre** devient **vôtres.**
De plus, **vôtre** n'apparaît pas sans **le** ou **la**.
Votre est un déterminant possessif, **le vôtre** est un pronom possessif.

Maître Corbeau, sur **votre** arbre perché,
Vous me paraissez fort âgé !
Il est permis de penser qu'à **votre** âge
Vous vous connaissez en fromages ?

▸ Marelles

sur votre arbre perché → sur vos arbres perchés
dét. possessif

à votre âge → à vos âges
dét. possessif

Tout le monde le sait, un visage sans barbe, comme **le vôtre** ou le mien, se salit si on ne le lave pas régulièrement.

▸ Les Deux Gredins

un visage sans barbe, comme le vôtre → comme les vôtres
pronom possessif

Orthographe d'usage

On appelle orthographe d'usage l'orthographe des mots telle qu'elle est proposée par le dictionnaire, sans considérer les modifications entraînées par les accords.

Écrire le son [a]

acteur

guitare

boa

219 Le son [a] s'écrit a abri bar boa

On trouve **a** en toutes positions dans les mots.

DÉBUT : **a**bri, **a**ccès, **a**cteur, **a**ffaire.
INTÉRIEUR : b**a**r, cauchem**a**r, g**a**re, guit**a**re.
FIN : acaci**a**, bo**a**, camér**a**, ciném**a**, opér**a**, panoram**a**, tombol**a**, vérand**a**.

ATTENTION On peut aussi trouver **ha** au début ou à l'intérieur des mots.

habile **ha**bitant **ha**bitude **ha**meçon
hasard in**ha**bité in**ha**ler

220 Le son [a] s'écrit â âge château

On ne trouve **â** qu'au début et à l'intérieur des mots.

DÉBUT : **â**ge, **â**me, **â**ne.
INTÉRIEUR : b**â**timent, b**â**ton, c**â**ble, ch**â**teau, cr**â**ne, gr**â**ce, h**â**te, inf**â**me, thé**â**tre.

ATTENTION Certains mots commencent par **hâ**.

hâlé **hâ**te

221 Le son [a] s'écrit à voilà

On ne trouve **à** qu'à la fin des mots.

FIN : **à**, au-del**à**, celle-l**à**, celui-l**à**, ceux-l**à**, déj**à**, l**à**, voil**à**.

222 Le son [a] s'écrit e(mm) femme prudemment

On trouve **-emm** dans le mot **femme** et dans les adverbes terminés par **-emment** et formés à partir d'adjectifs en **-ent**.

ADJECTIFS *(-ent)*	ADVERBES *(-emment)*
ard**ent**	ard**emm**ent
consci**ent**	consci**emm**ent
différ**ent**	différ**emm**ent
imprud**ent**	imprud**emm**ent
prud**ent**	prud**emm**ent
réc**ent**	réc**emm**ent
viol**ent**	viol**emm**ent

ATTENTION Les adverbes formés sur les adjectifs en **-ant** gardent le **a**.
abond**ant** → abond**amm**ent brill**ant** → brill**amm**ent

223 Le son [a] s'écrit as, at lilas climat

Le son **[a]** peut s'écrire **a** + **consonne muette** (une consonne que l'on n'entend pas) : **s** ou **t** ; **as** et **at** n'apparaissent qu'à la fin des mots.

FIN : br**as**, c**as**, frac**as**, lil**as**, matel**as**, rep**as**.
FIN : candid**at**, ch**at**, clim**at**, pl**at**, résult**at**, syndic**at**.

ORTHOGRAPHE D'USAGE

224 Les graphies du son [a]

	DÉBUT	INTÉRIEUR	FIN
a	atelier	guitare	opéra
ha	habitant	inhaler	
â	âge	château	
hâ	hâle		
à			déjà
as			lilas
at			chat

À la découverte des mots

225 Le vocabulaire de la médecine

Dans les mots composés du suffixe **-iatre**, qui signifie *médecin* en grec, le son [a] s'écrit **a**, sans accent.

péd**iatre** psych**iatre**

226 Apprendre les homophones

Certains mots (les homophones) se prononcent de la même façon, mais s'écrivent différemment. L'accent circonflexe peut permettre de les distinguer.

une t**a**che (d'encre) une t**â**che (un travail à faire)

Écrire le son [ɛ]

aigle

pièce

volet

227 Le son [ɛ] s'écrit è crème

On ne trouve **è** qu'à l'intérieur des mots.

INTÉRIEUR : algèbre, chèque, clientèle, crème, espèce, fidèle, modèle, pièce, poème, siège, système, tiède.

228 Le son [ɛ] s'écrit ès succès

À la fin des mots, **è** peut être suivi d'une consonne que l'on n'entend pas, une consonne **muette**.

FIN : abcès, accès, décès, excès, procès, succès.

229 Le son [ɛ] s'écrit ê chêne

ê n'apparaît qu'à l'intérieur des mots.

INTÉRIEUR : ancêtre, bête, chêne, fenêtre, fête, rêve.

EXCEPTION Le verbe **être** commence par ê.

ATTENTION Le nom **hêtre** commence par hê.

230 Le son [ɛ] s'écrit et, êt sujet arrêt

On ne trouve **et**, **êt** qu'à la fin des mots.

FIN : alphab**et**, compl**et**, eff**et**, suj**et**, vol**et**.
FIN : arr**êt**, intér**êt**.

231 Le son [ɛ] s'écrit ei neige

ei n'apparaît qu'à l'intérieur des mots.

INTÉRIEUR : bal**ei**ne, n**ei**ge, p**ei**gne, r**ei**ne, tr**ei**ze.

232 Le son [ɛ] s'écrit ai aigle fontaine balai

On trouve **ai** en toutes positions dans les mots.

DÉBUT : **ai**de, **ai**gle, **ai**le.
INTÉRIEUR : font**ai**ne, fr**ai**se, vingt**ai**ne.
FIN : bal**ai**, dél**ai**, g**ai**.

ATTENTION Le nom **haine** commence par **hai**.

233 Le son [ɛ] s'écrit aî chaîne

aî n'apparaît qu'à l'intérieur des mots.

INTÉRIEUR : ch**aî**ne, m**aî**tre, tr**aî**ne, tr**aî**tre.

EXCEPTION
Le nom **aîné** commence par **aî**.

Nouvelle orthographe
La réforme autorise à écrire **ai** sans accent circonflexe :
une chaine, **un maitre**, **naitre**, **traine** ; **il parait**, **il nait**.

234 Le son [ɛ] s'écrit aie, ais, ait, aix
lait **paix**

À la fin des mots, le son [ɛ] peut s'écrire **ai** + **voyelle** ou **consonne muette** : **e, s, t, x.**

FIN : b**aie**, r**aie**, dad**ais**, irland**ais**, l**ait**, p**aix**.

ATTENTION Le nom **haie** commence par **h**.

235 Le son [ɛ] s'écrit e(ll, nn, ss, tt)e **vaisselle**

Le son [ɛ] peut s'écrire **e** + **consonne double** (une consonne qui se répète : *ll*, *nn*...) + **e muet** à la fin des mots.

FIN : chap**elle**, dent**elle**, vaiss**elle**.
FIN : anci**enne**, ant**enne**, parisi**enne**.
FIN : faibl**esse**, princ**esse**, sécher**esse**.
FIN : bagu**ette**, raqu**ette**, squel**ette**.

EXCEPTION Le nom **enne**mi commence par **enn**.

236 Le son [ɛ] s'écrit e(s), e(x)
escargot **texte**

On trouve **es** au début et à l'intérieur des mots et on trouve **ex** en toutes positions.

DÉBUT : **es**cabeau, **es**calier, **es**cargot, **es**clave, **es**crime, **es**pace.
INTÉRIEUR : ou**es**t, p**es**te, si**es**te.
DÉBUT : **ex**amen, **ex**cellent, **ex**emple, **ex**ercice.
INTÉRIEUR : l**ex**ique, t**ex**te.
FIN : dupl**ex**, sil**ex**.

237 Le son [ɛ] s'écrit e + consonne ciel mer

On écrit **e** devant la plupart des autres consonnes (**c**, **f**, **l**, **m**, **n**, **p**, **r**, **t**).

DÉBUT : **ec**zéma, **er**mite.
INTÉRIEUR : s**ec**teur, m**er**veilleux.
FIN : s**ec**, ch**ef**, ci**el**, tot**em**, abdom**en**, c**ep**, s**ept**, conc**ert**, n**et**.

ATTENTION Certains mots commencent par **hec**, **her**.

hectare **hec**tolitre **her**be

238 Les graphies du son [ɛ]

	DÉBUT	INTÉRIEUR	FIN
è		cr**è**me	
ès			succ**ès**
ê	**ê**tre	ch**ê**ne	
hê	**hê**tre		
ai	**ai**gle	fr**ai**se	bal**ai**
hai	**hai**ne		
ei		bal**ei**ne	
et			fil**et**
êt			for**êt**
aî		ch**aî**ne	
aie			b**aie**
ais			irland**ais**
ait			l**ait**
aix			p**aix**
ell(e)			vaiss**elle**
enn(e)	**enn**emi		ant**enne**
henn	**henn**ir		

	DÉBUT	INTÉRIEUR	FIN
ess(e)			princ**esse**
ett(e)			bagu**ette**
es	**es**cargot	p**es**te	
ex	**ex**ercice	t**ex**te	dupl**ex**
ec	**ec**zéma		s**ec**
ef			ch**ef**
el			ci**el**
em			tot**em**
en			abdom**en**
ep			c**ep**
er	**er**mite	m**er**veilleux	conc**er**t
hec	**hec**tare		
her	**her**be	dés**her**ber	

À la découverte des mots

239 Comment trouver la lettre muette à la fin des mots ?

Pour savoir quelle est la consonne muette finale d'un mot, vous pouvez vous aider des mots de la même famille.

irlandai**s** → irlandai**s**e   lai**t** → lai**t**ier

240 Les noms de nationalité

Souvent, les noms ou adjectifs de nationalité se terminent par **-ais**.

angl**ais**, angl**aise**   un Franç**ais**, une Franç**aise**

ORTHOGRAPHE D'USAGE

241 Construire le féminin des mots

-ienne est très utilisé pour obtenir le féminin des noms et des adjectifs en **-ien**.

anc**ien** → anc**ienne** pharmac**ien** → pharmac**ienne**

242 L'accent sur le e

Devant une consonne double, **e** ne prend pas d'accent.

il g**è**le *mais* j'app**ell**e

243 La terminaison des verbes

Le son [ɛ] s'écrit **-ai**, **-aie**, **-ais**, **-ait**, **-aient** dans les terminaisons des verbes.

j'achet**ai** que j'**aie** fini je part**ais**
il chanter**ait** ils ri**aient**

Écrire le son [e]

étoile

télévision

épée

244 Le son [e] s'écrit é pré

On trouve **é** en toutes positions dans les mots.

DÉBUT : **é**clat, **é**lectrique, **é**quipe, **é**toile.
INTÉRIEUR : c**é**lèbre, g**é**n**é**ral, t**é**l**é**vision.
FIN (dans des noms masculins et féminins) : côt**é**, pr**é**, th**é**, beaut**é**, gaiet**é**.

ATTENTION De nombreux mots commencent par **hé**.

héberger	**hé**las	**hé**lice
hélicoptère	**hé**misphère	**hé**risson
hériter	**hé**ros	**hé**siter

245 Le son [e] s'écrit ée fée

On trouve **ée** en fin de mot.

FIN : bouch**ée**, bou**ée**, chauss**ée**, dur**ée**, ép**ée**, f**ée**, fus**ée**, id**ée**, lyc**ée**, mar**ée**, mus**ée**, pât**ée**, plong**ée**, travers**ée**.

ORTHOGRAPHE D'USAGE

246 Le son [e] s'écrit er

jouer étranger boulanger

À la fin des mots, le son [e] s'écrit très souvent **-er** dans les verbes à l'infinitif, les adjectifs et les noms masculins.

FIN : all**er**, boulang**er**, chant**er**, d**er**ni**er**, escali**er**, étrang**er**, jou**er**, premi**er**.

247 Le son [e] s'écrit e(ff), e(ss)

effrayer essai

Le son [e] s'écrit **e devant** une **consonne double**, au début des mots.

DÉBUT : **eff**et, **eff**icace, **eff**ort, **eff**rayer.
DÉBUT : **ess**ai, **ess**aim, **ess**ence.

248 Le son [e] s'écrit es, ez, ed

mes nez pied

On trouve **es, ez, ed** à la fin des mots.

FIN : c**es**, d**es**, l**es**, m**es**, s**es**, t**es**.
FIN : ass**ez**, ch**ez**, n**ez**.
FIN : pi**ed**.

249 Les graphies du son [e]

	DÉBUT	INTÉRIEUR	FIN
é	**é**quipe	t**é**l**é**vision	beaut**é**
hé	**hé**licoptère		
ée			fus**ée**, lyc**ée**
er			premi**er**
es			m**es**
ez			ass**ez**
ed			pi**ed**
e(ff)	**eff**ort		
e(ss)	**ess**ai		

ORTHOGRAPHE D'USAGE

À la découverte des mots

250 Les noms féminins en -é et en -ée

• La plupart des noms féminins en [e] s'écrivent **-ée**.
• Mais, dans les noms féminins qui se terminent par [te] ou [tje], le son [e] s'écrit **-é**.

→ PARAGRAPHE 419

la beau**té** la bon**té** la gaie**té** la socié**té**
l'ami**tié** la moi**tié** la pi**tié**

251 Les noms masculins en -ée

Quelques noms masculins se terminent aussi par **-ée**.

→ PARAGRAPHE 413

un lyc**ée** un mus**ée** un scarab**ée**

252 Les mots en -er

De nombreux mots en [e] se terminent par **-er**. Ce sont :
• des noms de métiers ;

bouch**er** cordonni**er** plombi**er** polici**er**

• tous les infinitifs du premier groupe (verbes en -er), ainsi que le verbe **aller** ;

amus**er** baiss**er** décid**er** lev**er** travaill**er**

• des adjectifs numéraux ;

premi**er** d**er**ni**er**

• des adjectifs exprimant une qualité ou un défaut.

lég**er** grossi**er**

ATTENTION Le féminin de ces noms et de ces adjectifs se termine en **-ère**.
bouch**ère** grossi**ère** premi**ère**

Écrire le son [i]

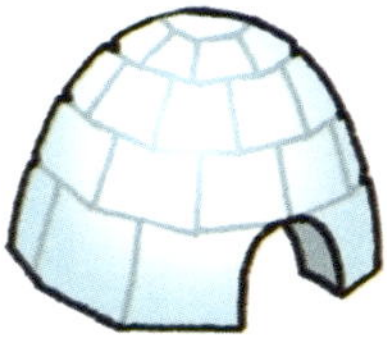

igloo

alpiniste

fourmi

253 Le son [i] s'écrit i

idée cantine fourmi

Le son [i] peut s'écrire **i** en toutes positions dans les mots.

DÉBUT : **i**ci, **i**dée, **i**gloo, **i**tinéraire.
INTÉRIEUR : alp**i**niste, cant**i**ne, c**i**me, hum**i**de.
FIN : abr**i**, ains**i**, apprent**i**, appu**i**, ép**i**, fourm**i**, parm**i**, tr**i**.

ATTENTION On écrit aussi souvent **hi**.

hibou **hi**rondelle enva**hi**r tra**hi**r

254 Le son [i] s'écrit î île dîner

On trouve **î** dans quelques noms.

abîme dîner gîte
huître île presqu'île

Nouvelle orthographe

La réforme autorise à écrire **i** sans accent circonflexe : **abime**, **diner**, **gite**, **huitre**, **ile**, **presqu'ile**.

ORTHOGRAPHE D'USAGE

255 Le son [i] s'écrit y lycée

On trouve **y** en toutes positions dans les mots.

DÉBUT : **y**, **Y**ves.
INTÉRIEUR : abba**y**e, bic**y**clette, catacl**y**sme, l**y**cée, mart**y**r, pa**y**s, pol**y**gone, st**y**le, s**y**non**y**me.
FIN : penalt**y**, rugb**y**.

ATTENTION Certains mots commencent par hy.
hydravion **hy**giène **hy**permarché

256 Le son [i] s'écrit ï naïf égoïste

On trouve **ï** après **a**, **o**, **u** et **ou**, à l'intérieur ou à la fin des mots.

INTÉRIEUR : égo**ï**ste, héro**ï**que, ma**ï**s, na**ï**f, ou**ï**e.
FIN : inou**ï**.

257 Le son [i] s'écrit ie, id, il, is, it, ix pie nid

Le son [i] peut s'écrire **i + e muet** à la fin ou à l'intérieur de certains mots. Il peut s'écrire aussi **i + consonne muette** (**d**, **l**, **s**, **t**, **x**...) à la fin des mots.

INTÉRIEUR : remerc**ie**ment.
FIN : p**ie**, n**id**, gent**il**, pu**is**, pu**its**, tap**is**, l**it**, nu**it**, pr**ix**.

ATTENTION un gr**ee**n, un j**ea**n, du tw**ee**d.

258 Les graphies du son [i]

	DÉBUT	INTÉRIEUR	FIN
i	idée	cantine	parmi
hi	hirondelle	trahir	envahi
î	île	dîner	
ï		maïs	inouï
y	Yves	cycle	rugby
hy	hypermarché		
i (d, l, s, t, x muets)			nid
i (e muet)		remerciement	vie
ee		tweed	
ea		jean	

À la découverte des mots

259 Comment trouver la lettre muette à l'intérieur ou à la fin des mots ?

Pour ne pas oublier d'écrire une lettre qui ne s'entend pas, vous pouvez vous aider de mots de la même famille.

genti**l** → genti**ll**e
perm**is** → perm**iss**ion
réc**it** → réc**it**er
remerc**ie**ment → remerc**ier**
tap**is** → tap**iss**er

ORTHOGRAPHE D'USAGE

260 Savoir écrire y dans les mots d'origine grecque

Les mots où [i] s'écrit **y** viennent presque toujours du **grec**.

bicy**c**lette — hy**p**ermarché
ly**c**ée — sy**m**pathie

261 Le ï tréma

On appelle tréma les deux points placés sur les voyelles **e**, **i**, **u**. Le tréma indique que l'on doit prononcer la voyelle qui précède.

À L'ORAL

La voyelle qui précède le **ï** tréma doit être prononcée séparément.

as-té-ro-**ï**-de : 5 syllabes — é-go-**ï**s-te : 4 syllabes
ma-**ï**s : 2 syllabes — na-**ï**f : 2 syllabes

Écrire les sons [ɔ] et [o]

océan

pomme

album

autoroute

rose

judo

Le son [ɔ]

262 Le son [ɔ] s'écrit o olive pomme

On trouve **o** au début et à l'intérieur des mots.

DÉBUT : **o**céan, **o**deur, **o**live.
INTÉRIEUR : g**o**mme, p**o**mme.

EXCEPTIONS Le son [ɔ] s'écrit **au** ou **u**(m) dans certains mots.

alb**um**	aquari**um**	rh**um**
dinos**au**re	P**au**l	(hareng) s**au**r

ATTENTION

- De nombreux mots commencent par **ho**.

hobby	**ho**llandais	**ho**monyme	**ho**raire
hochet	**ho**mard	**ho**nnête	**ho**rizon
hockey	**ho**mme	**ho**quet	**ho**rrible

- Dans les adjectifs **malhonnête**, **inhospitalier**, **ho** se trouve à l'intérieur du mot.

Le son [o]

263 Le son [o] s'écrit o chose lavabo

Le son [o] peut s'écrire **o** à l'intérieur et à la fin des mots.

INTÉRIEUR : ch**o**se, d**o**se, p**o**se, r**o**se.
FIN : caca**o**, carg**o**, casin**o**, d**o**min**o**, éch**o**, jud**o**, kil**o**, lavab**o**, pian**o**, scénari**o**, tri**o**.

264 Le son [o] s'écrit au, eau aube bateau

On trouve **au** en toutes positions dans les mots ; **au** apparaît peu à la fin des mots, **eau** apparaît surtout à la fin des mots.

au

DÉBUT : **au**be, **au**dace, **au**près, **au**tocollant, **au**tomne, **au**toroute.
INTÉRIEUR : astron**au**te, ch**au**de, ép**au**le, f**au**ne, g**au**fre, j**au**ne, p**au**se, s**au**te, t**au**pe.
FIN (rare) : joy**au**, land**au**, tuy**au**.

ATTENTION

- Dans le mot **automne**, on retrouve les deux sons [o] et [ɔ].
- Dans les mots **hau**t, **hau**teur, **hau**ssement, **hau**sser, on trouve la graphie **hau**.

eau

INTÉRIEUR : b**eau**coup, b**eau**jolais, b**eau**té.
FIN : ann**eau**, barr**eau**, bat**eau**, cad**eau**, cerc**eau**, cis**eau**, **eau**, escab**eau**, ham**eau**, lionc**eau**, pinc**eau**, rid**eau**, s**eau**, vaiss**eau**.

265 Le son [o] s'écrit ô clôture

On trouve **ô** à l'intérieur des mots seulement.

INTÉRIEUR : ap**ô**tre, ar**ô**me, ch**ô**mage, cl**ô**ture, contr**ô**le, c**ô**te, dr**ô**le, fant**ô**me, h**ô**te, ic**ô**ne, p**ô**le, pyl**ô**ne, r**ô**le, r**ô**ti, sympt**ô**me, t**ô**le, tr**ô**ne.

ATTENTION Certains mots commencent par **hô**.

hôpital **hô**tel

EXCEPTION ôter

266 Le son [o] s'écrit ôt, o(t, p, s, c) bientôt sirop

Le son [o], en fin de mot, peut s'écrire **ôt** et **o** + **consonne muette** : **t**, **p**, **s**, **c**.

ôt

FIN : aussit**ô**t, bient**ô**t, dép**ô**t, entrep**ô**t, imp**ô**t, plut**ô**t, sit**ô**t, tant**ô**t, t**ô**t.

o + consonne muette

FIN : arg**ot**, bibel**ot**, coquelic**ot**, escarg**ot**, goul**ot**, haric**ot**, hubl**ot**, javel**ot**, sab**ot**, tr**ot**.
FIN : gal**op**, sir**op**, tr**op**.
FIN : d**os**, rep**os**, tourned**os**.
FIN : accr**oc**, cr**oc**.

ORTHOGRAPHE D'USAGE

267 Le son [o] s'écrit au(d, t, x)
crapaud artichaut

Le son [o] peut s'écrire **au** + **consonne muette** (**d**, **t**, **x**) en fin de mot.

FIN : bad**aud**, crap**aud**, réch**aud**.
FIN : artich**aut**, déf**aut**, s**aut**.
FIN : ch**aux**.

268 Les graphies du son [ɔ]

	DÉBUT	INTÉRIEUR	FIN
o	**o**céan	p**o**mme	
ho	**ho**rizon	mal**ho**nnête	
au		P**au**l	
u(m)		alb**um**	

Les graphies du son [o]

[o]	DÉBUT	INTÉRIEUR	FIN
o		r**o**se	pian**o**
au	**au**tomne	g**au**fre	land**au**
eau	**eau**	b**eau**té	rid**eau**
ô		r**ô**ti	
o(t, p, s, c muets)			haric**ot**
ô(t muet)			bient**ôt**
au(d, t, x muets)			crap**aud**

À la découverte des mots

269 Comment trouver la lettre muette à la fin des mots ?

• Vous pouvez vous aider d'un mot de la même famille pour savoir quelle est la consonne muette finale d'un mot.

accro**c** → accro**c**her galo**p** → galo**p**er sau**t** → sau**t**er

• Vous pouvez aussi vous aider du féminin des adjectifs.

chau**d** → chau**d**e

270 Apprendre les homophones

Certains mots (les homophones) se prononcent de la même façon, mais s'écrivent différemment.

d**o** d**os**
s**aut** s**ceau** s**eau** s**ot**

ORTHOGRAPHE D'USAGE

Écrire le son [ɑ̃]

enfant

pantalon

volcan

271 Le son [ɑ̃] s'écrit an

ange **vacances** **océan**

On trouve **an** en toutes positions dans les mots.

DÉBUT : **an**cien, **an**ge, **an**glais, **an**goisse, **an**tenne, **an**tique.
INTÉRIEUR : b**an**que, m**an**che, p**an**talon, tr**an**quille, vac**an**ces.
FIN : artis**an**, cadr**an**, écr**an**, océ**an**, rub**an**, volc**an**.

ATTENTION Certains mots commencent par **han**.

hanche **han**dball **han**dicap **han**gar **han**té

272 Le son [ɑ̃] s'écrit en **encre** **calendrier**

On trouve **en** au début et à l'intérieur des mots.

DÉBUT : **en**chanteur, **en**cre, **en**fant, **en**jeu, **en**nui, **en**quête.
INTÉRIEUR : att**en**tion, cal**en**drier, c**en**dre, c**en**tre, t**en**dre, t**en**sion.

ATTENTION Dans quelques noms propres, on trouve **en** à la fin des mots.

Ca**en** Rou**en**

273 Le son [ɑ̃] s'écrit am, em
jambe temps

Devant les consonnes **b, m, p**, le son [ɑ̃] ne s'écrit pas **an** ou **en**, mais **am** ou **em**.

AM : **am**biance, c**am**p, ch**am**pion, j**am**be.
EM : **em**barqué, **em**mené, **em**pêché, ens**em**ble, t**em**ps.

274 Le son [ɑ̃] s'écrit ant, ent
croissant aliment

À la fin des mots, le son [ɑ̃] s'écrit le plus souvent **ant** ou **ent**.

FIN : abs**ent**, alim**ent**, arg**ent**, bâtim**ent**, cont**ent**, d**ent**, équival**ent**, heureusem**ent**, insol**ent**, régim**ent**, s**ent**im**ent**, supplém**ent**, urg**ent**, vêtem**ent**.
FIN : aim**ant**, carbur**ant**, croiss**ant**, vol**ant**.

275 Le son [ɑ̃] s'écrit an(c, d, g)
blanc marchand

À la fin des mots, le son [ɑ̃] peut s'écrire **an + consonne muette** : **c**, **d** ou **g**.

FIN : b**anc**, bl**anc**, fl**anc**.
FIN : flam**and**, goél**and**, march**and**.
FIN : ét**ang**, r**ang**, s**ang**.

ATTENTION **faon, paon, taon.**

276 Les graphies du son [ã]

	DÉBUT	INTÉRIEUR	FIN
an	**an**tenne	l**an**gage	écr**an**
han	**han**ter		
en	**en**nui	t**en**dre	
am(b, m, p)	**am**biance	j**am**be	c**am**p
em(b, m, p)	**em**barqué	ens**em**ble	
ant			croiss**ant**
ent			arg**ent**
and			march**and**
ang			ét**ang**
anc			bl**anc**

À la découverte des mots

277 S'aider des familles de mots pour écrire an ou en

Pour choisir la bonne orthographe dans les finales **-ance**, **-anse**, **-ande**, **-ante** et **-ence**, **-ense**, **-ende**, **-ente**, vous pouvez rapprocher ce mot d'un autre mot de la même famille que vous savez écrire (*danseur* → *danse*).

-ance : abond**ance**, alli**ance**, dist**ance**.
-anse : d**anse**, p**anse**.
-ande : comm**ande**, dem**ande**, guirl**ande**.
-ante : épouv**ante**, soix**ante**.

-ence : abs**ence**, afflu**ence**, concurr**ence**.
-ense : d**ense**, dép**ense**, récomp**ense**.
-ende : am**ende**, lég**ende**.
-ente : att**ente**, f**ente**, tr**ente**.

278 Les adverbes en -ment

Tous les adverbes formés à partir d'adjectifs se terminent par **-ment**.

→ PARAGRAPHE 106

constant → constam**ment**
courageux → courageuse**ment**
évident → évidem**ment**
prudent → prudem**ment**
rapide → rapide**ment**
récent → récem**ment**

279 La terminaison -ant dans les participes présents

Au participe présent, les verbes se terminent tous par **-ant**.

INFINITIF	PARTICIPE PRÉSENT
boire	buv**ant**
dormir	dorm**ant**
écrire	écriv**ant**
finir	finiss**ant**
lire	lis**ant**
sauter	saut**ant**

ORTHOGRAPHE D'USAGE

280 Apprendre les homophones

Certains mots (les homophones) se prononcent de la même manière mais s'écrivent différemment.

Les am**an**des sont des fruits.
L'agent a mis une am**en**de au propriétaire du camion.

Je p**en**se que j'ai raison.
L'infirmière p**an**se un blessé.

281 Comment trouver la lettre muette à la fin d'un mot ?

Connaître des mots de la même famille aide parfois à écrire correctement un mot.

ran**g** → ran**g**er
san**g** → san**g**lant

Écrire le son [ɛ̃]

imperméable

peinture

nain

282 Le son [ɛ̃] s'écrit in
international cinq fin

On trouve **in** en toutes positions dans les mots.

DÉBUT : **in**dividuel, **in**juste, **in**térêt, **in**ternational.
INTÉRIEUR : c**in**q, d**in**de, p**in**tade.
FIN : br**in**, jard**in**, mat**in**.

ATTENTION Le mot **hindou** commence par **hin**.

283 Le son [ɛ̃] s'écrit im(b, m, p)
timbre impossible

Devant **b**, **m** et **p**, le son [ɛ̃] s'écrit **im**. On trouve **im** au début et à l'intérieur des mots.

DÉBUT : **im**battable, **im**mangeable, **im**pair, **im**perméable, **im**portant, **im**possible.
INTÉRIEUR : l**im**pide, s**im**ple, t**im**bre.

284 Le son [ɛ̃] s'écrit en

collégien moyen lycéen

On trouve **en** à la fin des mots, après les voyelles **i**, **y** et **é**.

APRÈS **i** : aéri**en**, anci**en**, bi**en**, chi**en**, chirurgi**en**, collégi**en**, combi**en**, électrici**en**, li**en**, magici**en**.
APRÈS **y** : citoy**en**, moy**en**.
APRÈS **é** : europé**en**, lycé**en**, méditerrané**en**.

285 Le son [ɛ̃] s'écrit ain, ein

terrain plein

On trouve **ain**, **ein** après une consonne à l'intérieur et à la fin des mots.

INTÉRIEUR : cr**ain**te, m**ain**tenant, pl**ain**te ; c**ein**ture, p**ein**ture.
FIN : b**ain**, gr**ain**, m**ain**, n**ain**, p**ain**, terr**ain** ; pl**ein**, s**ein**.

286 Le son [ɛ̃] s'écrit aint, eint

plaint déteint

On trouve **aint**, **eint** après une consonne, à la fin des mots.

FIN : contr**aint**, pl**aint**, s**aint** ; dét**eint**, ét**eint**, p**eint**.

287 Le son [ɛ̃] s'écrit aim, ym, yn

faim thym lynx

On peut écrire **aim** et **ym** à la fin des mots ; **yn** ne se trouve qu'à l'intérieur des mots.

INTÉRIEUR : l**yn**x.
FIN : d**aim**, ess**aim**, f**aim** ; th**ym**.

288 Les graphies du son [ɛ̃]

	DÉBUT	INTÉRIEUR	FIN
in	injuste	cinq	jardin
im(b, m, p)	imperméable	simple	
en			chien
ain, ein	ainsi	peinture	pain
aint, eint			saint
aim			faim
yn, ym		lynx	thym

À la découverte des mots

289 Comment trouver une lettre muette ?

Pour savoir quand écrire **aint** et **eint**, vous pouvez vous aider du féminin des mots.

À L'ORAL

sainte → saint éteinte → éteint

290 Apprendre les homophones

Certains mots se prononcent de la même manière, mais s'écrivent différemment.
Les exemples suivants se distinguent par la graphie du son [ɛ̃] **(ain, in, ein)** et par les consonnes muettes.

pain	**pin**	**peint**	
teint	**tain**	**thym**	(il) **tint**
vain	**vin**	**vingt**	(il) **vint**

ORTHOGRAPHE D'USAGE

Écrire le son [wa]

oiseau

poisson

chamois

aboyer

aquarium

291 Le son [wa] s'écrit oi

oiseau poignée moi

Le son [wa] s'écrit le plus souvent **oi**, et se trouve en toutes positions dans les mots.

DÉBUT : **oi**seau, **oi**seleur, **oi**sif.
INTÉRIEUR : b**oi**sson, p**oi**gnée, s**oi**rée.
FIN : l**oi**, m**oi**, qu**oi**.

ATTENTION Parfois le **i** de **oi** prend un accent circonflexe.
b**oî**te Ben**oî**t il accr**oî**t

Nouvelle orthographe
La réforme autorise à écrire **i** sans accent circonflexe : une **boite**, il **accroit**.

292 Le son [wa] s'écrit oy

voyage envoyer

On trouve aussi **oy** à l'intérieur des mots.

INTÉRIEUR : ab**oy**er, env**oy**er, m**oy**en, n**oy**ade, r**oy**al, r**oy**aume.

293 Le son [wa] s'écrit oi(e, s, t, x)

endroit

On trouve aussi **oi** + une ou deux **lettres muettes** (**e**, **s**, **t**, **x**, **d**, **ds**) à la fin des mots.

OIE : f**oie**, j**oie**, **oie**, v**oie**.
OIS : b**ois**, cham**ois**, f**ois**.
OIT : adr**oit**, endr**oit**, étr**oit**.
OIX : cr**oix**, n**oix**, v**oix**.
OID : fr**oid**.
OIDS : p**oids**.

ATTENTION

- Le son [wa] peut s'écrire **w** dans des mots d'origine étrangère.
wapiti **w**att
- Le son [wa] s'écrit **oê** dans **poêle**.

294 Le son [wa] s'écrit ua, oua

square douane

On trouve la graphie **ua, oua** dans quelques mots.

UA : aq**ua**rium, éq**ua**teur, sq**ua**re.
OUA : d**oua**ne, g**oua**che, **oua**te, z**oua**ve.

ORTHOGRAPHE D'USAGE

295 Les graphies du son [wa]

	DÉBUT	INTÉRIEUR	FIN
oi	oiseau	soirée	moi
oy		voyage	
oi(e muet)			joie
oi(s muet)			autrefois
oi(t muet)			toit
oi(x muet)			noix
oi(d muet)			froid
oi(ds muets)			poids
oê		poêle	
oua		douane	
ua		square	
wa	wapiti		

296 Les noms masculins en -oi

Les mots masculins en [wa] s'écrivent souvent en **-oi**.

l'effr**oi** un env**oi** un tourn**oi**

EXCEPTIONS endr**oit**, t**oit**, b**ois**, m**ois**, ch**oix**, f**oie**, d**oigt**.

297 Les noms féminins en -oie

Les mots féminins en [wa] s'écrivent souvent en **-oie**.

la j**oie** une **oie**

EXCEPTIONS l**oi**, f**oi**, f**ois**, cr**oix**, n**oix**, v**oix**.

298 Les verbes en -oyer

Dans les verbes en **-oyer**, le son [wa] s'écrit de plusieurs façons. Apprenez à bien écrire toutes ces formes.

j'envoie, tu nettoies, il aboie, ils emploient
je nettoierai, vous emploierez, ils aboieront

→ PARAGRAPHE 484

À la découverte des mots

299 Apprendre les homophones

La lettre muette à la fin des mots permet de distinguer les mots qui se prononcent de la même façon.

moi	un mois		
toi	un toit		
la foi	le foie	une fois	
(je) crois	(il/elle) croit	(il/elle) croît	la croix
la voie	(je) vois	(il) voit	la voix

Écrire le son [j]

yaourt

crayon

soleil

300 Le son [j] s'écrit y yeux voyage

On trouve **y** au début et à l'intérieur des mots.

DÉBUT : **y**aourt, **y**éti, **y**eux, **y**oga, **y**o-**y**o.
INTÉRIEUR : attra**y**ant, bru**y**ant, cra**y**on, emplo**y**eur, ennu**y**eux, essa**y**age, fra**y**eur, jo**y**eux, mo**y**en, netto**y**age, pa**y**ant, ra**y**on, vo**y**age.

ATTENTION Le nom **hyène** commence par **h**.

301 Le son [j] s'écrit i iode papier

On trouve **i** au début et à l'intérieur des mots.

DÉBUT : **i**ode, **i**ota.
INTÉRIEUR : all**i**ance, antér**i**eur, bijout**i**er, commerc**i**al, conf**i**ance, extér**i**eur, glac**i**al, intér**i**eur, méf**i**ance, pap**i**er, soc**i**été, spéc**i**al, supér**i**eur, v**i**eille, v**i**eux.

ATTENTION

- Les mots **hier**, **hiéroglyphe** commencent par **h**.
- Dans le nom **cahier**, on écrit **hi**.

302 Le son [j] s'écrit ill coquillage famille

On trouve **ill** à l'intérieur des mots seulement.

INTÉRIEUR : coqu**ill**age, feu**ill**age, gr**ill**age, out**ill**age, p**ill**age ; brou**ill**on, car**ill**on, échant**ill**on, ore**ill**ons, réve**ill**on.
DEVANT e FINAL : abe**ill**e, bata**ill**e, b**ill**e, chen**ill**e, fam**ill**e, feu**ill**e, f**ill**e, grose**ill**e, ore**ill**e, feu**ill**e, ta**ill**e.

EXCEPTION Dans **mille**, les lettres **ill** se prononcent [il].

303 Le son [j] s'écrit il bétail réveil fauteuil

On trouve **il** à la fin des mots seulement.

FIN : a**il**, ba**il**, béta**il**, soupira**il** ; appare**il**, réve**il**, orte**il**, sole**il**, pare**il** ; chevreu**il**, fauteu**il**, seu**il**, accue**il**, cercue**il**, orgue**il**, recue**il**.

304 Les graphies du son [j]

	DÉBUT	INTÉRIEUR	DEVANT e FINAL	FIN
y	yaourt	noyer	paye	
hy	hyène			
i	iode	bijoutier		
hi	hier	cahier		
ill		brouillon	oreille	
il				soleil

ORTHOGRAPHE D'USAGE

À la découverte des mots

305 Les verbes en -ailler et -eiller

La graphie **ill** apparaît dans la conjugaison des verbes en **-ailler** et **-eiller**.

-ailler : trav**ailler**
-eiller : cons**eiller**, rév**eiller**

ATTENTION Il ne faut pas oublier d'écrire le i de la terminaison de l'imparfait, même si, dans ces verbes, on ne l'entend pas.
nous trava**ill** i ons   vous réve**ill** i ez

306 il et ill dans les mots de la même famille

Dans les mots de la même famille, on écrit **il** dans les noms et **ill** dans les verbes.

accue**il**, accue**ill**ir
réve**il**, réve**ill**er
trava**il**, trava**ill**er

307 Le genre des mots en -il et -ille

À la fin des mots, on écrit **il** dans les mots masculins et **ill** dans les mots féminins.

un écureu**il**	une b**ill**e	un orte**il**	une abe**ill**e
un fauteu**il**	une f**ill**e	pare**il**	pare**ill**e

Écrire le son [p]

pain

lapin

grappe

308 Le son [p] s'écrit p

page ampoule ketchup

Le son [p] peut s'écrire **p** en toutes positions dans les mots.

DÉBUT : **p**age, **p**ain, **p**ile, **p**oule, **p**reuve, **p**rovince, **p**ublicité.
INTÉRIEUR : am**p**oule, a**p**ogée, é**p**ée, é**p**i, la**p**in, o**p**éra.
DEVANT e FINAL : antilo**p**e, ca**p**e, cou**p**e, **p**rinci**p**e, ty**p**e.
FIN : ca**p**, ce**p**, cli**p**, handica**p**, ketchu**p**, scal**p**.

309 Le son [p] s'écrit pp

appareil enveloppe

On écrit **pp** à l'intérieur des mots seulement.

INTÉRIEUR : a**pp**areil, a**pp**orter, a**pp**renti, a**pp**rocher, a**pp**ui, hi**pp**ique, hi**pp**opotame, na**pp**eron, su**pp**lice.
DEVANT e FINAL : envelo**pp**e, fra**pp**e, gra**pp**e, na**pp**e, tra**pp**e.

310 Les graphies du son [p]

	DÉBUT	INTÉRIEUR	DEVANT e FINAL	FIN
p	poule	lapin	soupe	cap
pp		appui	nappe	

À la découverte des mots

311 Quand écrit-on un seul p ?

On écrit un seul **p** après **é**, **am**, **im** et **om**.

mé**p**ris am**p**oule im**p**erméable **p**om**p**ier

On écrit généralement **p** dans les mots commençant par la voyelle **o**.

o**p**éra o**p**érer o**p**inion o**p**timiste

EXCEPTIONS o**pp**oser, o**pp**osition, o**pp**osant...
o**pp**rimer, o**pp**ression, o**pp**resseur...
o**pp**ortunité, o**pp**ortun, o**pp**ortuniste...

312 Quand écrit-on pp ?

La plupart des verbes commençant par [ap] prennent **deux p**.

appartenir **app**eler **app**laudir
apporter **app**rendre **app**rocher

EXCEPTIONS a**p**aiser, a**p**ercevoir, a**p**eurer, a**p**itoyer, a**p**lanir, a**p**latir.

Écrire le son [t]

trésor

atelier

pilote

but

313 Le son [t] s'écrit t

terrain atelier pilote but

On trouve la graphie **t** en toutes positions dans les mots.

DÉBUT : **t**abac, **t**able, **t**echnique, **t**errain, **t**résor, **t**resse.
INTÉRIEUR : a**t**elier, é**t**anche, i**t**inéraire, o**t**age, o**t**i**t**e.
DEVANT e FINAL : aroma**t**e, crava**t**e, dispu**t**e, no**t**e, pilo**t**e.
FIN : bu**t**, correc**t**, direc**t**, es**t**, grani**t**, mazou**t**, oues**t**, rap**t**, scou**t**.

314 Le son [t] s'écrit tt

attaque lettre carotte

La graphie **tt** ne se trouve qu'à l'intérieur des mots.

INTÉRIEUR : a**tt**achant, a**tt**aque, a**tt**ente, a**tt**irer, a**tt**itude, a**tt**ribut, confe**tt**i, fla**tt**erie, flo**tt**er, le**tt**re, lu**tt**eur, ne**tt**oyage, pi**tt**oresque, qui**tt**er, so**tt**ise.
DEVANT e FINAL :
-a**tt**e : cha**tt**e, na**tt**e.
-o**tt**e : bisco**tt**e, caro**tt**e, (je, il/elle) flo**tt**e.
-e**tt**e : assie**tt**e, bague**tt**e, gale**tt**e, omele**tt**e, toile**tt**e.
FIN : wa**tt**

315 Le son [t] s'écrit th
thermomètre orthographe

La graphie **th** peut se trouver au début, à l'intérieur des mots, plus rarement à la fin.

DÉBUT : **th**éâtre, **th**ermomètre, **th**orax, **th**ym.
INTÉRIEUR : ari**th**métique, ma**th**ématique, my**th**ologie, or**th**ographe, sympa**th**ie.
FIN : lu**th**, zéni**th**.

316 Les graphies du son [t]

	DÉBUT	INTÉRIEUR	DEVANT e FINAL	FIN
t	**t**able	a**t**elier	pilo**t**e	bu**t**
tt		le**tt**re	caro**tt**e	wa**tt**
th	**th**éâtre	or**th**ographe	homéopa**th**e	lu**th**

À la découverte des mots

317 Quand écrit-on tt ?

On trouve **tt** le plus souvent **entre deux voyelles** ou devant **r**.

a**tt**acher a**tt**irer a**tt**raction a**tt**rait a**tt**ribut
a**tt**roupement na**tt**e ne**tt**e so**tt**ise

318 Comment trouver une lettre muette ?

Le **t** ne s'entend pas dans certains mots. Pour ne pas l'oublier, pensez à un mot de la même famille ou bien au féminin du mot.

chat → cha**tte** respe**ct** → respe**ct**able

319 Les lettres th dans les mots d'origine grecque

Dans les mots d'origine grecque, [t] s'écrit souvent **th**.

théâtre a**th**lète ma**th**ématique

Tentation

Ton
tas de riz
Tenta le rat
Le rat tenté
Le riz tâta

Cl. Nadaud, « Le Rat », dans Jacques Charpentreau, *Mon premier livre de devinettes*, © Éditions de l'Atelier, 1980.

ORTHOGRAPHE D'USAGE

Écrire le son [k]

cadeau

piquant

brique

lac

320 Le son [k] s'écrit c
cadeau vacarme lac

Le son [k] peut s'écrire **c** en toutes positions dans les mots.

DÉBUT : **c**abine, **c**adeau, **c**olère, **c**ombat, **c**ube, **c**ulotte.
INTÉRIEUR : a**c**acia, a**c**ajou, é**c**orce, sa**c**oche, va**c**arme.
FIN : ave**c**, **c**ho**c**, du**c**, la**c**, pi**c**, trafi**c**.

321 Le son [k] s'écrit qu
question paquet

On trouve la graphie **qu** au début et à l'intérieur des mots.

DÉBUT : **qu**ai, **qu**and, **qu**estion, **qu**i, **qu**oi, **qu**otidien.
INTÉRIEUR : atta**qu**er, bri**qu**et, pa**qu**et, pi**qu**ant, remar**qu**able.
DEVANT e FINAL : biblioth**è**qu**e**, bri**que**, dis**que**, pla**que**.

ATTENTION La lettre **q** n'est pas suivie de **u** dans **cinq**, **coq**.

322 Le son [k] s'écrit cc
occasion acclamer

On ne trouve la graphie **cc** qu'à l'intérieur des mots.

INTÉRIEUR : a**cc**abler, a**cc**lamation, a**cc**ord, o**cc**asion.

323 Le son [k] s'écrit k
kangourou moka look

On peut trouver la graphie **k** en toutes positions dans les mots.

DÉBUT : **k**aki, **k**angourou, **k**épi, **k**ermesse, **k**ilo, **k**imono, **k**iosque.
INTÉRIEUR : ka**k**i, mo**k**a.
FIN : anora**k**, loo**k**.

324 Le son [k] s'écrit ch
chorale orchestre

On trouve la graphie **ch** en toutes positions dans les mots.

DÉBUT : **ch**aos, **ch**lore, **ch**oléra, **ch**orale, **ch**rome, **ch**rysalide.
INTÉRIEUR : é**ch**o, or**ch**estre, or**ch**idée, psy**ch**ologue.
FIN : almana**ch**.

325 Le son [k] s'écrit ck
cocker bifteck

On trouve la graphie **ck** à l'intérieur et à la fin d'un mot.

INTÉRIEUR : co**ck**er, co**ck**tail, jo**ck**ey, ti**ck**et.
FIN : bifte**ck**, sto**ck**.

326 Le son [k] s'écrit cqu grecque

On trouve la graphie **cqu** uniquement à l'intérieur des mots.

INTÉRIEUR : a**cqu**isition, a**cqu**ittement, gre**cqu**e.

327 Les graphies du son [k]

	DÉBUT	INTÉRIEUR	DEVANT e FINAL	FIN
c	cadeau	écorce		choc
q, qu	quai	paquet	brique	coq
cc		accord		
k	kilo	moka		anorak
ch	chorale	écho		almanach
ck		jockey		bifteck
cqu		acquitter	grecque	

À la découverte des mots

328 Comment écrire le son [k] devant e et i ?

Quand on entend le son [k] **devant i, e, é, è, ê,** il faut écrire **qu** ou, plus rarement, **k, ck, ch, cqu.**

qui **qu**e perro**qu**et **qu**ébécois (ils/elles) pi**qu**èrent **qu**ête
kilo jo**ck**ey or**ch**idée gre**cqu**e

On ne peut pas écrire **c**, sinon on prononcerait [s].

cerf **ci**gale

329 La prononciation de cc

Les lettres **cc** se prononcent [k] devant **a**, **o**, **u**, **l**, **r**.

sa**cca**de a**cco**rd o**ccu**lte a**ccl**amer a**ccr**ocher

Les lettres **cc** se prononcent [k + s] devant **i**, **e**, **é**, **è**.

co**cci**nelle a**cce**nt a**ccè**s
va**cci**n a**ccé**lérateur su**ccè**s

330 Les lettres k et ch

On trouve la lettre **k** dans un petit nombre de mots, souvent d'origine étrangère.

kaya**k** *(esquimau)* **k**angourou *(australien)* **k**ung-fu *(chinois)*

La graphie **ch** transcrit le son [k] dans les mots qui viennent du grec.

chorale or**ch**estre

ORTHOGRAPHE D'USAGE

Une baleine à bicyclette

Une baleine à bicy**c**lette
ren**c**ontre un ya**k** dans un **k**aya**k**.

Elle fait sonner sa sonnette.
C'est pour **qu**e le ya**k** la remar**qu**e.

Elle sonne faux, ta sonnette,
dit le ya**k** à l'accent **c**ana**qu**e.

La baleine, la pauvre bête,
reçoit ces mots comme une cla**qu**e.

Une baleine à bicy**c**lette
qu'un ya**k** a**cc**use de faire des **c**oua**c**s !

Elle sonne juste, ma sonnette,
dit la baleine du ta**c** au ta**c**.

Car ma sonnette a le son net
d'une jolie **c**loche de Pâ**qu**es.

Ne te fâche pas, baleinette,
répond le ya**k** qui a le tra**c**. [...]

Claude Roy, *Nouvelles Enfantasques*,

Écrire le son [g]

gare

figure

bague

331 Le son [g] s'écrit g
garage règle gag

On trouve **g** en toutes positions dans les mots.

DÉBUT : **g**adget, **g**ai, **g**are, **g**lace, **g**lu, **g**oal, **g**ras, **g**rave, **g**rotte.
INTÉRIEUR : a**g**randissement, ba**g**arre, fi**g**ure, rè**g**le.
FIN : **g**a**g**, **g**ro**g**.

332 Le son [g] s'écrit gu
guitare baguette langue

On trouve **gu** au début et à l'intérieur des mots.

DÉBUT : **gu**é, **gu**êpe, **gu**ère, **gu**érison, **gu**erre, **gu**eule, **gu**ide, **gu**ignol, **gu**itare.
INTÉRIEUR : an**gu**ille, ba**gu**ette, fi**gu**ier.
DEVANT e FINAL : ba**gu**e, catalo**gu**e, di**gu**e, lan**gu**e, monolo**gu**e, va**gu**e.

333 Le son [g] s'écrit gg jogging

Le son [g] s'écrit très rarement **gg**, et uniquement à l'intérieur des mots.

INTÉRIEUR : a**gg**lomération, a**gg**lutiné, a**gg**ravation, jo**gg**ing.

334 Les graphies du son [g]

	DÉBUT	INTÉRIEUR	DEVANT e FINAL	FIN
g	glace	figure		gag
gu	guitare	baguette	langue	
gg		jogging		

À la découverte des mots

335 Comment écrire le son [g] devant e et i ?

Quand on entend le son [g] devant **e**, **é**, **ê**, **i** et **y**, il faut écrire **gu**.

guetter **gu**érir **gu**êpe **gu**irlande **Gu**y

On ne peut pas écrire **g**, sinon on prononcerait [ʒ].

geste **gi**rafe

336 L'emploi du tréma sur ë et ï

- Le tréma (les deux points placés sur une lettre) indique que l'on doit prononcer la voyelle qui précède.
- Pour prononcer [gy] quand **gu** est suivi de **e** ou de **i**, il faut mettre un tréma sur le **e** ou le **i**.

ai**gu** → ai**guë**
ambi**gu** → ambi**guë** → ambi**guï**té

Nouvelle orthographe

La réforme propose de placer le tréma sur le **u** dans les mots suivants : **aigüe, ambigüe, ambigüité**.

Écrire le son [f]

fantôme

gaufre

œuf

337 Le son [f] s'écrit f

fantôme gifle girafe chef

On trouve **f** en toutes positions dans les mots.

DÉBUT : **f**antassin, **f**antôme, **f**arine, **f**emme, **f**iltre, **f**in.
INTÉRIEUR : a**f**ricain, dé**f**aite, gau**f**re, gi**f**le, in**f**âme, pla**f**ond.
DEVANT e FINAL : agra**f**e, cara**f**e, gira**f**e.
FIN : bœu**f**, che**f**, massi**f**, neu**f**, œu**f**, relie**f**, soi**f**.

338 Le son [f] s'écrit ff

affection griffe bluff

On ne trouve jamais **ff** au début d'un mot.

INTÉRIEUR : a**ff**aire, a**ff**ection, a**ff**reux, chi**ff**re, e**ff**ort, sou**ff**le, su**ff**isant.
DEVANT e FINAL : coi**ff**e, éto**ff**e, gri**ff**e, tou**ff**e, tru**ff**e.
FIN (rare) : blu**ff**.

339 Le son [f] s'écrit ph

pharmacie géographie

On trouve **ph** au début et à l'intérieur des mots, ainsi que devant un **e** muet final.

ORTHOGRAPHE D'USAGE

DÉBUT : **ph**armacie, **ph**rase, **ph**ysique.
INTÉRIEUR : am**ph**ithéâtre, géogra**ph**ie, saxo**ph**one, télé**ph**one.
DEVANT e FINAL : catastro**ph**e, orthogra**ph**e, triom**ph**e.

340 Les graphies du son [f]

	DÉBUT	INTÉRIEUR	DEVANT e FINAL	FIN
f	fantôme	plafond	girafe	soif
ff		chiffre	touffe	bluff
ph	phrase	saxophone	catastrophe	

À la découverte des mots

341 Former des adjectifs avec le suffixe -if/-ive

Le suffixe **-if** permet de former de nombreux adjectifs qualificatifs. Au féminin, le **f** se transforme en **v** : **-ive**.

définir (v.) → définit**if** (adj. masc.) → définit**ive** (adj. fém.)
fuite (n.) → fugit**if** (adj. masc.) → fugit**ive** (adj. fém.)
position (n.) → posit**if** (adj. masc.) → posit**ive** (adj. fém.)

342 Les lettres ph dans les mots grecs

La graphie **ph** se trouve dans des mots d'origine grecque.

orthogra**ph**e : ortho (droit, juste)
graphe (écrire)

Écrire les sons [s] et [ks]

statue

chanson

cactus

saxophone

boxe

ORTHOGRAPHE D'USAGE

Le son [s]

343 Le son [s] s'écrit s soleil chanson as

On trouve **s** en toutes positions dans les mots.

DÉBUT : **s**alade, **s**irop, **s**oleil, **s**tatue, **s**ucre.
INTÉRIEUR : chan**s**on, ob**s**tacle.
DEVANT e FINAL : bour**se**, cour**se**, dépen**se**, répon**se**, tor**se**.
FIN : a**s**, bu**s**, cactu**s**, maï**s**, sen**s**.

344 Le son [s] s'écrit c cette concert pouce

Le son [s] ne s'écrit jamais **c** à la fin d'un mot.

DÉBUT : **c**e**c**i, **c**éder, **c**ette, **c**igare, **c**ycle.
INTÉRIEUR : an**c**être, con**c**ert, mer**c**i, so**c**ial.
DEVANT e FINAL : auda**ce**, **c**apri**ce**, dou**ce**, féro**ce**, pou**ce**, sau**ce**.

ATTENTION Le son [s] ne s'écrit jamais **c** devant **a**, **o**, **u**.

345 Le son [s] s'écrit ç ça leçon déçu

Le son [s] s'écrit **ç** dans certains mots.

On ne trouve jamais **ç** à la fin d'un mot.

DÉBUT (rare) : **ç**a.
INTÉRIEUR : dé**ç**u, fa**ç**ade, le**ç**on, ma**ç**on, re**ç**u.

346 Le son [s] s'écrit x soixante dix

Le son [s] s'écrit **x** dans quelques mots.

dix six soixante

347 Le son [s] s'écrit ss poisson écrevisse

Le son [s] s'écrit **ss** entre deux voyelles pour ne pas faire [z].

INTÉRIEUR : boi**ss**on, e**ss**ai, moi**ss**on, poi**ss**on, ti**ss**u.
FIN (rare) : stre**ss**.

ATTENTION À la fin des mots, on peut trouver **sse** ou **ce**.
SSE : creva**sse**, impa**sse** ; écrevi**sse**, sauci**sse** ; bo**sse**, bro**sse** ; adre**sse**, gentille**sse** ; brou**sse**, secou**sse** ; ru**sse**, fau**sse**.
CE : effica**ce**, ra**ce** ; bénéfi**ce**, capri**ce** ; atro**ce**, féro**ce** ; Grè**ce**, niè**ce** ; dou**ce**, pou**ce** ; astu**ce**, pu**ce** ; sau**ce**.

348 Le son [s] s'écrit sc science piscine

On trouve **sc** au début et à l'intérieur des mots
devant les voyelles **e, é, è, ê, i, y**.

DÉBUT : **sc**énario, **sc**ène, **sc**eptre, **sc**ie, **sc**ience, **sc**ientifique.
INTÉRIEUR : adole**sc**ent, con**sc**ient, di**sc**ipline, pi**sc**ine.

349 Le son [s] s'écrit t(ie) démocratie

Le son [s] peut s'écrire **t** dans des mots terminés par **-tie**.

acrobatie
aristocratie
démocratie
idiotie
minutie
péripétie

Le son [ks]

350 Le son [ks] s'écrit cc, x, xc

vaccin galaxie excellent

Les consonnes **cc, x, xc** se trouvent presque toujours à l'intérieur des mots. Elles correspondent au son composé [ks].

cc : a**cc**ès, su**cc**ès, va**cc**in.
x : a**x**e, e**x**près, gala**x**ie, inde**x**, sa**x**ophone, se**x**e, ve**x**ant.
xc : e**xc**ellent, e**xc**ès, e**xc**itation.

351 Les graphies du son [s]

	DÉBUT	INTÉRIEUR	DEVANT e FINAL	FIN
s	soleil	chanson	réponse	cactus
c	cendre	concert	pouce	
ç	ça	maçon		
ss		boisson	adresse	stress
sc	scène	piscine		
t(ie)		démocratie		

ORTHOGRAPHE D'USAGE

352 Tableau des graphies du son [ks]

	DÉBUT	INTÉRIEUR	DEVANT e FINAL	FIN
cc		a**cc**ès		
x		gala**x**ie	a**x**e	inde**x**
xc		e**xc**ellent		

À la découverte des mots

353 Comment expliquer la prononciation de mots comme parasol ?

À L'ORAL

Si l'on écrit **s** entre deux voyelles, on entend le son [z]. Mais dans **certains mots** composés d'un **radical** et d'un **préfixe, s** entre deux voyelles se prononce [s].

→ PARAGRAPHES 358 ET 457

contr**ese**ns (préfixe *contre* + radical *sens*)
par**aso**l (préfixe *para* + radical *sol*)

354 Qu'est-ce que la cédille ?

La cédille est un signe que l'on place uniquement sous la lettre **c**, devant **a**, **o**, **u**, pour représenter le son [s].

ça — dé**çu** — le**ço**n
je pla**ça**is — nous pla**ço**ns

355 Les mots en -sse ou -ce

Vous pouvez vous aider des mots de la même famille que vous savez écrire pour choisir entre **-sse** et **-ce**.

pa**s** → impa**sse** gre**c** → Grè**ce**

356 Les mots en -tie

Pour ne pas vous tromper, pensez aux mots de la même famille.

acroba**t**e → acroba**tie**
aristocra**t**e → aristocra**tie**
démocra**t**e → démocra**tie**

Poème en x pour le lynx

Dans les Rocheuses vit le lynx
à l'œil brillant comme un silex
couleur de porcelaine de Saxe
énigmatique plus qu'un sphinx

parfois grondant en son larynx
il miaule et quoique loin de Sfax
fauche la chèvre qui fait « bêex »
au berger qui joue du syrinx

Pour fêter ça il boit sans toux
de la blanquette de Limoux
dans les Rocheuses c'est du luxe

puis ronronnant et les yeux fixes
regarde à sa télé Tom Mix
dans un western couleur « de Luxe »

Jacques Roubaud, *Les Animaux de tout le monde*, © Seghers, 1990

Écrire le son [z]

zoo

musée

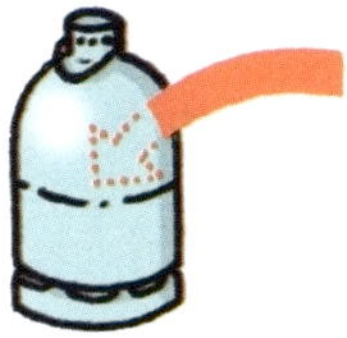

gaz

357 Le son [z] s'écrit z
zèbre horizon onze gaz

On trouve la graphie z en toutes positions dans les mots.

DÉBUT : **z**èbre, **z**éro, **z**one, **z**oo.
INTÉRIEUR : a**z**ur, ba**z**ar, bi**z**arre, di**z**aine, ga**z**elle, ga**z**on, hori**z**on, ri**z**ière.
DEVANT e FINAL : bron**z**e, dou**z**e, ga**z**e, mélè**z**e, on**z**e, quator**z**e, quin**z**e, sei**z**e, trei**z**e.
FIN : ga**z**, qui**z**.

358 Le son [z] s'écrit s **paysage ruse**

Le son [z] s'écrit s uniquement entre deux voyelles.

INTÉRIEUR : cou**s**in, mu**s**ée, pay**s**age, poi**s**on, **s**ai**s**on, vi**s**age.
DEVANT e FINAL : bi**s**e, ru**s**e.

359 Le son [z] s'écrit x **dixième**

Le son [z] s'écrit x dans les noms ou les déterminants numéraux.

INTÉRIEUR : deu**x**ième, di**x**ième, si**x**ième, di**x**-huit, di**x**-neuf.

ORTHOGRAPHE D'USAGE

360 Le son [z] s'écrit zz jazz

Il est très rare de trouver le son [z] écrit **zz.**

INTÉRIEUR : gri**zz**li.
FIN : bu**zz**, ja**zz**.

361 Tableau des graphies du son [z]

	DÉBUT	INTÉRIEUR	DEVANT e FINAL	FIN
z	zéro	lézard	onze	gaz
s		paysage	chanteuse	
x		dixième		dix‿(ans)
zz		grizzli		jazz

À la découverte des mots

362 Comment former le féminin des adjectifs en -eur et en -eux ?

La finale **-euse** permet de former le féminin des noms et des adjectifs en **-eur** et **-eux.**

chant**eur** → chant**euse**
vend**eur** → vend**euse**
moqu**eur** → moqu**euse**
audaci**eux** → audaci**euse**

363 Comment prononcer s entre deux voyelles ?

À L'ORAL

La lettre **s** se prononce [z] entre deux voyelles, sauf dans certains noms composés.

ro**s**e   vi**s**age

mais para**s**ol (**s** se prononce [s])

364 Comment prononcer x en fin de mot ?

À L'ORAL

Devant une voyelle ou un **h** muet, **x** en fin de mot se prononce [z] en faisant la liaison avec le mot suivant.

di**x**‿ans   si**x**‿hommes

ORTHOGRAPHE D'USAGE

La complainte du Z

Un Z, à genoux, se mit à pleurer.

« Quoi, s'écria-t-il, encore rien pour moi ?
J'ai une femme, plusieurs enfants, et pas de travail !
Je suis toujours au chômage ! »
Alice se sentit très émue par le sort du Z.

Elle chercha ce qu'elle pourrait dire pour le consoler,
mais elle ne trouva rien.
Cependant, le Z continuait d'une voix changée :
« Il n'y a pas assez d'asse**z**
Pas assez de vous voye**z**
De vous mange**z**, de vous buve**z**
Pas asse**z** de **z**èbres, de **z**ébus
De **z**o**z**os, de **z**a**z**ous, de **z**éthus
De Z il n'y en a pas asse**z**
De Z il y en a **z**éro. »
Alice trouva le poème du Z joli,
mais un peu compliqué.

Écrire le son [ʒ]

jeu

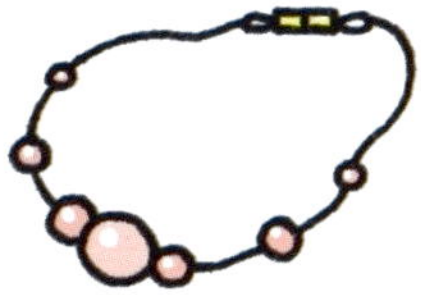

bijou

neige

365 Le son [ʒ] s'écrit j jambon bijou

On ne rencontre jamais **j** à la fin des mots.

DÉBUT : **j**adis, **j**aloux, **j**ambon, **j**aponais, **j**eu, **j**eune, **j**ockey, **j**oie, **j**uste.
INTÉRIEUR : ad**j**ectif, ad**j**oint, bi**j**ou, con**j**onction, in**j**ure, ob**j**et, py**j**ama, su**j**et.

366 Le son [ʒ] s'écrit g gendarme aubergine

On trouve **g** devant les voyelles **e, é, è, ê**, **i** et **y**.

DÉBUT : **g**éant, **g**endarme, **g**entil, **g**ibier, **g**igot, **g**ymnase.
INTÉRIEUR : an**g**ine, auber**g**ine, indi**g**ène, ori**g**ine, oxy**g**ène, sans-**g**êne, é**g**yptien.
DEVANT e FINAL : baga**g**e, collè**g**e, dépanna**g**e, **g**ara**g**e, manè**g**e, mar**g**e, maria**g**e, ména**g**e, nei**g**e, piè**g**e, siè**g**e.

367 Le son [ʒ] s'écrit ge geai pigeon

On trouve **ge** devant les voyelles **a** et **o**.

DÉBUT : **ge**ai, **ge**ôle.
INTÉRIEUR : bou**ge**oir, bour**ge**on, oran**ge**ade, pi**ge**on, plon**ge**on.

368 Les graphies du son [ʒ]

	DÉBUT	INTÉRIEUR	DEVANT e FINAL	FIN
j	jouet	objet		
g	girafe	origine	manège	
ge	geai	plongeon		

À la découverte des mots

369 Quand peut-on écrire j, g ou ge ?

On peut écrire **j devant toutes les voyelles**. Mais on n'écrit **ji** que dans quelques mots d'origine étrangère.

Japon
joyeux
jeudi
justice
moujik (paysan russe)

On peut aussi écrire **g devant** les voyelles **e** (é, è, ê) et **i** (y).

danger
gilet
gymnastique

On peut aussi écrire **ge devant** les voyelles **a** et **o**.

orangeade
pigeon

370 Les verbes en -ger

Les verbes terminés par **-ger** présentent de nombreuses formes comprenant la graphie **ge**.

→ PARAGRAPHE 480

na**ger** : je na**ge**ais, je na**ge**ai, nous na**ge**ons…

Le plus beau vers de la langue française

«Le **ge**ai **gé**latineux **gei**gnait dans le **ja**smin»
Voici, mes zinfints
Sans en avoir l'air
Le plus beau vers
De la langue française.

Ai, eu, ai, in
Le **ge**ai **gé**latineux **gei**gnait dans le **ja**smin…

Le poite aurait pu dire
Tout à son aise:
«Le **ge**ai volumineux picorait des pois fins»
Eh bien! non, mes zinfints.
Le poite qui a du **gé**nie
Jusque dans son délire
D'une main moite
A écrit:

«C'était l'heure divine où, sous le ciel gamin,
LE **GE**AI **GÉ**LATINEUX **GEI**GNAIT
DANS LE **JA**SMIN.»

René de Obaldia, *Innocentines*,

Écrire le son [R]

rail

souris

tambour

371 Le son [R] s'écrit r
récolte parole heure car

On trouve **r** en toutes positions dans les mots.

DÉBUT : racine, radio, rail, récit, récolte, rivage, roue, rue.
INTÉRIEUR : carotte, direct, féroce, intéresser, parole, souris.
DEVANT e FINAL : avare, bordure, empire, heure.
FIN : bar, car, cher, hiver, ver, désir, plaisir, tir, éclair, impair, castor, trésor, futur, mur, sur, four, tambour.

372 Le son [R] s'écrit rr torrent bagarre

On ne trouve **rr** qu'à l'intérieur des mots.

INTÉRIEUR : arranger, arrière, arrosoir, correct, débarrasser, derrière, erreur, fourrure, horrible, terrible, torrent, verrou.
DEVANT e FINAL : bagarre, bizarre, serre.

373 Le son [R] s'écrit r(d, s, t)

canard alors concert

On trouve **r + consonne muette (d, s, t)** à la fin de nombreux mots.

FIN (rd) : acco**rd**, bo**rd**, brouilla**rd**, cana**rd**, lou**rd**, reco**rd**.
FIN (rs) : alo**rs**, concou**rs**, discou**rs**, dive**rs**, velou**rs**, ve**rs**.
FIN (rt) : a**rt**, conce**rt**, confo**rt**, dépa**rt**, effo**rt**, to**rt**, ve**rt**.

ATTENTION On trouve rh dans **rh**inocéros, **rh**ume, en**rh**umé.

374 Les graphies du son [R]

	DÉBUT	INTÉRIEUR	DEVANT e FINAL	FIN
r	rue	parole	heure	décor
rr		torrent	bagarre	
r(d, s, t muets)				départ

À la découverte des mots

375 Comment trouver la lettre muette à la fin des mots ?

Pour savoir s'il faut écrire une lettre muette à la fin d'un mot, vous pouvez vous aider des mots de la même famille, ou du féminin des adjectifs.

confor**t** → confor**t**able
lour**d** → lour**d**e
ver**t** → ver**t**e

376 Apprendre les homophones

Certains mots (les homophones) se prononcent de la même manière, mais s'écrivent différemment.

un v**er** *(de terre)*
v**ers** *(préposition)*
v**ert** *(adjectif)*
un v**erre** *(de lait)*
le v**air** *(une pantoufle de vair)*

377 rr dans les verbes

Certains verbes s'écrivent avec **rr** au futur de l'indicatif et au conditionnel présent.

→ PARAGRAPHES 516, 531 ET 537

je cou**rr**ai vous enve**rr**iez tu pou**rr**ais ils ve**rr**aient

Écrire le e muet

oie

bougie

378 Qu'appelle-t-on une lettre muette ?

Dans certains mots, on ne prononce pas toutes les lettres.
Ces lettres que l'on **n'entend pas** sont des lettres muettes.

oi**e**, crai**e**, jou**e** (on n'entend pas le **e**)
haut, **h**orloge, **h**uile (on n'entend pas le **h**)
bra**s**, li**t**, accor**d** (on n'entend pas le **s**, le **t**, le **d**)

→ PARAGRAPHES 379 À 402

379 Quand y a-t-il un e muet à l'intérieur des mots ?

On trouve un **e** muet à l'intérieur de noms formés sur des verbes en **-ier, -yer, -uer, -ouer**.

balbut**ier** → balbut**ie**ment
remerc**ier** → remerc**ie**ment

abo**yer** → abo**ie**ment
pa**yer** → pa**ie**ment

étern**uer** → étern**ue**ment
t**uer** → t**ue**rie

dén**ouer** → dén**oue**ment
dév**ouer** → dév**oue**ment

380 Quels noms féminins se terminent par un e muet ?

La plupart des noms féminins terminés par le son [i] s'écrivent en **-ie**.

bougi**e** librairi**e** pharmaci**e**
écuri**e** modesti**e** prairi**e**

EXCEPTIONS fourm**i**, bre**bis**, sour**is**, nu**it**, perdr**ix**.

La plupart des noms féminins terminés par le son [wa] s'écrivent en **-oie**.

j**oie** **oie** pr**oie** s**oie** v**oie**

EXCEPTIONS cr**oix**, f**oi**, f**ois**, l**oi**, n**oix**, v**oix**.

Les noms féminins terminés par le son [y] s'écrivent en **-ue**.

aven**ue** bienven**ue** étend**ue** r**ue** ten**ue**

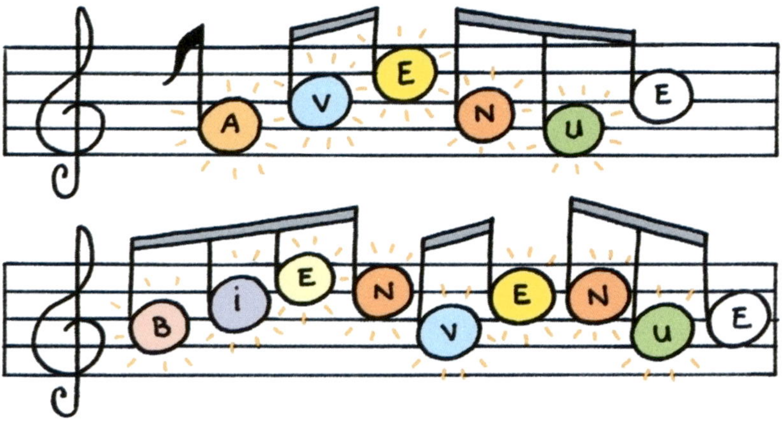

Les noms féminins désignant un contenu se terminent par **-ée**, ainsi que dict**ée** et jet**ée**.

cuiller**ée** pellet**ée** poign**ée** port**ée**

ATTENTION Certains noms masculins se terminent aussi par **-ée**.
lyc**ée** pygm**ée**

Les autres noms féminins qui ne se terminent pas par une consonne ont souvent un **e** muet final.

AIE : b**aie**, cr**aie**, monn**aie**, pl**aie**, r**aie**.
OUE : j**oue**, m**oue**, r**oue**.
EUE : banli**eue**, li**eue**, qu**eue**.

381 Quelle est la classe des mots qui se terminent par -re ?

On trouve aussi le **e** muet dans les mots qui se terminent par **-re**. Ces mots peuvent être des **noms** masculins ou féminins ou des **adjectifs**.

NOMS MASCULINS : audit**oire**, laborat**oire**, territ**oire** ; annivers**aire**, estu**aire**, sal**aire** ; murm**ure** ; folkl**ore** ; emp**ire**, nav**ire**, r**ire**, sour**ire** ; ph**are** ; dinos**aure**.
NOMS FÉMININS : baign**oire**, balanç**oire**, hist**oire** ; mol**aire** ; capt**ure**, coiff**ure**, mes**ure**, ord**ure**, pel**ure** ; fl**ore** ; tirel**ire** ; fanf**are**, g**are**, guit**are**, m**are**.
ADJECTIFS (masculins ou féminins) : illus**oire**, mérit**oire**, provis**oire**, respirat**oire** ; aliment**aire**, nucl**éaire**, pol**aire**, sol**aire**, volont**aire** ; carniv**ore**, incol**ore**, omniv**ore** ; p**ire**, r**are**.

ORTHOGRAPHE D'USAGE

382 La place du e muet

	DÉBUT	INTÉRIEUR	FIN
(i)e		remerciement	librairie
(ai)e		paiement	monnaie
(u)e		éternuement	avenue
(ou)e		dévouement	roue
(oi)e		aboiement	joie
(eu)e			queue
(oir)e			laboratoire
(air)e			anniversaire
(ur)e		pureté	coiffure
(or)e			carnivore
(ir)e		tirelire	empire
(ar)e			mare
(aur)e			dinosaure

Écrire le h muet et le h aspiré

habit

hérisson

Le h muet

383 Quand trouve-t-on un h muet au début d'un mot ?

On peut trouver un **h** muet devant toutes les voyelles.

habit **h**abitude **h**eure **h**eureuse
héroïque **h**iver **h**orizon **h**orrible
hôtel **h**umide **h**ypermarché **h**ypocrite

384 Dans quels types de mots trouve-t-on un h muet après une consonne ?

On trouve un **h** muet après une consonne dans des mots formés de deux éléments.

gentil**h**omme : gentil (adjectif) + homme (nom)
bon**h**eur in**h**abité in**h**abituel in**h**umain
mal**h**eur mal**h**onnête

On trouve un **h** muet après une consonne dans des mots d'origine grecque.

biblio**th**èque épit**h**ète r**h**inocéros
r**h**ume sympat**h**ique t**h**éâtre

Le h aspiré

385 Qu'est-ce que le h aspiré ?

Le **h** aspiré permet de prononcer séparément deux voyelles et empêche de faire la liaison avec le mot précédent.

un **h**angar une maison **h**aute un **h**érisson
un **h**éros la pré**h**istoire

386 La place du h muet et du h aspiré

	DÉBUT	INTÉRIEUR	FIN
h muet	**h**iver	men**h**ir	maharadja**h**
h aspiré	**h**aricot	pré**h**istoire	

À la découverte des mots

387 Apprendre les homophones

Parfois, seul le **h** permet de faire la différence entre deux mots.

ton (nom ou déterminant possessif)
le t**h**on (nom désignant un poisson)

Écrire les consonnes muettes

À RETENIR

Les consonnes que l'on n'entend pas sont appelées **consonnes muettes**. Elles se trouvent le plus souvent **à la fin des mots**.

Le s muet

388 Où se trouve le s muet ?

• Le **s** muet se trouve à la fin des mots.

FIN : bra**s**, lila**s**, matela**s**, repa**s** ; autrefoi**s**, bourgeoi**s**, foi**s**, moi**s**, quelquefoi**s** ; avi**s**, brebi**s**, coli**s**, pui**s**, souri**s** ; anglai**s**, jamai**s**, mai**s**, marai**s** ; do**s**, enclo**s**, héro**s**, repo**s** ; ju**s**, refu**s**.

• Le **s** muet peut apparaître après une autre consonne.

cor**ps**
poi**ds**
tem**ps**
volontie**rs**

ATTENTION N'oubliez pas le **s** muet à la fin des verbes :
tu chante**s**, tu chantai**s**, nous chanton**s**, nous chanteron**s**

389 Quel est le genre des noms terminés par un s muet ?

La plupart des noms terminés par un **s** muet sont masculins.

un avi**s** un succè**s**

EXCEPTIONS la brebi**s**, une foi**s**, la souri**s**.

390 Quel est le pluriel des noms terminés par s ?

Les mots terminés par **s** au singulier sont invariables.

la brebi**s** → les brebi**s** le repa**s** → les repa**s**

391 Comment savoir s'il faut écrire un s muet ?

On peut s'aider d'un mot de la même famille.

confu**s** → confu**s**e repo**s** → repo**s**er

Le t muet

392 Où se trouve le t muet ?

On trouve le **t** muet à la fin d'un mot.

APRÈS VOYELLE : acha**t**, clima**t**, pla**t**, résul**t**a**t** ; appé**t**i**t**, circui**t**, frui**t**, li**t**, nui**t** ; escargo**t**, robo**t**, sabo**t**, **t**rico**t** ; ar**t**ichau**t**, défau**t**, sau**t**, sursau**t** ; adroi**t**, dé**t**roi**t**, endroi**t**, exploi**t**, **t**oi**t** ; débu**t** ; bou**t**.
APRÈS **r** : ar**t**, dépar**t**, écar**t**, rempar**t** ; concer**t**, déser**t**, desser**t**, transfer**t** ; confor**t**, effor**t**, suppor**t**, tor**t**.
APRÈS **c**, **p** : aspe**ct** ; respe**ct**, suspe**ct**, prom**pt**.

ATTENTION N'oubliez pas le **t** muet à la fin des verbes : ils/elles chantaien**t**, il/elle ba**t**, ils/elles viendron**t**...

393 Comment savoir s'il faut écrire un t muet ?

On peut s'aider d'un mot de la même famille ou bien du féminin.

comple**t** → complè**t**e tou**t** → tou**t**e trico**t** → trico**t**er

Le x muet

394 Où se trouve le x muet ?

On trouve un **x** muet à la fin d'un mot.

FIN : choi**x**, croi**x**, deu**x**, dou**x**, épou**x**, fau**x**, hou**x**, jalou**x**, noi**x**, pai**x**, perdri**x**, pri**x**, tou**x**, voi**x**.

On trouve aussi un **x** muet dans la terminaison de certains verbes.

pouvoir : je peu**x**, tu peu**x** vouloir : je veu**x**, tu veu**x**

395 Quel est le pluriel des noms terminés par x ?

Les noms terminés par **x** au singulier sont invariables.

la noi**x**, les noi**x** le pri**x**, les pri**x**

Le c et le p muets

396 Où trouve-t-on le c et le p muets ?

Le **c** et le **p** muets se trouvent à l'intérieur et à la fin des mots.

INTÉRIEUR : aspe**c**t, respe**c**t ; prom**p**t, (il/elle) rom**p**t.
FIN : ban**c**, blan**c**, flan**c**, fran**c** ; beaucou**p**, cham**p**, cou**p**, dra**p**, lou**p**, siro**p**, tro**p**.

397 Comment savoir s'il faut écrire c ou p ?

On peut s'aider de mots de la même famille.

cham**p** → cham**p**être   respe**ct** → respe**ct**er

Les consonnes muettes b, d, g, l

398 Où trouve-t-on les consonnes muettes b, d, g, l ?

On les trouve à la fin des mots.

B : aplom**b**, plom**b**.
D : crapau**d**, ni**d**, nœu**d**, bon**d**, accor**d**, bor**d**, brouillar**d**, recor**d**, canar**d**, épinar**d**, hasar**d**, lézar**d**, lour**d**, sour**d**.
G : étan**g**, lon**g**, poin**g**.
L : fusi**l**, genti**l**, outi**l**.

399 Comment savoir s'il faut écrire b, d, g, l ?

On peut s'aider de mots de la même famille ou bien du féminin.

bon**d** → bon**d**ir
lon**g** → lon**g**ue
plom**b** → plom**b**ier

400 La place des consonnes muettes

	DÉBUT	INTÉRIEUR	FIN
voyelle + **s**			repa**s**
consonne + **s**			velour**s**
voyelle + **t**			clima**t**
consonne + **t**			respe**ct**
x			noi**x**
d			bon**d**
p			dra**p**
c			ban**c**
g			étan**g**
b			plom**b**
l			outi**l**

ORTHOGRAPHE D'USAGE

À la découverte des mots

401 D'où viennent les lettres muettes ?

La plupart des mots français viennent du latin ; les lettres muettes sont des lettres qui se trouvaient déjà dans le mot latin. On les a gardées en français, mais on ne les prononce plus.

Le mot latin *vi**n**um* a donné en français le mot *vi**n***.
Le mot latin ***viginti*** a donné en français le mot *vi**ngt***.
Vingt se prononce comme ***vin***, mais il a gardé les lettres **g** et **t** qui existaient en latin.

Le mot latin *cur**s**us* a donné le mot français *cour**s***.
Le mot latin *cur**t**us* a donné le mot français *cour**t***.
Cours et ***court*** se prononcent de la même manière, mais on continue à les écrire avec les lettres **s** et **t** qui existaient en latin.

402 Apprendre les homophones

la b**oue**	le b**out**
le c**ou**	le c**oup**
le l**ait**	l**aid** (adj.)
une r**oue**	r**oux** (adj.)

Écrire le début des mots

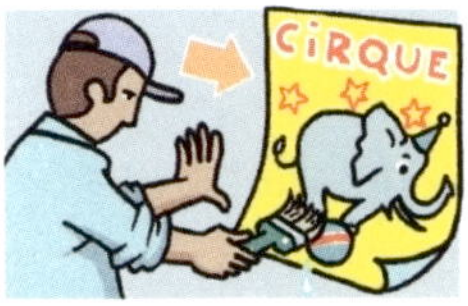

affiche

addition

403 Comment choisir entre ad- et add- ?

On écrit le plus souvent **ad-**

adieu **ad**orable **ad**ulte

EXCEPTION Le nom **addition** s'écrit avec dd.

404 Comment choisir entre af- et aff ?

On écrit le plus souvent **aff-**.

affaire **aff**ection **aff**iche **aff**irmation

EXCEPTIONS **af**in, **af**ricain, **Af**rique.

ATTENTION Les mots qui commencent par eff- ou off- s'écrivent toujours avec ff.

efficace **eff**ort **eff**rayant
offense **off**icier **off**rir

ORTHOGRAPHE D'USAGE

405 Comment choisir entre ag- et agg- ?

On écrit le plus souvent **ag-**.

agrafe **ag**randir **ag**réable **ag**ressif **ag**riculture

EXCEPTIONS **agg**lomération, **agg**lutiner, **agg**raver.

406 Comment choisir entre am- et amm- ?

On écrit **am-** au début des mots.

amarre **am**ateur **am**i
amont **am**our **am**user

EXCEPTIONS **amm**onite, **amm**oniac.

407 Comment choisir entre il- et ill- ?

On écrit presque toujours **ill-**.

illisible **ill**uminé
illusion **ill**ustrer

EXCEPTIONS **il**, **îl**e.

Nouvelle orthographe

La réforme autorise à écrire **île** sans accent circonflexe : **ile**.

408 Comment choisir entre ir- et irr- ?

On écrit le plus souvent **irr-**.

irréalisable **irr**éductible **irr**emplaçable **irr**éparable
irrespirable **irr**esponsable **irr**igation **irr**iter

EXCEPTIONS **ir**anien, **ir**is, **ir**onie, **ir**oquois.

Écrire la fin des mots

épouvantail

magicien

409 Comment choisir entre -ail et -aille ?

On écrit **-ail** à la fin des noms masculins.

un épouvant**ail** un gouvern**ail** un trav**ail**

On écrit toujours **-aille** à la fin des noms féminins.

une m**aille** (de tricot) la p**aille**

410 Comment choisir entre -ciel et -tiel ?

On écrit **-ciel** après **i** et **an**.

APRÈS **i** : logi**ciel**, superfi**ciel**.
APRÈS **an** : circonstan**ciel**.

On écrit **-tiel** après **en**.

confiden**tiel** essen**tiel**

411 Comment choisir entre -cien, -tien et -ssien ?

On écrit souvent **-cien** dans des noms de métiers.

électri**cien** magi**cien** pharma**cien**

On écrit **-tien** quand le mot est formé à partir de noms propres contenant un **t** dans la dernière syllabe.

Capet → capé**tien**
Égypte → égyp**tien**
Haïti → haï**tien**
Tahiti → tahi**tien**

Dans quelques mots, on écrit aussi **-ssien**.

paroi**ssien** (paroisse) pru**ssien** (Prusse)

412 Comment choisir entre -cière et -ssière ?

Les noms et les adjectifs féminins s'écrivent **-cière** ou **-ssière**.

-cière : poli**cière**, sor**cière**
-ssière : pâti**ssière**, pou**ssière**

Les noms et adjectifs masculins terminés par **-cier** et **-ssier** forment leur féminin en **-cière** et **-ssière**.

épicier → épi**cière**
caissier → cai**ssière**

413 Comment choisir entre -é et -ée ?

Tous les noms de genre féminin terminés par [e], sauf les noms terminés par [te] ou [tje], s'écrivent **-ée**.

ann**ée** matin**ée** pens**ée** rentr**ée**

EXCEPTION la cl**é**

On trouve souvent la finale **-ée** dans des mots qui désignent des contenus.

bouche → une bouch**ée**
bras → une brass**ée**
cuiller → une cuiller**ée**
four → une fourn**ée**
gorge → une gorg**ée**
pince → une pinc**ée**
poing → une poign**ée**
rang → une rang**ée**

Il existe quelques noms masculins en **-ée**.

un apog**ée** un lyc**ée** un pygm**ée** un scarab**ée**

414 Comment choisir entre -eil et -eille ?

On écrit **-eil** à la fin des noms masculins.

un appar**eil** le sol**eil**

On écrit **-eille** à la fin des noms féminins.

une ab**eille** une or**eille**

ORTHOGRAPHE D'USAGE

415 Comment choisir entre -euil, -euille et -ueil ?

On écrit toujours **-euille** à la fin des noms féminins.

une f**euille**

On écrit le plus souvent **-euil** à la fin des noms masculins.

un faut**euil**

ATTENTION Les noms masculins formés sur **feuille** s'écrivent -euille, sauf **cerfeuil**.
du chèvre**feuille** un mille**feuille** un porte**feuille**

EXCEPTION un **œil**

Après les consonnes **c** et **g**, on doit écrire **-ueil**.

un acc**ueil** un cerc**ueil** l'org**ueil** un rec**ueil**

ATTENTION Le verbe **cueillir** et ses composés :
je cueille, nous accueillons...

416 Comment choisir entre -eur, -eure, -eurs et -œur ?

On écrit le plus souvent **-eur** à la fin des noms.

le bonh**eur** le malh**eur** la p**eur** la terr**eur**

EXCEPTIONS le b**eurre**, la dem**eure**, une h**eure**

La finale **-eur** permet de former des noms.

blanc → la blanch**eur**
explorer → l'explorat**eur**
profond → la profond**eur**
dessiner → le dessinat**eur**
mince → la minc**eur**
voyager → le voyag**eur**

Certains mots invariables se terminent par **-eurs**.

aill**eurs** d'aill**eurs** plusi**eurs**

Certains noms se terminent par **-œur**.

cœur chœur rancœur sœur

417 Comment choisir entre -ie et -i ?

Tous les noms féminins terminés par le son [i] s'écrivent **-ie**.

bougi**e** écuri**e** jalousi**e** librairi**e**
loteri**e** mairi**e** modesti**e** nostalgi**e**
orti**e** pharmaci**e** plui**e** prairi**e**

EXCEPTIONS la fourm**i**, la breb**is**, la sour**is**, la nu**it**, la perdr**ix**.

À la fin des noms masculins, on écrit **-i**, **-id**, **-is** ou **-ix**.

un abr**i** un part**i**
un n**id**
un tap**is**
un pr**ix**

ORTHOGRAPHE D'USAGE

418 Comment choisir entre -oire et -oir ?

On écrit **-oire** à la fin des noms féminins.

une balanç**oire** une f**oire** une hist**oire**
la mém**oire** une nage**oire**

On écrit **-oir** à la fin de la plupart des noms masculins.

un compt**oir** un coul**oir** un esp**oir** un réserv**oir**

EXCEPTIONS Certains noms masculins se terminent par -oire.
un conservat**oire** un interrogat**oire** un laborat**oire**
un pourb**oire** un réfect**oire** un territ**oire**

On écrit **-oire** à la fin des adjectifs, au masculin comme au féminin.

un exercice obligat**oire** la sieste obligat**oire**

EXCEPTION L'adjectif **noir** :
un pantalon **noir** une chemise **noire**

419 Comment choisir entre -té et -tée ?

- Presque tous les noms terminés par [te] s'écrivent **-té**.

l'Antiqui**té** la ci**té** l'originali**té** la quali**té** la spéciali**té**

EXCEPTIONS
- Les noms indiquant un contenu : une pelle**tée**...
- Les cinq noms suivants : la dic**tée**, la je**tée**, la mon**tée**, la pâ**tée**, la por**tée**.

- Les noms terminés par **-té** sont presque tous féminins.

EXCEPTIONS un cô**té**, un doig**té**, un é**té**, un trai**té**.

- La finale **-té** permet de former des noms désignant des qualités ou des défauts à partir d'adjectifs.

ADJECTIFS	NOMS	ADJECTIFS	NOMS
beau	beau**té**	méchant	méchance**té**
clair	clar**té**	rapide	rapidi**té**
généreux	générosi**té**	timide	timidi**té**

420 Comment choisir entre -tié et -tier ?

Les noms de genre féminin s'écrivent **-tié**.

l'ami**tié** une moi**tié**

Les noms de genre masculin s'écrivent **-tier**.

un bijou**tier** un chan**tier** un charcu**tier**
un coco**tier** un mé**tier** un po**tier**
un quar**tier** un sen**tier**

421 Comment choisir entre -tion et -(s)sion ?

Après les consonnes **c** et **p**, on écrit toujours **-tion**.

ac**tion** sec**tion** inscrip**tion** op**tion**

ORTHOGRAPHE D'USAGE

Après la voyelle **a**, on trouve le plus souvent **-tion**.

alimentat**ion** éduc**ation** explic**ation**

EXCEPTIONS p**assion**, comp**assion**.

Après la consonne **l**, on écrit toujours **-sion**.

émul**sion** expul**sion**

422 Comment choisir entre -ule et -ul ?

Presque tous les noms masculins ou féminins terminés par le son [y] s'écrivent **-ule**.

NOMS MASCULINS : crépusc**ule**, glob**ule**, scrup**ule**, véhic**ule**.
NOMS FÉMININS : basc**ule**, cell**ule**, libell**ule**, pil**ule**, rot**ule**.

EXCEPTIONS

- Les trois mots **calcul**, **consul** et **recul** s'écrivent **-ul**.
- Une **bulle** et le **tulle** s'écrivent **-ulle**.
- Un **pull**, mot d'origine anglaise, s'écrit avec deux **l**.

423 Comment choisir entre -ur et -ure ?

Presque tous les noms masculins ou féminins terminés par le son [yr] s'écrivent **-ure** (ou, rarement, **-ûre**).

NOMS MASCULINS : merc**ure**, murm**ure**.
NOMS FÉMININS : avent**ure**, cout**ure**, érafl**ure**, nourrit**ure**, piq**ûre**, sculpt**ure**.

EXCEPTIONS az**ur**, fém**ur**, fut**ur**, m**ur**.

Nouvelle orthographe

La réforme autorise à écrire **piqure**.

Mots et formes invariables

424 Liste des mots les plus courants

afin
ailleurs
ainsi
alors, dès lors, **lors**, lorsque
après, auprès, exprès, **près**
arrière, derrière
assez
au-dessous, en dessous, **sous**
au-dessus, dessus, par-dessus, **sus**
aujourd'hui
auparavant, **avant**, devant, davantage, dorénavant
aussi
aussitôt, bientôt, plutôt, sitôt, tantôt, **tôt**
autant, pourtant, **tant**, tant pis
autrefois, **fois**, parfois, quelquefois, toutefois
avec
beaucoup
cependant, **pendant**
certes
chez
comme, comment
d'abord
dans, dedans
debout
dehors, **hors**
déjà
demain
depuis, **puis**, puisque
dès, dès que
désormais, jamais, **mais**
donc
durant
encore
entre
envers, à travers, **vers**
environ
gré, malgré
guère, naguère
hier
hormis
ici
jadis
jusque, jusqu'à, jusque-là
loin
longtemps
mieux, tant mieux
moins, néanmoins
parmi
partout
peut-être
plus, plusieurs
presque
quand
sans
selon
surtout
tandis que
toujours
trop
volontiers

Vocabulaire

La langue française comprend un grand nombre de mots (noms, adjectifs, verbes…) : leur ensemble forme le vocabulaire français.

Utiliser un dictionnaire

À RETENIR

- Le dictionnaire vous permet de connaître les **définitions** précises des mots.
- Il donne de nombreux **renseignements sur les mots** (classe, genre, sens, synonymes, contraires, homonymes) et sur leur histoire.
- Pour bien l'utiliser, il faut connaître l'**alphabet** et les **abréviations** les plus courantes.

425 Qu'est-ce que l'alphabet ?

C'est l'ensemble des **lettres** de la langue.
Parmi les **26** lettres de l'alphabet, on distingue :
– 6 **voyelles** : a, e, i, o, u, y ;
– 20 **consonnes** : b, c, d, f, g, h, j, k, l, m, n, p, q, r, s, t, v, w, x, z.

426 À quoi sert l'alphabet ?

Connaître l'alphabet permet de chercher un mot dans un dictionnaire parce que les mots y sont classés par ordre alphabétique.

427 Quelles formes peut avoir une lettre ?

On peut écrire les lettres en **minuscules**.

a, b, c, d, e, f, g, h, i, j, k, l, m, n, o, p, q, r, s, t, u, v, w, x, y, z.

A B C D
E F G H I
J K L M N
zzz...
O P Q R S
T U V W
X Y Z

On peut aussi les écrire en **majuscules.**

A, B, C, D, E, F, G, H, I, J, K, L, M, N, O, P, Q, R, S, T, U, V, W, X, Y, Z.

On peut aussi employer d'autres écritures.

a, b, c, d, e, f, g, h, i, j, k, l, m, n, o, p, q, r, s, t, u, v, w, x, y, z.

a, b, c, d, e, f, g, h, i, j, k, l, m, n, o, p, q, r, s, t, u, v, w, x, y, z.

A, B, C, D, E, F, G, H, I, J, K, L, M, N, O, P, Q, R, S, T, U, V, W, X, Y, Z

428 Qu'est-ce qu'un dictionnaire ?

C'est un recueil de mots classés par ordre alphabétique. Chaque mot est suivi d'une définition ou de sa traduction dans une autre langue.

Dans un dictionnaire de langue

cobaye [kɔbaj] **n. m.** Petit rongeur à pattes courtes et sans queue, appelé aussi *cochon d'Inde.* → planche Animaux **domestiques.** *On utilise souvent des cobayes pour faire des expériences scientifiques.*

Le Robert Junior

Dans un dictionnaire encyclopédique

AYMÉ (Marcel), *Joigny 1902 - Paris 1967,* écrivain français. Il est l'auteur de nouvelles *(le Passe-Muraille)* et de romans où la fantaisie et la satire se mêlent au fantastique *(la Jument verte),* de pièces de théâtre *(Clérambard)* et de contes *(*Contes du chat perché).*

Le Petit Larousse illustré

Dans un dictionnaire bilingue

calepin [kalpɛ̃], *s.m.* note-book, memorandum-book ; *F :* **mettez ça sur votre c. !** let this be a lesson to you !

Harrap's New Standard-Dictionnaire français-anglais

429 Comment chercher les mots dans le dictionnaire ?

Pour trouver un mot dans un dictionnaire, il faut chercher d'abord la **première lettre du mot**.

Antenne
Le son [ã] peut s'écrire **an** ou **en**. On commence par chercher : à la lettre **a**..., puis **an**..., enfin **ant**...

Si vous ne trouvez pas le mot que vous cherchez, c'est que vous lui attribuez une mauvaise orthographe.

Horaire
Pensez aux mots de la même famille : une ***h**eure*, une ***h**orloge*. Le mot commence par **h**.

430 Comment trouver rapidement un mot ?

Il est important de connaître l'alphabet dans les deux sens.

Un petit jeu
Choisissez une lettre et indiquez le plus vite possible :
– la lettre qui la **précède** (celle qui vient **avant**) ;
– la lettre qui lui **succède** (celle qui vient **après**).
T : S ; U ou encore : **G** : F ; H

• La plupart des dictionnaires peuvent être divisés en quatre parties :
– le **1er quart** contient A, B, C, D ;
– le **2e quart** contient E, F, G, H, I, J, K ;
– le **3e quart** contient L, M, N, O, P, Q ;
– le **4e quart** contient R, S, T, U, V, W, X, Y, Z.
• Si vous cherchez un mot commençant par **M**, il est inutile d'ouvrir votre dictionnaire au début et de le feuilleter de **A** à **M**. Ouvrez-le plutôt vers le milieu.

VOCABULAIRE

431 Que nous apprend un dictionnaire ?

Une entrée de dictionnaire nous donne trois informations : la **classe**, le **genre** et le **sens** du mot.

continent n. m. Grande étendue de terre comprise entre deux océans. *L'Europe, l'Asie, l'Afrique, l'Amérique, l'Océanie et l'Antarctique sont les six continents.*

Le Robert Junior

La lettre **n.** indique que le mot *continent* est un **nom**.
La lettre **m.** indique qu'il s'agit d'un nom masculin.
Le dictionnaire donne ensuite le **sens** du mot, puis des **exemples**.

432 Quelles sont les différentes abréviations du dictionnaire ?

Certaines abréviations (n., v., etc.) nous renseignent sur la classe du mot.

n. : nom — v. : verbe — adj. : adjectif
adv. : adverbe — art. : article — prép. : préposition
conj. : conjonction

Les abréviations **m.** et **f.** donnent le genre du mot.

m. : masculin — f. : féminin

Des numéros indiquent les différents sens du mot.

pomme n. f. **1.** Fruit du pommier, rond et contenant des pépins. → planche **Fruits.** *Julie croque une pomme.* – Familier. *Tomber dans les pommes,* s'évanouir. **2.** *La pomme de pin,* c'est le fruit du pin. **3.** *Une pomme d'arrosoir,* c'est le bout percé de trous qui s'adapte au bec d'un arrosoir. **4.** *La pomme d'Adam,* c'est la petite bosse que les hommes ont à l'avant du cou.

▸ Le Robert Junior

Le sens **1** est le **sens propre** du mot.
Les autres sens (2, 3, 4) sont souvent des **sens figurés**.

→ PARAGRAPHES 437 ET 438

L'abréviation **syn.** (synonyme) désigne les mots de **sens voisins.**

→ PARAGRAPHES 439 À 444

drôle adj. ❶ Qui fait rire. *Mon cousin nous raconte souvent des histoires drôles. C'est un garçon très drôle.* SYN. amusant, comique. ❷ Qui étonne, surprend. *C'est drôle, je ne retrouve pas le livre que je viens de poser sur la table.* SYN. bizarre, curieux, étrange.
HISTOIRE DU MOT Vient du néerlandais *drol* qui signifiait « lutin ».

▸ Dictionnaire Larousse Super Major CM-6e

L'abréviation **contr.** désigne les mots de sens **contraire.**

→ PARAGRAPHES 445 À 448

gratuit, gratuite adj. **1.** Que l'on a sans payer. *Un journal gratuit.* ▮ contraire : **payant. 2.** Qui est fait sans preuves. *Une accusation purement gratuite.* ▮ contraire : **fondé.**

▸ Le Robert Junior

Les **homonymes** (parfois **hom.**) sont les mots qui se prononcent de la même manière.

→ PARAGRAPHES 449 À 452

seau n. m. **1.** Récipient plus haut que large, muni d'une anse. *Un seau d'eau. Des seaux en plastique.* **2.** *Il pleut à seaux,* très fort. → à **verse.**
▮ homonymes : **saut, sceau, sot.**

▸ Le Robert Junior

433 Qu'est-ce que l'étymologie ?

L'**étymologie** est l'origine des mots. Les mots français viennent le plus souvent du latin et du grec.

Le mot *temps* vient du mot latin *tempus*.
Le mot *vingt* vient du mot latin *viginti*.
Le mot *théâtre* vient du mot grec *theatron* (θεατρον)

434 Pourquoi l'étymologie est-elle importante ?

L'étymologie renseigne sur l'**orthographe** des mots. Ainsi, les mots qui viennent du grec contiennent souvent les groupes de consonnes **ph**, **th**, **ch** et la lettre **y**.

pharmacie **th**éâtre **ch**ronomètre l**y**cée

Elle permet aussi de trouver le **sens** d'un mot.

Chronomètre vient du grec *chronos* (χρόνος : le temps) et *metron* (μέτρον : la mesure). C'est donc un instrument qui sert à mesurer le temps.

→ PARAGRAPHES 462 À 465

Reconnaître les différents sens d'un mot

À RETENIR

- Le dictionnaire donne très souvent **plusieurs significations** pour un mot.
- La plupart des mots sont **polysémiques** : ils peuvent avoir plusieurs sens.
- Le **sens propre** d'un mot est son sens le plus habituel.
  Le **sens figuré** est un sens imagé du sens propre.

435 Un mot peut-il avoir plusieurs sens ?

Oui ! Le plus souvent, un même mot a plusieurs sens.
On dit qu'il est **polysémique**.

un chemin **droit** = une route rectiligne
un côté **droit** = par opposition au côté gauche

436 Comment déterminer le sens d'un mot ?

Le **contexte**, c'est-à-dire les mots ou les phrases qui se trouvent autour d'un mot, peut vous aider à comprendre le sens de celui-ci.

VOCABULAIRE

Le surveillant, on l'appelle le Bouillon, quand il n'est pas là, bien sûr. On l'appelle comme ça, parce qu'il dit tout le temps: «Regardez-moi dans les **yeux**», et dans le bouillon il y a des **yeux**. Moi non plus je n'avais pas compris tout de suite, c'est des grands qui me l'ont expliqué.

▸ Le Petit Nicolas

Regardez-moi dans les yeux : le verbe *regarder* indique que le mot *yeux* désigne l'organe de la vue.

dans le bouillon il y a des yeux : le complément de lieu *dans le bouillon* indique que le mot *yeux* désigne les petits ronds de graisse qui se forment à la surface de la soupe.

437 Qu'est-ce que le sens propre d'un mot ?

Les différents sens d'un mot polysémique ont toujours un point commun : c'est le sens **propre**, le **premier** sens du mot.

montagne (sens propre) : importante élévation de terrain.
Les Pyrénées sont des montagnes.

438 Qu'est-ce que le sens figuré d'un mot ?

Le sens **figuré** d'un mot est dérivé de son sens propre.

montagne (sens figuré) : importante quantité d'objets.
Il y a une montagne de jouets par terre.

Ce sens figuré est obtenu par comparaison avec le sens propre : il y a tellement de jouets par terre qu'ils ressemblent à une montagne, qu'ils ont la hauteur d'une montagne.

Employer des synonymes

À RETENIR

- Certains mots ont presque le même sens : ce sont des **synonymes**.
- Les synonymes ont plus ou moins le même sens, mais on ne peut pas les utiliser dans toutes les situations : il faut tenir compte des **nuances de sens** et des **registres de langue**.

439 Qu'est-ce qu'un synonyme ?

On appelle synonymes des **mots de même classe** qui ont le **même sens** ou des **sens très voisins.**

Noms

une maison = une villa = un pavillon = une résidence
un rêve = un songe = une illusion

Adjectifs qualificatifs

beau = joli = mignon
hardi = intrépide = téméraire

Verbes

trouver = découvrir = rencontrer

Adverbes

aussi = également

VOCABULAIRE

440 Des synonymes ont-ils toujours le même sens ?

Non ! On ne peut pas toujours remplacer un mot par son synonyme.

Un chat **saute** ou **bondit** sur sa balle.
Un enfant **saute** à la corde (il ne bondit pas).

441 Un mot a-t-il toujours le même synonyme ?

Non ! Un mot peut avoir **plusieurs synonymes**. Selon le contexte, il ne pourra être remplacé que par l'un de ses synonymes.

donner un cadeau = offrir un cadeau
donner une punition = infliger une punition

une fourrure **douce** = une fourrure agréable au toucher
une personne **douce** = une personne gentille
de l'eau **douce** = de l'eau non salée

442 Quels sont les registres de langue ?

- Certains mots ont exactement le même sens, mais ils appartiennent à des registres de langue **différents** (soutenu, courant, familier).
- On emploie les différents niveaux de langue selon la situation où l'on se trouve (à l'écrit ou à l'oral, avec quelqu'un que l'on connaît bien ou peu ou pas du tout).

• **Niveau soutenu**	• **Niveau courant**	• **Niveau familier**
se divertir	s'amuser	s'éclater

Nouvelle orthographe

La réforme autorise à écrire **oû** sans accent circonflexe : **couter**.

443 Quels sont les synonymes du verbe faire ?

Le verbe **faire** est très souvent employé. Connaître quelques-uns de ses synonymes permet de s'exprimer avec plus de précision.

faire un mètre de haut → **mesurer** un mètre de haut
faire cinquante kilos → **peser** cinquante kilos
faire trente litres → **contenir** trente litres
faire cent euros → **coûter** cent euros
faire des photos → **prendre** des photos
faire un sport → **pratiquer** un sport
faire un château → **construire** un château
faire un gâteau → **préparer** un gâteau
faire un tableau → **peindre** un tableau
faire un dessin → **dessiner**
faire un livre → **écrire** un livre
faire un travail → **effectuer**, **exécuter** un travail
faire son devoir → **accomplir** son devoir
faire un métier → **exercer** un métier
faire des études → **étudier**
faire une erreur → **commettre** une erreur
faire des dégâts → **occasionner** des dégâts
faire de la peine → **peiner**, **affliger**
faire le bonheur de quelqu'un → **rendre heureux**

444 Quels sont les synonymes du verbe mettre ?

Le verbe **mettre** a lui aussi de très nombreux sens.
Voici quelques-uns de ses synonymes.

mettre un vase sur la table	→	**placer** un vase sur la table
mettre le vase ailleurs	→	**déplacer** le vase
mettre ses jouets dans un placard	→	**ranger** ses jouets dans un placard
mettre de l'eau dans une bouteille	→	**verser** de l'eau dans une bouteille
mettre une chaise près de la table	→	**approcher** une chaise de la table
mettre un pull	→	**enfiler** un pull
(se) mettre en colère	→	**(se) fâcher**
se mettre à	→	**commencer à**
se mettre à rire	→	**éclater** de rire

Complainte de l'homme exigeant

Au milieu de la nuit
il **demandait** le soleil
il **voulait** le soleil
il **réclamait** le soleil.
Au milieu au plein milieu
de la nuit (voyez-vous ça ?)
le soleil ! (il criait)
le soleil ! (il **exigeait**)
le soleil ! le soleil !

Jean Tardieu, *Monsieur Monsieur*, dans *Le Fleuve caché*, © Gallimard

Employer des antonymes

À RETENIR

- Les **antonymes** sont des mots (adjectifs, noms, verbes et adverbes) qui **s'opposent par le sens**.
- Un mot peut avoir plusieurs antonymes.

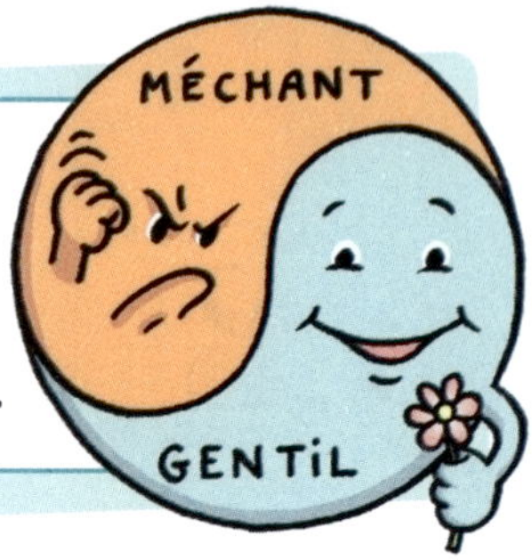

445 Qu'est-ce qu'un antonyme ?

Lorsque deux mots de même classe ont des **sens contraires**, on dit qu'ils sont antonymes.

Noms

un ami ≠ un ennemi

Adjectifs qualificatifs

ancien ≠ moderne
courageux ≠ lâche
propre ≠ sale
beau ≠ laid
gentil ≠ méchant
vrai ≠ faux

Verbes

accepter ≠ refuser
monter ≠ descendre

Adverbes

lentement ≠ rapidement

446 Comment trouver des antonymes ?

Les **dictionnaires** donnent un ou plusieurs antonymes à la fin de chaque entrée. Presque tous les adjectifs qualificatifs ont des antonymes.

447 Un mot peut-il avoir plusieurs antonymes ?

Oui ! Un mot peut avoir plusieurs sens : il peut donc avoir un antonyme différent pour chacun de ses sens.

doux = sucré ≠ **amer**
doux = satiné ≠ **rugueux**
doux = gentil ≠ **méchant**
doux = faible ≠ **fort**
doucement = lentement ≠ **rapidement**
doucement = légèrement ≠ **violemment**

448 Comment se forment les antonymes ?

Les antonymes peuvent avoir des formes complètement différentes (*grand* ≠ *petit*), mais ils peuvent aussi être formés à partir d'un **mot commun** et des préfixes **in-** et **dé-**.

→ PARAGRAPHES 457 ET 458

monter ≠ **dé**monter
soumis ≠ **in**soumis

Employer des homonymes

À RETENIR

Les **homonymes** sont des mots qui se prononcent ou s'écrivent de la même manière, mais ils ont des sens différents, qu'il faut connaître.

449 Qu'est-ce qu'un homonyme ?

Lorsque des mots ont la **même forme**, écrite ou orale, mais des **sens différents**, on dit qu'ils sont homonymes.

un **comte** et une comtesse
le **conte** du *Petit Poucet*
un **compte** en banque

Les mots *comte*, *conte* et *compte* **se prononcent** de la même manière, mais ont des sens différents.

un **compte** en banque — Il **compte** son argent.

Le mot *compte* se prononce et **s'écrit** de la même manière, mais a des sens différents.

450 Qu'est-ce qu'un homophone ?

Les homophones sont les homonymes qui se prononcent de la même façon, mais ont une **orthographe différente**.

un **ver** de terre — un **verre** de limonade

451 Comment trouver l'orthographe d'un homonyme ?

C'est le **contexte** qui permet de comprendre le sens d'un homonyme, et donc de l'écrire correctement. On peut aussi s'aider de **synonymes**.

J'écoute un **chant** mélodieux.

Contexte : Peut-on écouter un *champ* ? Non.
Synonyme : J'écoute une *chanson* mélodieuse.

Elle traversa un **champ**.

Contexte : Peut-on traverser un *chant* ? Non.
Synonyme : Elle traversa un *pré*.

452 Quelques homonymes

a

air → au grand air
aire → l'aire du carré (= mesure de sa surface)
ère → l'ère tertiaire

amande → manger une amande
amende → payer une amende

ancre → l'ancre du bateau
encre → une tache d'encre

aussi tôt → Je ne t'attendais pas aussi tôt.
aussitôt → Aussitôt après, l'orage éclata.

autel → l'autel de la cathédrale
hôtel → l'hôtel de la plage

auteur → l'auteur de cette poésie
hauteur → le saut en hauteur

b

bal → le bal du village
balle → une balle en tissu

balade → une balade en montagne
ballade → chanter une ballade

balai → donner un coup de balai
ballet → danser un ballet

bar → le comptoir du bar
barre → une barre de fer

bien tôt → L'école a fermé bien tôt aujourd'hui. (= très tôt)
bientôt → Le match va bientôt commencer.

boue → la boue du chemin
bout → un bout de pain

but → marquer un but
butte → monter sur une butte

c

camp → le camp romain
quand → quand il fera jour
quant → quant à toi
qu'en → Il ne viendra qu'en avril.

cane → la cane et ses canetons
canne → la canne du vieillard

canot → un canot de sauvetage
canaux → les canaux hollandais

cap → franchir un nouveau cap
cape → la cape de Superman

car → Je me couvre, car il fait froid.
quart → un quart d'heure

cent	→	cent mètres
sang	→	une goutte de sang
sans	→	sans peur
cep	→	le cep de la vigne
cèpe	→	cueillir des cèpes (= champignons)
cerf	→	chasser le cerf
serf	→	Le serf obéissait au seigneur.
chaîne	→	une chaîne de vélo
chêne	→	les grands chênes de la forêt
chair	→	la chair de poule
cher	→	cher oncle
chère	→	chère cousine
chaud	→	Il fait chaud.
show	→	un show télévisé
cœur	→	les battements du cœur
chœur	→	les chœurs de l'opéra
coin	→	rester dans son coin
coing	→	de la gelée de coings
col	→	un col de montagne
	→	un col de chemise
colle	→	un tube de colle
compte	→	un compte en banque
	→	il compte sur ses doigts
comte	→	le comte et la comtesse
conte	→	un conte de fées
coq	→	la poule et le coq
coque	→	La coque du navire ne prend pas l'eau.

Nouvelle orthographe

La réforme autorise à écrire **aî** sans accent circonflexe : une **chaine**.

VOCABULAIRE

cor → sonner du cor
corps → un corps musclé

cou → un foulard autour du cou
coud → Le couturier coud.
coup → éviter un coup
coût → le coût d'une maison

> **Nouvelle orthographe**
> La réforme autorise à écrire **oû** sans accent circonflexe : un **cout**.

cour → la cour de récréation
cours → le cours de musique
court → le chemin le plus court

crains → Je crains la chaleur.
crin → un crin de cheval

d

danse → La valse est une danse.
dense → un brouillard très dense

dent → perdre une dent
dans → dans le brouillard

do → la note *do* en musique
dos → un mal de dos

e

elle → elle et lui
aile → l'aile de l'oiseau

ancre → l'ancre du bateau
encre → une tache d'encre

étain → un plat en étain
éteint → un feu éteint

être → un être humain
→ le verbe *être*
hêtre → une forêt de hêtres

eux → Je pense à eux.
œufs → une douzaine d'œufs

f

faim → avoir très faim
fin → la fin du film
→ un tissu fin

fausse → une fausse note
fosse → la fosse aux lions

fête → la fête de la musique
faite → une rédaction bien faite

fil → un fil de laine
file → une file d'attente

flan → un flan aux œufs et à la vanille
flanc → le flanc de la colline

foi → la foi des croyants
foie → un foie de veau
fois → une fois de plus

g

gaz → le gaz de la cuisinière
gaze → de la gaze pour un pansement

goal → le goal de l'équipe
gaule → la gaule du pêcheur (= longue perche)
Gaule → la Gaule

golf → jouer au golf
golfe → le golfe de Gascogne

grasse → 30 % de matière grasse
grâce → la grâce d'une danseuse

guère → Il n'a guère de succès.
guerre → la guerre et la paix

h

hockey → le hockey sur glace
hoquet → avoir le hoquet
O.K. → C'est O.K. !

hutte → une hutte de trappeur
ut → *ut* en musique (= *do*)

j

j'ai → j'ai aperçu
geai → le chant du geai
jet → un jet d'eau

l

lac → les bords du lac
laque → la laque des meubles

laid → un dessin très laid
lait → le lait de vache

m

ma → ma tante
m'a → il m'a plu
mas → un mas provençal

À L'ORAL Dans le sud de la France, on prononce le *s* de *mas* [mas].

mai → le 1er mai
mais → Mais que fais-tu ?
mets → un mets délicieux

maître → le maître d'escrime
mètre → un mètre de tissu
mettre → mettre la charrue avant les bœufs

Nouvelle orthographe

La réforme autorise à écrire **aî** sans accent circonflexe : un **maitre,** une **maitresse**.

mal → mal au ventre
maille → une vieille malle
mâle → le mâle et la femelle

mère → la mère et l'enfant
maire → le maire du village
mer → le bord de mer

mi → *do, ré, mi*
mie → de la mie de pain
mis → Où l'as-tu mis ?

moi → toi et moi
mois → le mois de juillet

mon → mon frère
mont → un mont dans le Jura

mot → apprendre de nouveaux mots
maux → des maux de tête

mur → un mur élevé
mûr → un fruit mûr
mûre → cueillir des mûres

Nouvelle orthographe
La réforme autorise à écrire **û** sans accent circonflexe dans le nom **mûre** : une **mure**.

n

ni → ni queue, ni tête
nid → un nid d'aigle
n'y → Je n'y peux rien.

o

or → un bracelet en or
hors → Le joueur est hors jeu.

os → les os du crâne
eau → une eau pure
haut → là-haut
au → aller au cinéma

ou → pour ou contre
où → Où allez-vous ?
août → au mois d'août
houx → une branche de houx

Nouvelle orthographe
La réforme autorise à écrire **aout** sans accent circonflexe.

oui → Il a dit « oui ».
ouïe → avoir l'ouïe fine

À L'ORAL On peut prononcer le mot *août* avec ou sans le *t* : [u] ou [ut].

p

pain → une tranche de pain
pin → une pomme de pin
peint → des murs peints
→ Il peint un tableau.

pan → un pan de chemise
paon → les belles plumes de paon

par → Passe par ici.
part → une part de gâteau
→ Elle part demain.

parti → un parti politique
partie → une partie de cartes

pâte → une pâte à tarte
patte → la patte du chat

peau → une peau de renard
pot → un pot de fleurs

père → un bon père de famille
pair → *Deux* est un nombre pair.
paire → une paire de chaussures

pie → La pie jacasse.
pis → le pis de la vache
π [pi] → Le nombre π est proche de 3,14.

piton → un piton rocheux
python → le serpent python

plaine → une plaine fertile
pleine → une journée pleine de surprises

plutôt → plutôt froid que chaud
plus tôt → Le soleil se couche plus tôt en hiver.

poids → un poids lourd
pois → écosser des petits pois

poil → le poil du chien
poêle → une poêle à frire
→ un poêle à mazout

poing → un coup de poing
point → le point, le point-virgule, les deux-points

porc → une grillade de porc
port → un petit port de pêche

pou → vexé comme un pou
pouls → prendre le pouls d'un malade

puits → tirer l'eau du puits
puis → ajouter l'eau, puis la farine

q

quel que → Quel que soit le jour de son arrivée, nous irons la chercher.
quelle que → Quelle que soit votre décision, je la respecterai.
quelque → Cette ville fut construite il y a quelque deux cents ans. (= environ)
quelques → Prête-moi quelques livres.

r

ras → un animal à poils ras

rat	→	un rat et une souris
raz	→	un raz-de-marée
reine	→	la reine et le roi
renne	→	les rennes du Père Noël
rêne	→	tenir les rênes de la diligence
roc	→	solide comme un roc
rock	→	danser le rock
roue	→	les roues d'une voiture
roux	→	des enfants roux, blonds, bruns

s

sain	→	sain et sauf
sein	→	le sein de la mère
saint	→	un saint homme
sale	→	une chemise sale
salle	→	une salle à manger
saut	→	le saut en hauteur
seau	→	un seau d'eau
sot	→	Tu n'es qu'un sot !
sceau	→	le sceau du roi (sa signature)
selle	→	la selle du cheval
celle	→	Cette maison est celle que je préfère.
sel	→	le sel et le poivre
serre	→	des plantes de serre
serres	→	les serres de l'aigle
sert	→	Il me sert un verre de limonade.
si	→	Si tu veux !
six	→	six euros
scie	→	une scie à bois
s'y	→	s'y baigner
ci	→	celui-ci

signe → un signe de reconnaissance
cygne → les cygnes et les canards

si tôt → Il est si tôt que le soleil n'est pas encore levé.
sitôt → Sitôt son travail terminé, il allait jouer dehors.

soi → ne penser qu'à soi
soie → un foulard en soie
soit → quoi qu'il en soit

sol → le carrelage du sol
→ la note *sol* en musique
sole → une sole au beurre blanc

sou → sans le sou
sous → sous la table
saoul → être saoul (= être ivre)

statue → une statue en marbre
statut → Il a un statut élevé. (= une belle situation)

sur → sur la table
sûr → Il est sûr de lui.

t

ta → ta sœur
t'a → Il t'a écrit.
tas → un tas de feuilles

tache → une tache d'encre
tâche → confier une tâche difficile à quelqu'un

tant → tant pis
temps → le beau temps
taon → Le taon pique le bétail. (= grosse mouche)
t'en → Tu t'en vas.

VOCABULAIRE

tante → l'oncle et la tante
tente → une tente de camping

teint → un tissu teint en jaune
thym → du thym et du laurier

toi → toi et moi
toit → un toit d'ardoises

tribu → une tribu indienne
tribut → payer un lourd tribut

trop → un vêtement trop petit
trot → le trot du cheval

V

vain → attendre en vain
vingt → vingt siècles
vin → du vin rouge

vaine → une tentative vaine (= sans résultat)
veine → le sang des veines

ver → un ver de terre
verre → un verre d'orangeade
vers → le vers d'un poème
→ vers la gare
vert → un maillot vert
vair → la pantoufle de vair de Cendrillon (= fourrure)

voie → une route à trois voies
voit → Il voit très bien.
voix → la voix du chanteur

vos → vos yeux
veau → une vache et son veau

Employer des paronymes

À RETENIR

Les **paronymes** sont des mots qui ont une prononciation presque semblable mais un sens bien différent : il ne faut pas les confondre avec les homonymes.

453 Qu'est-ce qu'un paronyme ?

Lorsque deux mots **se prononcent presque de la même façon** mais possèdent des sens différents, on dit qu'ils sont paronymes. Ces mots se confondent facilement et il faut les connaître pour les employer correctement.

454 Quelques paronymes

accident → Il a eu un accident de voiture.
incident → Un incident technique nous prive d'électricité.

affluence → l'affluence des touristes en été
influence → avoir de l'influence sur quelqu'un

altitude → l'altitude du Mont-Blanc est de 4 809 m.
attitude → Juliette a une attitude rêveuse.

apporter → Nos invités apporteront le dessert.
emporter → Tu peux emporter ce livre chez toi.

VOCABULAIRE

bise	→	Une bise glaciale souffle en hiver.
brise	→	La brise marine est douce et agréable.
désinfecter	→	Il faut désinfecter cette plaie.
désaffecter	→	Ce hangar ne sert plus ; il a été désaffecté.
effraction	→	Le voleur est entré dans une maison par effraction : on a retrouvé deux vitres brisées.
infraction	→	une infraction au code de la route
émigrer	→	En hiver, les hirondelles émigrent vers l'Afrique.
immigrer	→	Il a quitté l'Australie pour la France : il a immigré en France.
éruption	→	l'éruption des volcans
irruption	→	l'irruption des élèves dans la cour
évasion	→	L'évasion de ce prisonnier a échoué.
invasion	→	l'invasion de la Gaule par les Romains
excès	→	L'automobiliste a commis un excès de vitesse.
accès	→	L'accès du parc est interdit aux animaux.
gourmand	→	Le gourmand aime la bonne cuisine et en mange souvent.
gourmet	→	Le gourmet apprécie et savoure les mets particulièrement raffinés.
infecter	→	Cette blessure est infectée : elle doit être nettoyée.
infester	→	Cette région est infestée de mouches.
justice	→	La justice veut que le coupable soit puni.
justesse	→	Ils ont eu leur train de justesse : les portes se fermaient quand ils sont arrivés.

location	→	une voiture de location
locution	→	*Parce que* est une locution conjonctive.
passager	→	Un orage est passager : il ne dure pas.
passant	→	une rue passante, très fréquentée
portion	→	un morceau de nourriture ou de territoire
potion	→	un remède, un médicament qui se boit
préposition	→	*À*, *de*, *pour*, *sans* sont des prépositions.
proposition	→	Il y a des propositions indépendantes, des propositions principales et des propositions subordonnées.
vénéneux	→	un champignon vénéneux
venimeux	→	un serpent venimeux

VOCABULAIRE

Identifier les familles de mots

À RETENIR

- Les mots peuvent se regrouper en **familles de mots**.
- Une famille de mots comprend tous les mots formés à partir d'un même radical.

455 Qu'est-ce qu'une famille de mots ?

Tous les mots formés à partir d'un même mot constituent la **famille** de ce mot.

La famille du mot *terre* :
at**terr**ir, en**terr**er, **terr**ain, **terr**asse, **terr**estre, **terr**itoire

456 Qu'est-ce qu'un radical ?

Le **radical** est le mot ou la partie du mot qui se retrouve dans tous les mots de la même famille.

Le radical du mot *terre* est **terr-** : en**terr**er, **terr**ain...

Reconnaître les préfixes et les suffixes

À RETENIR

- Les préfixes et les suffixes, ajoutés au radical, servent à **former des mots**.

- Ils permettent de former des mots nouveaux à partir d'un radical commun.
- Les préfixes modifient le sens du radical qu'ils précèdent.
Les suffixes, qui suivent le radical, modifient le sens et très souvent la classe des mots.

457 Qu'est-ce qu'un préfixe et un suffixe ?

Ce sont des éléments de deux ou trois lettres que l'on ajoute au radical d'un mot.
Les **préfixes** sont placés **avant le radical**, les **suffixes après** le radical.
Ils permettent de former de nouveaux mots et de constituer des familles de mots.

parasol = préfixe **para-** + radical **sol**
fleur**iste** = radical **fleur-** + suffixe **-iste**
défavor**able** = préfixe **dé-** + radical **favor-** + suffixe **-able**
imbatt**able** = préfixe **im-** + radical **-batt** + suffixe **-able**

458 Quel est le sens des préfixes ?

Les préfixes permettent de **modifier le sens du radical.** Connaître le sens de ces préfixes peut aider à comprendre le sens d'un mot.

PRÉFIXE	SENS	EXEMPLES
Parfois la consonne change sous l'influence du radical : **ad-** devient *ac-*, *af-*, *ag-* ou *ag-*, **dé-** devient *dés-*, **in-** devient *il-*, *im-* ou *ir-*.		
ad-	indiquent que l'action est en train de se réaliser	**ad**joindre
ac-		**ac**courir
af-		**af**faiblir
ag-		**ag**randir, **ag**graver
al-		**al**longer
archi-	indique le superlatif	**archi**plein
dé-	indiquent le contraire	**dé**faire
dés-		**dés**ordre, **dés**obéissant
extra-	signifie *qui sort de, extérieur à*	**extra**ordinaire, **extra**terrestre
hyper-	signifie *au-dessus, très grand*	**hyper**marché
in-	indiquent le contraire	**in**attendu, **in**correct,
il-		**il**lisible, **il**légal
im-		**im**battable, **im**pair, **im**patient, **im**possible
ir-		**ir**responsable, **ir**réel
mal-	indique le contraire	**mal**heureux, **mal**chance
para-	indique l'action de protéger (contre)	**para**pluie, **para**sol
pré-	indique que l'action s'est passée avant	**pré**histoire, **pré**venir
re-	indique que l'action se produit à nouveau	**re**commencer, **re**lire

459 Quel est le rôle des suffixes ?

Un suffixe **modifie la classe et le sens d'un mot** : il sert à créer de nouveaux mots, ayant un sens différent et appartenant à une autre classe.

→ PARAGRAPHES 36 ET 37

mang**er** : verbe qui signifie *se nourrir*
mange**able** : adjectif qui signifie *qui peut être mangé*

Les suffixes peuvent former des adjectifs qualificatifs, des noms ou des verbes.

Des adjectifs qualificatifs

vérit**able**
illis**ible**
poss**ible**

Des noms

gliss**ade**
orange**ade**
feuill**age**
Paris**ien**

Des verbes

mang**er**
noirc**ir**
mach**ouiller**
vol**eter**

Des adverbes de manière

facile**ment**
courageuse**ment**

460 Quel est le sens des suffixes ?

Certains suffixes ont un sens précis. Le connaître peut vous aider à deviner le sens d'un mot.

LES SUFFIXES DES ADJECTIFS	SENS	EXEMPLES
-able	marquent la possibilité	lav**able**
-ible		lis**ible**
-ard	indique un aspect désagréable	vant**ard**, chauff**ard**
-âtre	indique la ressemblance, tout en marquant un aspect désagréable	verd**âtre**, roug**eâtre**
-elet	sert à former des diminutifs	aigr**elet**
-elette		maigr**elette**
-eux	indique une qualité ou un défaut	courag**eux**
-euse		orgueill**euse**
-if	indique un défaut ou une qualité	craint**if**, plaint**if** définit**if**, impérat**if**
-ive		tard**ive**
-ot	sert à former des diminutifs	pâl**ot**
-otte		vieill**otte**
-u	indique une qualité ou un défaut	feuill**u**, boss**u**

LE SUFFIXE DES ADVERBES	SENS	EXEMPLES
-ment	d'une façon…	courageuse**ment**, lente**ment**

LES SUFFIXES DES NOMS	SENS	EXEMPLES
-ade	indique une action ou un ensemble d'objets	colonn**ade**, fusill**ade**
-age	indique un ensemble d'objets ; indique une action ou son résultat	feuill**age** plaqu**age**, dérap**age**
-aie	indique une plantation	chên**aie**, châtaigner**aie**, fut**aie**
-ail	indique des noms d'instruments	épouvant**ail**, évent**ail**
-ais **-ois**	servent à former les noms d'habitants	Lyonn**ais** Lill**ois**
-aison **-ison**	indiquent une action ou son résultat	inclin**aison** trah**ison**, guér**ison**
-ance	indique une action ou son résultat	insist**ance**, puiss**ance**
-ée	indique le contenu, la durée	pinc**ée**, poign**ée**, journ**ée**
-et -ette	sert à former des diminutifs	garçonn**et**, jou**et** suc**ette**
-eur -euse	désigne celui ou celle qui agit	imprim**eur** maquill**euse**
-ie	indique une qualité ou une région	modes**tie**, Normand**ie**
-ure	indique une action ou un résultat	mors**ure**, us**ure**

VOCABULAIRE

461 Qu'est-ce qu'une nominalisation ?

À partir de verbes, on peut **former des noms** servant à exprimer une action ou son résultat. On appelle ces mots des **nominalisations**.

-tion	diminuer	→	diminution
-ation	augmenter	→	augmentation
	admirer	→	admiration
-ction	détruire	→	destruction
	construire	→	construction

Ces noms sont souvent utilisés dans les titres de journaux.

Construction du nouveau théâtre : la **satisfaction** des habitants
Réduction des impôts, **augmentation** des salaires

Reconnaître les racines grecques et latines

À RETENIR

- Les racines **suivies d'un tiret** apparaissent généralement **au début des mots**.
  archéo- : **archéo**logie
- Celles qui sont **précédées d'un tiret** se trouvent plutôt à la fin des mots.
  -cratie : démo**cratie**

462 Quelques racines utiles à connaître

RACINE	LANGUE	SENS	MOTS
aéro-	grec	air	aérodrome, aéronaute
-agogie -agogue	grec	guide	pédagogie, démagogue
agri- **agro-**	latin	champ	agriculture agronomie
anthropo-	grec	être humain	anthropologue, anthropophage
aqu-	latin	eau	aquatique, aqueduc
archéo-	grec	ancien	archéologie, archéologue
-archie -arque	grec	commandement	anarchie monarque
auto-	grec	lui-même, soi-même	automobile, autonome

RACINE	LANGUE	SENS	MOTS
biblio-	grec	livre	bibliothèque
carni-	latin	viande	carnivore
-chrome-	grec	couleur, nuance	polychrome, monochrome
chrono-	grec	temps	chronomètre
cinéma-	grec	mouvement	cinéma(tographe)
-cratie	grec	puissance, pouvoir	démocratie
crypto-	grec	caché	cryptogame
-cyclo-	grec	cercle	bicyclette, cyclique
démo-	grec	peuple	démocratie
derm-	grec	peau	dermatologue, hypodermique
-drome	grec	champ de course	aérodrome, hippodrome
-èdre	grec	face	polyèdre, tétraèdre
équi-	latin	égal	équilatéral, équivalent
géo-	grec	terre	géographie, géologue
-gone	grec	angle	polygone, hexagone
-gramme-	grec	lettre	grammaire, télégramme, anagramme
-graph-	grec	écrire	orthographe, graphologue
gyné-	grec	femme	gynécologue
hémo-	grec	sang	hémophile, hématome
hétéro-	grec	autre	hétérogène, hétérosexuel
-hippo-	grec	cheval	hippodrome, hippopotame
homo-	grec	semblable	homologue, homosexuel

RACINE	LANGUE	SENS	MOTS
hydro-	grec	liquide, eau	hydravion, hydraulique
hypno-	grec	sommeil	hypnose, hypnotiser
-iatre	grec	qui soigne	pédiatre, psychiatre
iso-	grec	égal	isocèle, isotherme
-latér(e)	latin	côté	équilatéral, quadrilatère
-litho-	grec	pierre	lithographie, néolithique
-logo-	grec	discours, parole	dialogue, monologue
macro-	grec	grand	macro(photographie), macroscopique
mega-	grec	grand	mégalithique
métro-	grec	mesure	métronome
-mètre			kilomètre, millimètre
micro-	grec	petit	microscope, micro(phone)
-mobile	latin	qui se déplace	automobile
mono-	grec	un seul	monarchie, monologue
multi-	latin	plusieurs, nombreux	multicolore
mytho-	grec	légende, récit	mythologie
-naut-	grec	pilote, marin	nautique, cosmonaute
néo-	grec	nouveau	néolithique, néologie
-nome	grec	loi, règle	agronome
-nomie			astronomie
omni-	latin	tout	omnivore, omnisports
-onyme-	grec	nom	synonyme, homonyme, antonyme
ornitho-	grec	oiseau	ornithologue

VOCABULAIRE

RACINE	LANGUE	SENS	MOTS
ortho-	grec	droit, exact	orthographe, orthophonie
patho-	grec	souffrance	pathologie
-pathie			sympathie
patr-	latin	père	patriarche, patronyme, patrie
péd-	grec	enfant	pédagogie, pédiatre
pédi-	latin	pied	pédicure, pédestre
phago-	grec	manger	phagocyter,
-phage			anthropophage
-philo-	grec	qui aime	philosophie, philanthrope
-phile			bibliophile
-phobe	grec	qui craint	xénophobe
-phone-	grec	son, voix	phonétique, téléphone, interphone
photo-	grec	lumière	photographie, photocopie
phyllo-	grec	feuille	phylloxera
-phylle			chlorophylle
phyto-	grec	plante	phytothérapie
pisci-	latin	poisson, qui nage	piscine, pisciculture
pneum(a)-	grec	souffle, poumon	pneu(matique), pneumonie
poli-	grec	cité, ville	politique
-pole			métropole
poly-	grec	plusieurs	polygone, polyculture

RACINE	LANGUE	SENS	MOTS
-potam	grec	fleuve	hippopotame
psych-	grec	âme ; esprit	psychiatre, psychologue
ptéro-	grec	aile	ptérodactyle
-ptère			hélicoptère
pyro-	grec	feu	pyrogravure, pyromane
rhino-	grec	nez	rhinocéros
-scope	grec	examiner, regarder	microscope, télescope
thalasso-	grec	mer	thalassothérapie
-thé	grec	dieu	monothéiste, athée
théo-			théologie
-thèque	grec	lieu de rangement	bibliothèque
-thérap-	grec	soigner	thérapeutique, phytothérapie
-vore-	latin	manger	vorace, omnivore, carnivore
zoo-	grec	animal	zoologie

463 Quelques préfixes utiles à connaître

RACINE	LANGUE	SENS	MOTS
a-	grec	marque la privation	anormal,
an-			analphabète
anté-	latin	avant, devant	antérieur, antécédent
anti-	grec	contre	antigel, antivol
dia-	grec	à travers	diagonale
épi-	grec	sur	épiderme, épilogue
ex-	latin	hors de	expulser, extérieur
extra-	latin	au-delà	extraordinaire, extraterrestre
hyper-	grec	au-dessus, plus	hypermarché, hypertension
hypo-	grec	sous	hypothèse, hypotension
inter-	latin	entre	international, internaute
para-	grec	contre	parapluie, parasol
per-	latin	à travers	perforer, perméable
péri-	grec	autour	périphérique, périscope
pré-	latin	avant	préfixe, préhistoire
pro-	latin	pour, à la place de	pronom
r(é)-	latin	répétition, retour	recommencer, renvoyer
super-	latin	sur, au-dessus	supermarché
syn-	grec	avec	synonyme, sympathie
télé-	grec	à distance	téléphone, télescope
trans-	latin	à travers	transparent, transporter

464 Quelques préfixes servant à l'expression des quantités

FRANÇAIS	LATIN	GREC
demi	**semi-** (semi-automatique)	**hémi-** (hémisphère)
un	**uni-** (unique)	**mono-** (monologue)
deux	**bi-** (bicyclette)	**di-** (diptère)
trois	**tri-** (tricolore)	**tri-** (triathlon)
quatre	**quadri-** (quadrilatère)	**tétra-** (tétraèdre)
cinq	**quinqu-** (quinquennal)	**penta-** (pentagone)
dix	**déci-** (décimètre)	**déca-** (décathlon)
cent	**centi-** (centimètre)	**hecto-** (hectolitre)
mille	**mill-** (millimètre)	**kilo-** (kilomètre)

465 Comment retrouver le sens d'un mot à partir d'un préfixe, d'un radical et d'un suffixe ?

Un monologue

Le tableau des quantités en latin et en grec nous indique que le préfixe **mono** vient du grec et signifie *un seul*.
La liste des racines nous donne la deuxième partie du mot : **-logue**, grec *discours, parole*.

→ Un **monologue** est un discours tenu par une seule personne.

Un téléscope

La liste des préfixes nous indique que télé signifie *à distance*.
-scope vient du grec et signifie *examiner, observer*.

→ Un **téléscope** est un appareil qui permet d'observer le ciel, les étoiles.

Orthographe

La liste des racines nous fournit les indications suivantes :
ortho-, grec *correct, droit* ;
-graphe, grec *écrire*.

→ L'**orthographe** est la façon correcte d'écrire les mots.
Il est donc inutile de parler de l'*orthographe correcte* d'un mot, puisque le mot *orthographe* contient déjà la notion *correcte*.

VOCABULAIRE

Conjugaison

On appelle conjugaison d'un verbe l'ensemble des formes que peut prendre ce verbe.

Analyser un verbe

466 Qu'est-ce qu'un verbe ?

Les verbes permettent de désigner des **actions** *(demander, courir...)* ou des **états** *(être, devenir, rester...)*.

Ysengrin **a mangé** au point qu'il se **meut** difficilement ; et c'est clopin-clopant qu'il se **dirige** vers la palissade. Arrivé à la brèche, de graves difficultés **surgissent**. La tête **passe** bien, les épaules **s'engagent**, mais la panse est tellement rebondie qu'elle **oppose** une résistance invincible.

Le Roman de Renart

Renart écoute. Le bruit se rapproche et **devient** de plus en plus distinct :
– Holà, Triboulé !... Hé ! Clarembaus !... Hé ! Plaisance !...
– Grand merci, dit-il en lui-même, je ne goûte pas cette musique-là ; elle **est** trop dure aux oreilles.

Le Roman de Renart

467 Comment reconnaître un verbe ?

Le verbe est le seul élément de la phrase qui porte les **marques** de la **personne** et du **temps**.

Les marques de la personne

1re PERSONNE DU SINGULIER	1re PERSONNE DU PLURIEL
je chant**e**	nous chant**ons**

Les marques du temps

PRÉSENT DE L'INDICATIF	IMPARFAIT DE L'INDICATIF
je chant**e**	je chant**ais**

468 De quels éléments se compose le verbe ?

Le verbe se compose de deux parties : un **radical** et une **terminaison**.

Infinitif

chant (radical) *er* (terminaison)

Imparfait de l'indicatif

je chant (radical) *ais* (terminaison)

nous chant (radical) *ions* (terminaison)

Le radical indique le **sens** du verbe.
La terminaison indique la **personne** et le **temps** auxquels un verbe est conjugué.

469 Qu'est-ce que la voix active ?

Un verbe est à la **voix active** quand le sujet **fait l'action** exprimée par le verbe.

Les Égyptiens (sujet) *ont construit* (verbe) *ces pyramides.* (complément direct du verbe)

Le sujet fait l'action : le verbe est à la voix active.

470 Qu'est-ce que la voix passive ?

Un verbe est à la **voix passive** quand le sujet **subit l'action** exprimée par le verbe.

Ces pyramides (sujet) *ont été construites* (verbe) *par les Égyptiens.* (complément du verbe passif (agent))

Le sujet subit l'action : le verbe est à la voix passive.

471 Qu'est-ce que la voix pronominale ?

Un verbe est à la **voix pronominale** quand le sujet **exerce l'action sur lui-même.**

Hier, on a eu un nouveau professeur de gymnastique.
– **Je m'appelle** Hector Duval, il nous a dit, et vous ?
– Nous pas, a répondu Fabrice, et ça, ça nous a fait drôlement rigoler.

Les Vacances du Petit Nicolas

Je (sujet) m'appelle (verbe à la voix pronominale) Hector Duval.

472 Quels sont les modes du verbe ?

Les modes **qui se conjuguent** sont l'indicatif, le subjonctif et l'impératif.

(Sur le pas de la porte, avec bonhomie.)

Comment ça **va** sur la terre ?
– Ça **va** ça **va**, ça **va** bien.
Les petits chiens **sont**-ils prospères ?
– Mon Dieu oui merci bien.

Et les nuages ?
– Ça **flotte**.

Et les volcans ?
– Ça **mijote**.

› Conversation

Les verbes *va*, *sont*, *flotte* et *mijote* sont au mode indicatif.

– Moi, j'aime mieux téléphoner, j'ai dit.
Parce que c'est vrai, écrire, c'est embêtant, mais téléphoner c'est rigolo, et à la maison on ne me laisse jamais téléphoner, sauf quand c'est Mémé qui appelle et qui veut que je **vienne** lui faire des baisers.

› Le Petit Nicolas a des ennuis

Le verbe *vienne* est au mode subjonctif.

Retenez-vous de rire
dans le petit matin !

N'**écoutez** pas les arbres
qui gardent les chemins !

Ne **dites** votre nom
à la terre endormie
qu'après minuit sonné !

À la neige, à la pluie
ne **tendez** pas la main !

› Conseils donnés par une sorcière

Les verbes *retenez-vous*, *écoutez*, *dites* et *tendez* sont au mode impératif.

Les deux modes **qui ne se conjuguent pas** sont l'infinitif et le participe.
C'est à l'infinitif qu'on trouve les verbes dans le dictionnaire.

Avez-vous essayé quelquefois
de **regarder** une araignée
les yeux dans les yeux ?

▸ Le Regard des bêtes

Le verbe *regarder* est au mode infinitif.

Odile, **assise** au bord d'une île,
Croque en riant un crocodile
Qui flottait, **dormant** sur le Nil.

▸ Odile et le Crocodile

Assise est au mode participe passé.
Dormant est au mode participe présent.

473 Quels sont les temps simples du verbe ?

- Il existe des **temps simples** et des **temps composés**.
- Les temps simples du mode indicatif sont le présent, l'imparfait, le passé simple, le futur et le conditionnel.
- Le mode subjonctif comprend deux temps simples seulement : le présent et l'imparfait.

Présent de l'indicatif

– Tu **as** un timbre qui me **manque**, a dit Rufus à Clotaire, je te le **change**.
– D'accord, a dit Clotaire. Je te **change** mon timbre contre deux timbres.

▸ Le Petit Nicolas et les copains

Imparfait de l'indicatif

C'**était** un beau matin de mai et les oiseaux **chantaient** délicieusement dans quatre arbres. Les uns **chantaient** en celte (en irlandais, en scottish-gaélique, en gallois, cornique ou breton), les autres en langue romane (en oïl, en oc, en si, en catalan, espagnol ou gallego-portugais). Aucun ne **chantait** en *chien*.

La Princesse Hoppy

Passé simple de l'indicatif

Le Roi **pensa** que le vieux se moquait de lui et **voulut** essayer les lunettes.
Oh ! prodige ! Lorsqu'il **eut** les verres devant les yeux, il lui **sembla** qu'il retrouvait un monde perdu. Il **vit** un moucheron sur la pointe d'un brin d'herbe ; il **vit** un pou dans la barbe du vieillard et il **vit** aussi la première étoile trembler sur le ciel pâlissant.

Les Lunettes du lion

Futur de l'indicatif

Maman et papa vont avoir beaucoup de peine, je **reviendrai** plus tard, quand ils **seront** très vieux, comme mémé, et je **serai** riche, j'**aurai** un grand avion, une grande auto et un tapis à moi, où je **pourrai** renverser de l'encre et ils **seront** drôlement contents de me revoir.

Le Petit Nicolas

Conditionnel

Je ne sais quel démon me tenta l'autre jour et je **ferais** tout au monde pour réparer le tort que je vous ai fait.

Le Roman de Renart

474 Quels sont les temps composés du verbe ?

Les temps composés de l'indicatif sont le passé composé, le plus-que-parfait, le futur antérieur, le passé antérieur, le passé proche et le futur proche. On les appelle ainsi parce qu'ils sont constitués des auxiliaires **avoir** ou **être** et du **participe passé**, ou des verbes **aller** ou **venir** (de) suivis de l'**infinitif**.

Passé composé et plus-que-parfait de l'indicatif

Je **suis monté** dans ma chambre, j'**ai fermé** les persiennes pour qu'il fasse bien noir et puis je **me suis amusé** à envoyer le rond de lumière partout : sur les murs, au plafond, sous les meubles et sous mon lit, où, tout au fond, j'**ai trouvé** une bille que je cherchais depuis longtemps et que je n'aurais jamais retrouvée si je n'**avais** pas **eu** ma chouette lampe de poche.

Le Petit Nicolas a des ennuis

je suis monté : *suis* = auxiliaire *être* ; *monté* = participe passé → passé composé

j'ai fermé : *ai* = auxiliaire *avoir* ; *fermé* = participe passé → passé composé

je n'avais pas eu : *avais* = auxiliaire *avoir* ; *eu* = participe passé → plus-que-parfait

Une partie de ma matinée **s'était passée** à conjuguer un nouveau temps du verbe *être* – car on venait d'inventer un nouveau temps du verbe *être*.

Clair de terre

une partie de ma matinée s'était passée à conjuguer : *était* = auxiliaire *être* ; *passée* = participe passé → plus-que-parfait

Futur proche de l'indicatif

Personne ne peut entendre le chant des sirènes sans en mourir. C'est pourquoi vous **allez** m'**attacher** au mât du bateau.

L'Odyssée

Vous allez m'attacher au mât du bateau. : *allez* = verbe *aller* ; *attacher* = infinitif

Passé proche de l'indicatif

Comme il **venait de parler** ainsi, une grande vague, à pic, l'atteignit et retourna le radeau.

L'Odyssée

Il venait de parler ainsi.
verbe *venir* — infinitif

475 Qu'est-ce que le premier groupe (les verbes en -er) ?

Le **premier groupe** rassemble les verbes dont l'**infinitif** est en **-er**. Ce groupe est le plus important. Il comprend plus de 10 000 verbes.
Quand on a besoin de créer un verbe nouveau, c'est sur le modèle de ce groupe qu'on le bâtit : *téléviser, informatiser*...

chanter — jouer — laver
manger — nager — rouler

476 Qu'est-ce que le deuxième groupe (verbes en -ir) ?

Les verbes dont l'**infinitif** est en **-ir** et le **participe présent** en **-issant** appartiennent au **deuxième groupe**.
Ce groupe est beaucoup plus réduit que le premier (300 verbes environ).

finir (finissant) — désobéir (désobéissant)
jaillir (jaillissant) — haïr (haïssant)

477 Qu'est-ce que le troisième groupe (verbes en -re, -dre, -oir, -oire, -ire, -ir) ?

Tous les autres verbes (environ 300) appartiennent au **troisième groupe.** Ils sont appelés **verbes irréguliers**, car la forme de leur radical change en cours de conjugaison.

Verbes en -re

faire mettre suivre

Verbes en -dre

craindre entendre prendre

Verbes en -oir

devoir pouvoir recevoir
savoir voir vouloir

Verbes en -oire

boire croire

Verbes en -ire

dire lire produire

Verbes en -ir (participe présent en -ant)

dormir (dormant) sentir (sentant)
sortir (sortant) tenir (tenant)

ATTENTION Le verbe **aller**, malgré son infinitif en **-er**, est un verbe irrégulier. Son radical change en cours de conjugaison.

478 Qu'est-ce qu'un auxiliaire ?

On appelle **auxiliaires** les verbes **être** et **avoir** quand ils servent à conjuguer un verbe aux temps composés.

j'ai	*aimé*	*je suis*	*parti*
auxiliaire	participe passé	auxiliaire	participe passé
j'avais	*aimé*	*j'étais*	*partie*
auxiliaire	participe passé	auxiliaire	participe passé

Écrire les verbes

→ TABLEAUX 505 À 538

479 Comment écrire les verbes en -cer ?

Les verbes du premier groupe comme **placer** prennent une **cédille** sous le **c** devant les voyelles **a** et **o**.

→ PARAGRAPHE 354

je pla**ce** je pla**ç**ais nous pla**ç**ons

Verbes du type *placer*

annoncer	avancer	balancer	bercer
commencer	divorcer	effacer	enfoncer
glacer	grincer	lancer	prononcer

→ TABLEAU 514

480 Comment écrire les verbes en -ger ?

Les verbes du premier groupe comme **manger** prennent un **e** après le **g** devant les voyelles **a** et **o**.

→ PARAGRAPHE 370

je man**ge** tu man**gea**is nous man**geo**ns

Verbes du type *manger*

allonger, arranger, changer, charger, corriger, diriger, encourager, engager, exiger, figer, interroger, juger, loger, mélanger, nager, neiger, partager, plonger, prolonger, ranger, rédiger, ronger, venger, voyager

→ TABLEAU 513

481 Comment écrire les verbes en é + consonne + er ?

Le **é** des verbes comme **céder** se change en **è** (accent grave) au singulier et à la 3e personne du pluriel, au **présent** de l'**indicatif** et au présent du **subjonctif**.

PRÉSENT DE L'INDICATIF	PRÉSENT DU SUBJONCTIF
je c**è**de	que je c**è**de
tu c**è**des	que tu c**è**des
il/elle c**è**de	qu'il/elle c**è**de
nous cédons	que nous cédions
vous cédez	que vous cédiez
ils/elles c**è**dent	qu'ils/elles c**è**dent

Verbes du type *céder*

accél**é**rer, cél**é**brer, compl**é**ter, dig**é**rer, ébr**é**cher, esp**é**rer, l**é**cher, lib**é**rer, op**é**rer, p**é**cher, pén**é**trer, préf**é**rer, prot**é**ger, r**é**gler, rép**é**ter, s**é**cher

482 Comment écrire les verbes en e + consonne + er ?

Les verbes en -er (premier groupe) comme **semer** changent le **e** du radical en **è** (accent grave) devant une syllabe muette.

PRÉSENT DE L'INDICATIF	FUTUR DE L'INDICATIF
je s**è**me	je s**è**merai
tu s**è**mes	tu s**è**meras
il/elle s**è**me	il/elle s**è**mera
nous semons	nous s**è**merons
vous semez	vous s**è**merez
ils/elles s**è**ment	ils/elles s**è**meront

Verbes du type *semer*

achever amener crever emmener
enlever lever peser promener

483 Comment écrire les verbes en -eter et -eler ?

Les verbes en -er (premier groupe) comme **jeter** et **appeler** doublent leur consonne **t** ou **l** devant un e muet.

PRÉSENT DE L'INDICATIF	PRÉSENT DE L'INDICATIF
je je**tt**e	j'appe**ll**e
tu je**tt**es	tu appe**ll**es
il/elle je**tt**e	il/elle appe**ll**e
nous jetons	nous appelons
vous jetez	vous appelez
ils/elles je**tt**ent	ils/elles appe**ll**ent

Verbes du type *jeter* et *appeler*

atteler chanceler ensorceler épousseter
grommeler interpeler rejeter voleter

CONJUGAISON

Les verbes en -er (premier groupe) comme **acheter** et **peler** s'écrivent avec **è** quand la consonne est suivie d'un **e** muet.

PRÉSENT DE L'INDICATIF	PRÉSENT DE L'INDICATIF
j'ach**è**te	je p**è**le
tu ach**è**tes	tu p**è**les
il/elle ach**è**te	il/elle p**è**le
nous achetons	nous pelons
vous achetez	vous pelez
ils/elles ach**è**tent	ils/elles p**è**lent

Verbes du type *acheter* et *peler*

déceler geler haleter harceler

Nouvelle orthographe

La réforme autorise à conjuguer **tous les verbes en -eler ou -eter** sans double consonne, sauf *appeler*, *jeter* et leurs composés. *Exemples :*

PRÉSENT DE L'INDICATIF	PRÉSENT DE L'INDICATIF
je chanc**èle**	je feuill**ète**
tu chanc**èles**	tu feuill**ètes**
il/elle chanc**èle**...	il/elle feuill**ète**...
ils/elles chanc**èlent**	ils/elles feuill**ètent**

484 Comment écrire les verbes en -uyer et -oyer ?

Les verbes en -er (premier groupe) comme **nettoyer** et **essuyer** changent le **y** du radical en **i** devant un **e** muet.

→ PARAGRAPHE 379

PRÉSENT DE L'INDICATIF	FUTUR DE L'INDICATIF
j'essu**i**e	j'essu**i**erai
tu essu**i**es	tu essu**i**eras
il/elle essu**i**e	il/elle essu**i**era
nous essu**y**ons	nous essu**i**erons
vous essu**y**ez	vous essu**i**erez
ils/elles essu**i**ent	ils/elles essu**i**eront

Verbes du type *essuyer* et *nettoyer*

aboyer	appuyer	employer
ennuyer	noyer	tutoyer

Les verbes **envoyer** et **renvoyer** forment leur futur et leur conditionnel en **-err-**.

FUTUR DE L'INDICATIF	CONDITIONNEL PRÉSENT
j'env**err**ai	j'env**err**ais
tu env**err**as	tu env**err**ais
il/elle env**err**a	il/elle env**err**ait
nous env**err**ons	nous env**err**ions
vous env**err**ez	vous env**err**iez
ils/elles env**err**ont	ils/elles env**err**aient

485 Comment écrire les verbes en -dre ?

Au singulier du présent de l'indicatif, les verbes en **-dre** (troisième groupe) comme **entendre** et **répondre** se terminent par **ds, ds, d.** Ils conservent le **d** de l'infinitif.

j'enten**ds**	je répon**ds**
tu enten**ds**	tu répon**ds**
il/elle enten**d**	il/elle répon**d**

Verbes du type *entendre* et *répondre*

apprendre	perdre
confondre	pondre
correspondre	tendre
descendre	tordre
mordre	vendre

→ TABLEAU 532

CONJUGAISON

Au singulier du présent de l'indicatif, les verbes comme **craindre** et **peindre** ne conservent pas le **d** de l'infinitif. Mais ils le gardent au futur et au conditionnel.

PRÉSENT DE L'INDICATIF	FUTUR DE L'INDICATIF	CONDITIONNEL PRÉSENT
je crai**n**s	je crain**d**rai	je crain**d**rais
tu crai**n**s	tu crain**d**ras	tu crain**d**rais
il/elle crai**n**t	il/elle crain**d**ra	il/elle crain**d**rait

PRÉSENT DE L'INDICATIF	FUTUR DE L'INDICATIF	CONDITIONNEL PRÉSENT
je pei**n**s	je pein**d**rai	je pein**d**rais
tu pei**n**s	tu pein**d**ras	tu pein**d**rais
il/elle pei**n**t	il/elle pein**d**ra	il/elle pein**d**rait

Verbes du type *craindre* et *peindre*

atteindre contraindre éteindre étreindre
joindre plaindre rejoindre teindre

486 Comment écrire les verbes en -ttre ?

Aux trois premières personnes du singulier du présent de l'indicatif, les verbes du troisième groupe comme **battre** et **mettre** s'écrivent avec un seul **t**.

je ba**t**s je me**t**s
tu ba**t**s tu me**t**s
il/elle ba**t** il/elle me**t**

Aux autres personnes du présent et à tous les autres temps, ces verbes s'écrivent avec **deux t**.

PRÉSENT DE L'INDICATIF	PRÉSENT DE L'INDICATIF
nous ba**tt**ons	nous me**tt**ons
vous ba**tt**ez	vous me**tt**ez
ils/elles ba**tt**ent	ils/elles me**tt**ent

IMPARFAIT DE L'INDICATIF	FUTUR DE L'INDICATIF
je ba**tt**ais	je me**tt**rai
tu ba**tt**ais	tu me**tt**ras
il/elle ba**tt**ait	il/elle me**tt**ra

Verbes du type *battre* et *mettre*

admettre combattre commettre permettre
promettre rabattre soumettre transmettre

→ TABLEAU 528

487 Comment écrire les verbes en -aître ?

Les verbes du troisième groupe comme **connaître** prennent un accent circonflexe sur le **i** du radical s'il est suivi d'un **t**.

PRÉSENT DE L'INDICATIF	FUTUR DE L'INDICATIF
je conna**i**s	je conna**î**trai
tu conna**i**s	tu conna**î**tras
il/elle conna**î**t	il/elle conna**î**tra

Verbes du type *connaître*

apparaître disparaître
naître paître
paraître reconnaître

Nouvelle orthographe

La réforme autorise à écrire **aî** sans accent circonflexe : **connaitre**, **il apparait**, **elle connait**, **on reconnait**...

Reconnaître les terminaisons

488 Comment écrire les terminaisons de l'imparfait et du passé simple ?

À la première personne du singulier de l'imparfait et du passé simple, les terminaisons des verbes en -er (le premier groupe) **se prononcent** de la **même** façon, mais **s'écrivent différemment**.

PASSÉ SIMPLE	IMPARFAIT
j'arriv**ai**	j'arriv**ais**

Un conseil !
Pour savoir si le verbe est à l'imparfait ou au passé simple, conjuguez-le à une personne différente.

	PASSÉ SIMPLE	IMPARFAIT
1re personne	j'arrivai	j'arrivais
3e personne	il/elle arriv**a**	il/elle arriv**ait**

489 Comment écrire les terminaisons du futur et du conditionnel ?

Les terminaisons du futur et du conditionnel **se prononcent de la même façon** à la 1re personne du singulier, mais **s'écrivent différemment**.

	VERBES EN **-ER** 1er GROUPE	VERBES EN **-IR**, **-RE** ET **-TRE** 2e GROUPE ET 3e GROUPE	
FUTUR	je saute**rai**	je fini**rai**	je prend**rai**
CONDITIONNEL	je saute**rais**	je fini**rais**	je prend**rais**

Un conseil !

Pour savoir si le verbe est au futur ou au conditionnel, conjuguez-le à une personne différente.

	FUTUR	CONDITIONNEL
1re personne	je sauterai	je sauterais
2e personne	tu saute**ras**	tu saute**rais**

490 Comment écrire la terminaison de l'impératif ?

VERBES	TERMINAISON DE LA 2e PERSONNE DU SINGULIER	EXEMPLES
1er groupe	**e**	marche ! chante ! joue ! nettoie !
2e groupe	**s**	finis ! atterris ! applaudis !
3e groupe	**s**	dors ! tiens ! cours ! fuis ! couds !
	Exceptions :	
	cueillir	cueille !
	aller	va !
	savoir	sache !

Employer les temps

491 À quoi servent les temps du verbe ?

- Les temps du verbe permettent d'indiquer si les événements ont lieu **avant**, **pendant** ou **après le moment où on les raconte**.
- Le verbe permet aussi de **situer dans le temps** les actions, les pensées **les unes par rapport aux autres**. Ces actions ou pensées peuvent se dérouler au même instant (elles sont simultanées) ou avoir lieu les unes après les autres (elles sont successives).

Le lendemain, le Grand Méchant Cochon **vint** rôder dans les parages et **découvrit** la maison en briques que les petits loups venaient de se construire.
Les trois petits loups jouaient gentiment au croquet dans le jardin. Quand ils **aperçurent** le Grand Méchant Cochon, ils **coururent** s'enfermer dans la maison.

▸ Les Trois Petits Loups et le Grand Méchant Cochon

Le Grand Méchant Cochon vint (verbe) rôder dans les parages et découvrit (verbe) la maison en briques : ces actions sont successives.

Quand ils aperçurent (verbe) le Grand Méchant Cochon, ils coururent (verbe) s'enfermer dans la maison : ces actions sont simultanées.

492 Quand emploie-t-on le présent ?

Lorsqu'un événement se déroule **au moment où** l'on parle, on le situe dans le **présent**.

À ces mots le corbeau ne **se sent** pas de joie ;
Et pour montrer sa belle voix,
Il **ouvre** un large bec, **laisse** tomber sa proie.

▸ Le Corbeau et le Renard

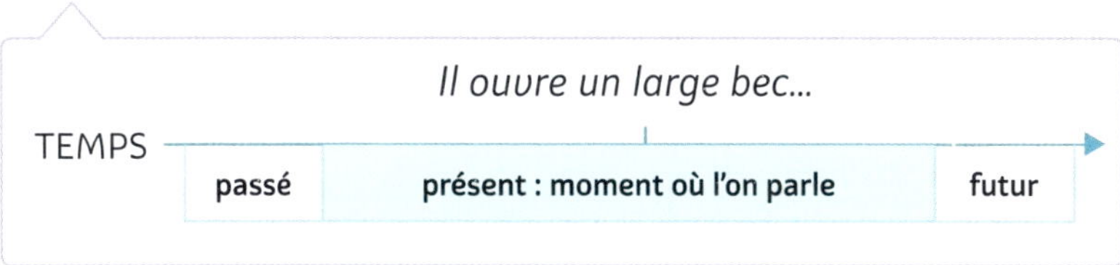

493 Quand emploie-t-on le passé ?

Lorsqu'un événement s'est déroulé **avant** le moment où l'on parle, on le situe dans le **passé**.

Et d'ailleurs il m'est arrivé si rarement de tuer un ours, que le lecteur m'excusera de m'étendre longuement peut-être sur cet exploit. Notre rencontre **fut** inattendue de part et d'autre. Je ne **chassais** pas l'ours, et je n'ai aucune raison de supposer que l'ours me **cherchait**. La vérité est que nous **cueillions** des mûres, chacun de notre côté, et que nous nous **rencontrâmes** par hasard, ce qui arrive souvent.

▸ Comment j'ai tué un ours

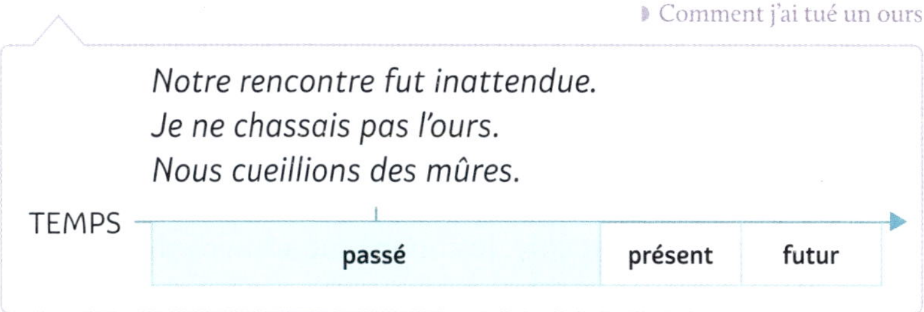

494 Quand emploie-t-on le futur ?

Lorsque l'on pense qu'un événement se déroulera **après** le moment où l'on parle, on le situe dans le **futur**.

– Plus tard, m'a dit Marie-Edwige, je **serai** une grande danseuse, **j'aurai** une robe blanche avec un tutu, tu sais ? et des tas de bijoux dans les cheveux, et je **danserai** dans des théâtres partout dans le monde, à Paris, en Amérique, à Arcachon et dans les théâtres, il y **aura** plein de rois et de présidents, et tout le monde **sera** avec des uniformes et des costumes noirs, et il y **aura** des dames avec des robes de satin, tu sais ?

▸ Histoires inédites du Petit Nicolas

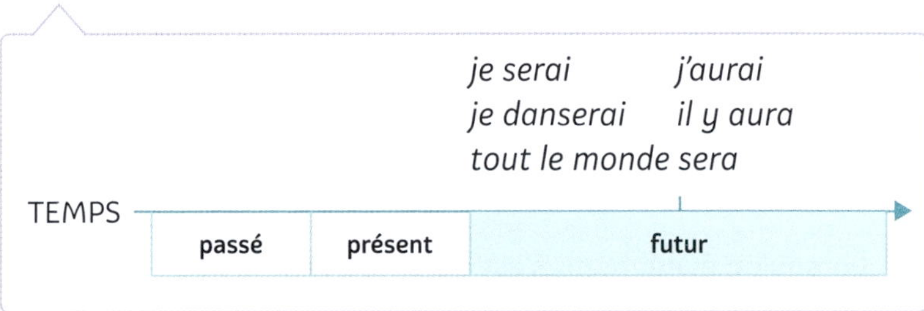

495 Seul le verbe peut-il situer des actions dans le temps ?

Non ! Les **compléments de temps** et les **adverbes** comme *hier*, *aujourd'hui*, *demain*... indiquent aussi à quel moment a lieu un événement.

De temps en temps, je m'arrêtais, me regardais, levais la tête le plus haut possible et beuglais :
– Je suis une vache !

▸ Mémoires d'une vache

Enfin, **au repas du soir**, le canard fut admis à manger à table entre les deux petites et s'y comporta aussi bien qu'une personne.

▸ Les Contes du chat perché

496 Qu'exprime le présent de l'indicatif ?

Le **présent** peut exprimer une action qui se déroule **au moment où l'on parle** (sous les yeux de celui qui parle).

C'est un poème qui **appelle**
mais j'**entends** mal ce qu'il me **dit**

Nous ne **sommes** pas seuls sur la ligne
La voix du poème **est** lointaine

Raccrochez je vous **rappelle**
donnez-moi votre numéro

Je vous **appelle** d'une cabine
dit le poème qui **s'éloigne**

▸ Allô allô c'est un poème

Le présent peut aussi évoquer une action qui ne se déroule pas sous les yeux de celui qui parle mais qui est **habituelle**, qui se répète de façon régulière.

C'est papa qui m'a emmené à l'école aujourd'hui, après le déjeuner. Moi, j'aime bien quand papa m'**accompagne**, parce qu'il me **donne** souvent des sous pour acheter des choses.

▸ Les Récrés du Petit Nicolas

On peut enfin utiliser le présent pour parler de **faits considérés comme vrais** quel que soit le moment où l'on se situe dans le temps.

Les vérités scientifiques

Les têtards, ce sont des petites bêtes qui **grandissent** et qui **deviennent** des grenouilles ; c'est à l'école qu'on nous a appris ça.

▸ Les Récrés du Petit Nicolas

Les maximes et les proverbes

Rien ne **sert** de courir ; il **faut** partir à point. ▸ Le Lièvre et la Tortue

Qui **va** à la chasse **perd** sa place.

497 Qu'exprime le passé composé ?

Lorsque l'on constate les résultats d'un événement qui s'est déroulé **juste avant** que l'on prenne la parole, on utilise toujours le **passé composé**, jamais le passé simple.

L'escargot de Sophie prit le départ. Il était petit, mais il avait de la suite dans les idées. Allongée dans l'herbe au bord de l'allée, Sophie le regarda avancer, bon pied bon œil. Au bout d'une demi-heure, le petit escargot atteignit le poteau d'arrivée. Sophie sauta de joie.
– C'est mon escargot qui **a gagné** !

L'Escargot de Sophie

Sophie constate que son escargot vient de gagner la course.

Et puis la cloche **a sonné** et nous **sommes allés** nous mettre en rang.

Histoires inédites du Petit Nicolas

Nicolas constate qu'ils sont allés se mettre en rang lorsque la cloche a sonné.

Lorsqu'on **raconte une histoire**, si l'on évoque un événement passé, on peut utiliser le passé composé.

Le chef nous **a montré** comment il fallait faire pour mettre un ver au bout de l'hameçon. « Et surtout, il nous **a dit**, faites bien attention de ne pas vous faire de mal avec les hameçons ! » On **a** tous **essayé** de faire comme le chef, mais ce n'est pas facile, et le chef nous **a aidés**, surtout Paulin qui avait peur des vers et qui **a demandé** s'ils mordaient. Dès qu'il **a eu** un ver à son hameçon, Paulin, vite, vite, il **a jeté** la ligne à l'eau, pour éloigner le ver le plus possible.

Les Vacances du Petit Nicolas

498 Qu'exprime le passé simple ?

On emploie le **passé simple** lorsqu'on écrit un **conte**, ou lorsqu'on raconte des **événements historiques**.

La poule brune **tendit** le cou et **becqueta** la potion. Une pleine becquée de potion.
L'effet **fut** électrique.
– *Ouiche* ! **caqueta** la poule, en bondissant droit dans le ciel comme une fusée.

La Potion magique de Georges Bouillon

499 Comment employer le passé simple et l'imparfait ?

L'imparfait et le passé simple servent tous les deux à exprimer des événements situés dans le passé.
L'imparfait présente des actions qui donnent l'impression de **se prolonger**. Il peut aussi **dresser un décor** qui sert de fond aux actions exprimées par le passé simple.

Le bruit des sabots **décrut** dans le lointain. Ils **laissaient** derrière eux, ces sabots, une scène de désolation : les devoirs **étaient** éparpillés sur le sol ; les canards **pleuraient** de grosses larmes ; la princesse **restait** muette de saisissement ; le chien **aboyait** courageusement sous la table.

La Princesse Hoppy

Le verbe *décrut* (décroître) est au passé simple.
Les verbes *laissaient*, *étaient*, *pleuraient*, *restait*, *aboyait* sont à l'imparfait et permettent de décrire la scène.

500 Comment employer le plus-que-parfait avec les autres temps du passé ?

Le **plus-que-parfait** sert à exprimer des faits qui se sont produits dans le passé **avant** ceux qui sont évoqués par l'imparfait, le passé simple ou le passé composé.

Après déjeuner, nous sommes sortis dans la cour, et Eudes et moi nous avons joué aux billes. J'en **avais** déjà **gagné** trois quand les copains **sont revenus** de chez eux.

▸ Histoires inédites du Petit Nicolas

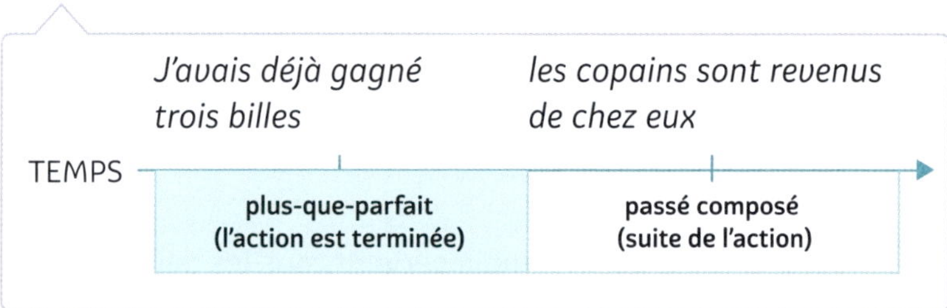

501 Comment exprimer le futur ?

On emploie le futur proche (**aller + infinitif**) lorsqu'on veut dire qu'un événement est **sur le point de** se produire, ou que l'on va immédiatement se mettre à faire quelque chose.

– Petits loups poltrons, tremblotants du menton, laissez-moi entrer, voyons !
– Non, non et non, répondirent les petits loups. Par les poils de notre barbiche-barbichette-et-barbichou, tu n'entreras pas chez nous, pas pour toutes les feuilles de thé de notre plus belle théière de Chine !
– Puisque c'est ça, je **vais souffler**, **pouffer**, **pousser mille bouffées**, et je démolirai votre maison ! dit le cochon.

▸ Les Trois Petits Loups et le Grand Méchant Cochon

Lorsqu'on veut parler de ses projets ou faire des prévisions, on utilise soit le **futur proche** (aller + infinitif), soit le **futur**.

C'était un cadeau de Mémé. Un cadeau terrible et vous ne **devinerez** jamais ce que c'était : une montre-bracelet ! Ma mémé et ma montre sont drôlement chouettes, et les copains **vont faire** une drôle de tête.

Les Récrés du Petit Nicolas

Ou bien le lion **dévorera** Hercule, et adieu l'encombrant cousin. Ou bien Hercule **tuera** le lion et je l'**utiliserai** à d'autres travaux… Et c'est moi qui en **tirerai** gloire !

Les Douze Travaux d'Hercule

502 Comment utiliser le conditionnel ?

Le **conditionnel** marque une action qui ne se réalisera que si une **condition** est **d'abord remplie**. Cette condition est introduite par la conjonction **si** et exprimée par un verbe à l'**imparfait** de l'indicatif.

Alors, moi j'ai dit que puisque c'était comme ça, je ne mangerais pas les escalopes, et maman a dit que si je ne **mangeais** pas les escalopes, je n'**aurais** pas de dessert. Alors, j'ai mangé mon escalope mais c'est pas juste.

Histoires inédites du Petit Nicolas

503 Qu'exprime le conditionnel quand il ne dépend pas d'une condition ?

Le conditionnel permet d'exprimer des actions que l'on **imagine**, que l'on **souhaite** ou auxquelles on **rêve**.

«Étranger, puisse ta prophétie se réaliser ! Alors tu **connaîtrais** vite mon amitié ; tu **recevrais** de moi beaucoup de présents, et ton bonheur **ferait** envie à qui serait sur ton chemin.»

▸ L'Odyssée

Les verbes *connaîtrais*, *recevrais* et *ferait* permettent d'exprimer ce que Pénélope imagine ou souhaite pour Ulysse.

Le conditionnel présente aussi des **informations** que l'on n'a pas pu vérifier, dont **on n'est pas sûr**.

– Quelle est votre date de naissance ?
– Le lundi 31 octobre 1693.
– Mais c'est impossible ! Cela vous **ferait** cent quatre-vingts ans d'âge. Comment expliquez-vous cela ?
– Je ne l'explique pas du tout.

▸ Une interview

Enfin, le conditionnel permet de formuler **avec politesse** une demande, un conseil ou un reproche.

Une demande

– Je ne crains rien des tigres, mais j'ai horreur des courants d'air. Vous n'**auriez** pas un paravent ?
«Horreur des courants d'air… ce n'est pas de chance, pour une plante, avait remarqué le petit prince. Cette fleur est bien compliquée…»

▸ Le Petit Prince

Un conseil

– Eh bien, a dit Rufus, je crois que pour la rédaction, tu **ferais** mieux de te trouver autre chose, parce que comme détective, tu es minable.
– Ouais, si tous les détectives sont comme ça, je me fais bandit tout de suite ! a dit Clotaire.

▸ Histoires inédites du Petit Nicolas

Employer les modes

504 Quand utilise-t-on le subjonctif ?

On est obligé d'utiliser le **subjonctif après** les **verbes** qui expriment ce que quelqu'un **ressent**, **veut** ou **pense** à propos d'une action : *il faut que, il est possible que, aimer que, exiger que, défendre que, détester que, souhaiter que, vouloir que...*

– Supposons que tu **veuilles** élever des vaches. As-tu pensé à ce que coûte un grand troupeau ?
– Je ne tiens pas à avoir un grand troupeau de vaches, déclara Sophie.
– Combien en auras-tu ? demanda Marc.
– Une seule. Je l'appellerai Fleur.

L'Escargot de Sophie

Supposons que tu veuilles élever des vaches.
veuilles : **subjonctif présent**

CONJUGAISON

On est obligé d'employer le subjonctif **après** les **conjonctions** de subordination de **temps** *(avant que, jusqu'à ce que, en attendant que)*, de **concession** *(bien que, quoique)*, de **but** *(afin que, pour que)*, de **condition** *(à condition que)*.

Le temps

– Ce matin pourtant, le toast de mon petit déjeuner était grignoté sur les bords ! continua Grand-mère, impitoyable. Et pire, il avait un sale goût de rat ! Si vous ne faites pas attention, les fonctionnaires de la santé publique ordonneront la fermeture de votre hôtel avant que quelqu'un n'**attrape** la fièvre typhoïde !

▸ Sacrées Sorcières

avant que quelqu'un n'attrape la fièvre typhoïde...
subjonctif présent

La concession

Bien qu'il s'y **appliquât** de tout son cœur, le pauvre bœuf n'arrivait pas à pleurer.

▸ Les Contes du chat perché

Bien qu'il s'y appliquât de tout son cœur
subjonctif imparfait

Le but

Je connais un truc que j'ai vu dans un film, où des bandits envoyaient des messages, et pour qu'on ne **reconnaisse** pas leur écriture, ils écrivaient les messages avec des lettres découpées dans des journaux et collées sur des feuilles de papier, et personne ne les découvrait jusqu'à la fin du film !

▸ Le Petit Nicolas a des ennuis

pour qu'on ne reconnaisse pas leur écriture
subjonctif présent

La condition

Blanche-Neige nous sourit avec gentillesse :
« Votre ballon a cassé quelques-uns de mes jouets ; je veux bien vous le rendre quand même, mais à condition que vous **appreniez** la géographie à mes nains. »

L'Académie de M. Tachedencre

à condition que vous appreniez la géographie à mes nains
appreniez : **subjonctif présent**

ATTENTION

Avec *après que* on doit employer l'indicatif.

– Notre âme n'est pas immortelle ; avec la mort tout est fini. Nous sommes comme les roseaux verts : une fois coupés, ils ne verdissent plus jamais ! Les hommes, au contraire, possèdent une âme qui vit éternellement, qui vit après que leur corps **s'est changé** en poussière ; cette âme monte à travers la subtilité de l'air jusqu'aux étoiles qui brillent.

La Petite Sirène

après que leur corps s'est changé en poussière
s'est changé : **passé composé de l'indicatif**

On peut rencontrer le subjonctif dans des propositions **indépendantes** exprimant le **souhait**, l'**ordre**, la **prière**.

Le souhait

Passepartout causait toujours : « Surtout, dit-il, que je **prenne** bien garde de ne pas manquer le bateau !
– Vous avez le temps, répondit Fix, il n'est encore que midi ! »

Le Tour du monde en quatre-vingts jours

L'ordre, la nécessité

« J'ai manqué le départ du *Carnatic*, et il faut que je **sois** le 14, au plus tard, à Yokohama, pour prendre le paquebot de San Francisco.
– Je le regrette, répondit le pilote, mais c'est impossible. »

▸ Le Tour du monde en quatre-vingts jours

Le subjonctif est aussi utilisé dans des propositions indépendantes pour exprimer une **supposition**, par exemple dans des énoncés de mathématiques.

Soient trois rois parmi nous quatre : le premier roi, le deuxième roi, le troisième roi. Le premier roi est n'importe quel roi, le deuxième roi est n'importe quel roi, le troisième roi est n'importe quel roi.

▸ La Princesse Hoppy

Lire les tableaux de conjugaison

Les numéros renvoient aux numéros des pages.

505 Avoir

INFINITIF

Présent

avoir

PARTICIPE

Présent	Passé
ayant	eu, eue, eus, eues

INDICATIF

TEMPS SIMPLES

Présent

j'	ai
tu	as
il/elle	a
nous	avons
vous	avez
ils/elles	ont

Futur simple

j'	aurai
tu	auras
il/elle	aura
nous	aurons
vous	aurez
ils/elles	auront

Conditionnel présent

j'	aurais
tu	aurais
il/elle	aurait
nous	aurions
vous	auriez
ils/elles	auraient

Imparfait

j'	avais
tu	avais
il/elle	avait
nous	avions
vous	aviez
ils/elles	avaient

Passé simple

j'	eus
tu	eus
il/elle	eut
nous	eûmes
vous	eûtes
ils/elles	eurent

TEMPS COMPOSÉS

Passé composé

j'	ai	eu
tu	as	eu
il/elle	a	eu
nous	avons	eu
vous	avez	eu
ils/elles	ont	eu

Plus-que-parfait

j'	avais	eu
tu	avais	eu
il/elle	avait	eu
nous	avions	eu
vous	aviez	eu
ils/elles	avaient	eu

SUBJONCTIF

Présent

que j'	aie
que tu	aies
qu'il/qu'elle	ait
que nous	ayons
que vous	ayez
qu'ils/qu'elles	aient

IMPÉRATIF

Présent

aie
ayons
ayez

506 Être

INFINITIF

Présent

être

PARTICIPE

Présent	Passé
étant	été

INDICATIF

TEMPS SIMPLES

Présent

je	suis
tu	es
il/elle	est
nous	sommes
vous	êtes
ils/elles	sont

Futur simple

je	serai
tu	seras
il/elle	sera
nous	serons
vous	serez
ils/elles	seront

Conditionnel présent

je	serais
tu	serais
il/elle	serait
nous	serions
vous	seriez
ils/elles	seraient

Imparfait

j'	étais
tu	étais
il/elle	était
nous	étions
vous	étiez
ils/elles	étaient

Passé simple

je	fus
tu	fus
il/elle	fut
nous	fûmes
vous	fûtes
ils/elles	furent

TEMPS COMPOSÉS

Passé composé

j'	ai	été
tu	as	été
il/elle	a	été
nous	avons	été
vous	avez	été
ils/elles	ont	été

Plus-que-parfait

j'	avais	été
tu	avais	été
il/elle	avait	été
nous	avions	été
vous	aviez	été
ils/elles	avaient	été

SUBJONCTIF

Présent

que je	sois
que tu	sois
qu'il/qu'elle	soit
que nous	soyons
que vous	soyez
qu'ils/qu'elles	soient

IMPÉRATIF

Présent

sois
soyons
soyez

507 Aimer

Verbes en -er
1er GROUPE

VOIX ACTIVE – FORME AFFIRMATIVE

INFINITIF

Présent
aimer

PARTICIPE

Présent
aimant

Passé
aimé, aimée, aimés, aimées

INDICATIF

TEMPS SIMPLES

Présent

j'	aime
tu	aimes
il/elle	aime
nous	aimons
vous	aimez
ils/elles	aiment

Futur simple

j'	aimerai
tu	aimeras
il/elle	aimera
nous	aimerons
vous	aimerez
ils/elles	aimeront

Conditionnel présent

j'	aimerais
tu	aimerais
il/elle	aimerait
nous	aimerions
vous	aimeriez
ils/elles	aimeraient

Imparfait

j'	aimais
tu	aimais
il/elle	aimait
nous	aimions
vous	aimiez
ils/elles	aimaient

Passé simple

j'	aimai
tu	aimas
il/elle	aima
nous	aimâmes
vous	aimâtes
ils/elles	aimèrent

TEMPS COMPOSÉS

Passé composé

j'	ai	aimé
tu	as	aimé
il/elle	a	aimé
nous	avons	aimé
vous	avez	aimé
ils/elles	ont	aimé

Plus-que-parfait

j'	avais	aimé
tu	avais	aimé
il/elle	avait	aimé
nous	avions	aimé
vous	aviez	aimé
ils/elles	avaient	aimé

SUBJONCTIF

Présent

que j'	aime
que tu	aimes
qu'il/qu'elle	aime
que nous	aimions
que vous	aimiez
qu'ils/qu'elles	aiment

IMPÉRATIF

Présent
aime
aimons
aimez

508 Aimer

Verbes en -er
1er GROUPE

VOIX ACTIVE – FORME NÉGATIVE

INFINITIF

Présent
ne pas aimer

PARTICIPE

Présent
n'aimant pas

Passé
n'ayant pas aimé

INDICATIF

TEMPS SIMPLES

Présent

je	n'aime	pas
tu	n'aimes	pas
il/elle	n'aime	pas
nous	n'aimons	pas
vous	n'aimez	pas
ils/elles	n'aiment	pas

Futur simple

je	n'aimerai	pas
tu	n'aimeras	pas
il/elle	n'aimera	pas
nous	n'aimerons	pas
vous	n'aimerez	pas
ils/elles	n'aimeront	pas

Conditionnel présent

je	n'aimerais	pas
tu	n'aimerais	pas
il/elle	n'aimerait	pas
nous	n'aimerions	pas
vous	n'aimeriez	pas
ils/elles	n'aimeraient	pas

Imparfait

je	n'aimais	pas
tu	n'aimais	pas
il/elle	n'aimait	pas
nous	n'aimions	pas
vous	n'aimiez	pas
ils/elles	n'aimaient	pas

Passé simple

je	n'aimai	pas
tu	n'aimas	pas
il/elle	n'aima	pas
nous	n'aimâmes	pas
vous	n'aimâtes	pas
ils/elles	n'aimèrent	pas

TEMPS COMPOSÉS

Passé composé

je	n'ai pas	aimé
tu	n'as pas	aimé
il/elle	n'a pas	aimé
nous	n'avons pas	aimé
vous	n'avez pas	aimé
ils/elles	n'ont pas	aimé

Plus-que-parfait

je	n'avais pas	aimé
tu	n'avais pas	aimé
il/elle	n'avait pas	aimé
nous	n'avions pas	aimé
vous	n'aviez pas	aimé
ils/elles	n'avaient pas	aimé

SUBJONCTIF

Présent

que je	n'aime pas
que tu	n'aimes pas
qu'il/qu'elle	n'aime pas
que nous	n'aimions pas
que vous	n'aimiez pas
qu'ils/qu'elles	n'aiment pas

IMPÉRATIF

Présent
n'aime pas
n'aimons pas
n'aimez pas

CONJUGAISON

509 Aimer

Verbes en -er
1er GROUPE

VOIX ACTIVE – FORME INTERROGATIVE

INDICATIF

TEMPS SIMPLES

Présent
aimé-je ?
aimes-tu ?
aime-t-il/elle ?
aimons-nous ?
aimez-vous ?
aiment-ils/elles ?

Futur simple
aimerai-je ?
aimeras-tu ?
aimera-t-il/elle ?
aimerons-nous ?
aimerez-vous ?
aimeront-ils/elles ?

Conditionnel présent
aimerais-je ?
aimerais-tu ?
aimerait-il/elle ?
aimerions-nous ?
aimeriez-vous ?
aimeraient-ils/elles ?

Imparfait
aimais-je ?
aimais-tu ?
aimait-il/elle ?
aimions-nous ?
aimiez-vous ?
aimaient-ils/elles ?

Passé simple
aimai-je ?
aimas-tu ?
aima-t-il/elle ?
aimâmes-nous ?
aimâtes-vous ?
aimèrent-ils/elles ?

TEMPS COMPOSÉS

Passé composé

ai-je	aimé ?
as-tu	aimé ?
a-t-il/elle	aimé ?
avons-nous	aimé ?
avez-vous	aimé ?
ont-ils/elles	aimé ?

Plus-que-parfait

avais-je	aimé ?
avais-tu	aimé ?
avait-il/elle	aimé ?
avions-nous	aimé ?
aviez-vous	aimé ?
avaient-ils/elles	aimé ?

510 Aimer

Verbes en -er
1er GROUPE

VOIX PASSIVE

INFINITIF

Présent
être aimé(e)

PARTICIPE

Présent
étant aimé(e)

Passé
ayant été aimé, aimée, aimés, aimées

INDICATIF

TEMPS SIMPLES

Présent

je	suis	aimé(e)
tu	es	aimé(e)
il/elle	est	aimé(e)
nous	sommes	aimé(e)s
vous	êtes	aimé(e)s
ils/elles	sont	aimé(e)s

Futur simple

je	serai	aimé(e)
tu	seras	aimé(e)
il/elle	sera	aimé(e)
nous	serons	aimé(e)s
vous	serez	aimé(e)s
ils/elles	seront	aimé(e)s

Conditionnel présent

je	serais	aimé(e)
tu	serais	aimé(e)
il/elle	serait	aimé(e)
nous	serions	aimé(e)s
vous	seriez	aimé(e)s
ils/elles	seraient	aimé(e)s

Imparfait

j'	étais	aimé(e)
tu	étais	aimé(e)
il/elle	était	aimé(e)
nous	étions	aimé(e)s
vous	étiez	aimé(e)s
ils/elles	étaient	aimé(e)s

Passé simple

je	fus	aimé(e)
tu	fus	aimé(e)
il/elle	fut	aimé(e)
nous	fûmes	aimé(e)s
vous	fûtes	aimé(e)s
ils/elles	furent	aimé(e)s

TEMPS COMPOSÉS

Passé composé

j'	ai	été	aimé(e)
tu	as	été	aimé(e)
il/elle	a	été	aimé(e)
nous	avons	été	aimé(e)s
vous	avez	été	aimé(e)s
ils/elles	ont	été	aimé(e)s

Plus-que-parfait

j'	avais	été	aimé(e)
tu	avais	été	aimé(e)
il/elle	avait	été	aimé(e)
nous	avions	été	aimé(e)s
vous	aviez	été	aimé(e)s
ils/elles	avaient	été	aimé(e)s

SUBJONCTIF

Présent

que je	sois aimé(e)
que tu	sois aimé(e)
qu'il/qu'elle	soit aimé(e)
que nous	soyons aimé(e)s
que vous	soyez aimé(e)s
qu'ils/qu'elles	soient aimé(e)s

IMPÉRATIF

Présent
sois aimé(e)
soyons aimé(e)s
soyez aimé(e)s

511 S'amuser

Verbes en -er
1er GROUPE

VOIX PRONOMINALE

INFINITIF

Présent
s'amuser

PARTICIPE

Présent	Passé
s'amusant	s'étant amusé, amusée, amusés, amusées

INDICATIF

TEMPS SIMPLES

Présent

je	m'	amuse
tu	t'	amuses
il/elle	s'	amuse
nous	nous	amusons
vous	vous	amusez
ils/elles	s'	amusent

Futur simple

je	m'	amuserai
tu	t'	amuseras
il/elle	s'	amusera
nous	nous	amuserons
vous	vous	amuserez
ils/elles	s'	amuseront

Conditionnel présent

je	m'	amuserais
tu	t'	amuserais
il/elle	s'	amuserait
nous	nous	amuserions
vous	vous	amuseriez
ils/elles	s'	amuseraient

Imparfait

je	m'	amusais
tu	t'	amusais
il/elle	s'	amusait
nous	nous	amusions
vous	vous	amusiez
ils/elles	s'	amusaient

Passé simple

je	m'	amusai
tu	t'	amusas
il/elle	s'	amusa
nous	nous	amusâmes
vous	vous	amusâtes
ils/elles	s'	amusèrent

TEMPS COMPOSÉS

Passé composé

je	me	suis	amusé(e)
tu	t'	es	amusé(e)
il/elle	s'	est	amusé(e)
nous	nous	sommes	amusé(e)s
vous	vous	êtes	amusé(e)s
ils/elles	se	sont	amusé(e)s

Plus-que-parfait

je	m'	étais	amusé(e)
tu	t'	étais	amusé(e)
il/elle	s'	était	amusé(e)
nous	nous	étions	amusé(e)s
vous	vous	étiez	amusé(e)s
ils/elles	s'	étaient	amusé(e)s

SUBJONCTIF

Présent

que je	m'amuse
que tu	t'amuses
qu'il/qu'elle	s'amuse
que nous	nous amusions
que vous	vous amusiez
qu'ils/qu'elles	s'amusent

IMPÉRATIF

Présent
amuse-toi
amusons-nous
amusez-vous

512 Créer

Verbes en -er
1er GROUPE

INFINITIF

Présent
créer

PARTICIPE

Présent	Passé
créant	créé, créée, créés, créées

INDICATIF

TEMPS SIMPLES

Présent

je	crée
tu	crées
il/elle	crée
nous	créons
vous	créez
ils/elles	créent

Futur simple

je	créerai
tu	créeras
il/elle	créera
nous	créerons
vous	créerez
ils/elles	créeront

Conditionnel présent

je	créerais
tu	créerais
il/elle	créerait
nous	créerions
vous	créeriez
ils/elles	créeraient

Imparfait

je	créais
tu	créais
il/elle	créait
nous	créions
vous	créiez
ils/elles	créaient

Passé simple

je	créai
tu	créas
il/elle	créa
nous	créâmes
vous	créâtes
ils/elles	créèrent

TEMPS COMPOSÉS

Passé composé

j'	ai	créé
tu	as	créé
il/elle	a	créé
nous	avons	créé
vous	avez	créé
ils/elles	ont	créé

Plus-que-parfait

j'	avais	créé
tu	avais	créé
il/elle	avait	créé
nous	avions	créé
vous	aviez	créé
ils/elles	avaient	créé

SUBJONCTIF

Présent

que je	crée
que tu	crées
qu'il/qu'elle	crée
que nous	créions
que vous	créiez
qu'ils/qu'elles	créent

IMPÉRATIF

Présent
crée
créons
créez

513 Manger

Verbes en -er
1er GROUPE

INFINITIF

Présent
manger

PARTICIPE

Présent	Passé
mangeant	mangé, mangée, mangés, mangées

INDICATIF

TEMPS SIMPLES

Présent		Futur simple		Conditionnel présent	
je	mange	je	mangerai	je	mangerais
tu	manges	tu	mangeras	tu	mangerais
il/elle	mange	il/elle	mangera	il/elle	mangerait
nous	mangeons	nous	mangerons	nous	mangerions
vous	mangez	vous	mangerez	vous	mangeriez
ils/elles	mangent	ils/elles	mangeront	ils/elles	mangeraient

Imparfait		Passé simple	
je	mangeais	je	mangeai
tu	mangeais	tu	mangeas
il/elle	mangeait	il/elle	mangea
nous	mangions	nous	mangeâmes
vous	mangiez	vous	mangeâtes
ils/elles	mangeaient	ils/elles	mangèrent

TEMPS COMPOSÉS

Passé composé			Plus-que-parfait		
j'	ai	mangé	j'	avais	mangé
tu	as	mangé	tu	avais	mangé
il/elle	a	mangé	il/elle	avait	mangé
nous	avons	mangé	nous	avions	mangé
vous	avez	mangé	vous	aviez	mangé
ils/elles	ont	mangé	ils/elles	avaient	mangé

SUBJONCTIF

Présent

que je	mange
que tu	manges
qu'il/qu'elle	mange
que nous	mangions
que vous	mangiez
qu'ils/qu'elles	mangent

IMPÉRATIF

Présent
mange
mangeons
mangez

514 Placer

Verbes en -er 1er GROUPE

INFINITIF

Présent
placer

PARTICIPE

Présent
plaçant

Passé
placé, placée, placés, placées

INDICATIF

TEMPS SIMPLES

Présent

je	place
tu	places
il/elle	place
nous	plaçons
vous	placez
ils/elles	placent

Futur simple

je	placerai
tu	placeras
il/elle	placera
nous	placerons
vous	placerez
ils/elles	placeront

Conditionnel présent

je	placerais
tu	placerais
il/elle	placerait
nous	placerions
vous	placeriez
ils/elles	placeraient

Imparfait

je	plaçais
tu	plaçais
il/elle	plaçait
nous	placions
vous	placiez
ils/elles	plaçaient

Passé simple

je	plaçai
tu	plaças
il/elle	plaça
nous	plaçâmes
vous	plaçâtes
ils/elles	placèrent

TEMPS COMPOSÉS

Passé composé

j'	ai	placé
tu	as	placé
il/elle	a	placé
nous	avons	placé
vous	avez	placé
ils/elles	ont	placé

Plus-que-parfait

j'	avais	placé
tu	avais	placé
il/elle	avait	placé
nous	avions	placé
vous	aviez	placé
ils/elles	avaient	placé

SUBJONCTIF

Présent

que je	place
que tu	places
qu'il/qu'elle	place
que nous	placions
que vous	placiez
qu'ils/qu'elles	placent

IMPÉRATIF

Présent
place
plaçons
placez

515 Ennuyer

Verbes en -er
1er GROUPE

INFINITIF

Présent

ennuyer

PARTICIPE

Présent

ennuyant

Passé

ennuyé, ennuyée, ennuyés, ennuyées

INDICATIF

TEMPS SIMPLES

Présent

j'	ennuie
tu	ennuies
il/elle	ennuie
nous	ennuyons
vous	ennuyez
ils/elles	ennuient

Futur simple

j'	ennuierai
tu	ennuieras
il/elle	ennuiera
nous	ennuierons
vous	ennuierez
ils/elles	ennuieront

Conditionnel présent

j'	ennuierais
tu	ennuierais
il/elle	ennuierait
nous	ennuierions
vous	ennuieriez
ils/elles	ennuieraient

Imparfait

j'	ennuyais
tu	ennuyais
il/elle	ennuyait
nous	ennuyions
vous	ennuyiez
ils/elles	ennuyaient

Passé simple

j'	ennuyai
tu	ennuyas
il/elle	ennuya
nous	ennuyâmes
vous	ennuyâtes
ils/elles	ennuyèrent

TEMPS COMPOSÉS

Passé composé

j'	ai	ennuyé
tu	as	ennuyé
il/elle	a	ennuyé
nous	avons	ennuyé
vous	avez	ennuyé
ils/elles	ont	ennuyé

Plus-que-parfait

j'	avais	ennuyé
tu	avais	ennuyé
il/elle	avait	ennuyé
nous	avions	ennuyé
vous	aviez	ennuyé
ils/elles	avaient	ennuyé

SUBJONCTIF

Présent

que j'	ennuie
que tu	ennuies
qu'il/qu'elle	ennuie
que nous	ennuyions
que vous	ennuyiez
qu'ils/qu'elles	ennuient

IMPÉRATIF

Présent

ennuie
ennuyons
ennuyez

516 Envoyer

Verbes en -er 1er GROUPE

INFINITIF

Présent

envoyer

PARTICIPE

Présent

envoyant

Passé

envoyé, envoyée, envoyés, envoyées

INDICATIF

TEMPS SIMPLES

Présent

j'	envoie
tu	envoies
il/elle	envoie
nous	envoyons
vous	envoyez
ils/elles	envoient

Futur simple

j'	enverrai
tu	enverras
il/elle	enverra
nous	enverrons
vous	enverrez
ils/elles	enverront

Conditionnel présent

j'	enverrais
tu	enverrais
il/elle	enverrait
nous	enverrions
vous	enverriez
ils/elles	enverraient

Imparfait

j'	envoyais
tu	envoyais
il/elle	envoyait
nous	envoy**i**ons
vous	envoy**i**ez
ils/elles	envoyaient

Passé simple

j'	envoyai
tu	envoyas
il/elle	envoya
nous	envoyâmes
vous	envoyâtes
ils/elles	envoyèrent

TEMPS COMPOSÉS

Passé composé

j'	ai	envoyé
tu	as	envoyé
il/elle	a	envoyé
nous	avons	envoyé
vous	avez	envoyé
ils/elles	ont	envoyé

Plus-que-parfait

j'	avais	envoyé
tu	avais	envoyé
il/elle	avait	envoyé
nous	avions	envoyé
vous	aviez	envoyé
ils/elles	avaient	envoyé

SUBJONCTIF

Présent

que j'	envoie
que tu	envoies
qu'il/qu'elle	envoie
que nous	envoy**i**ons
que vous	envoy**i**ez
qu'ils/qu'elles	envoient

IMPÉRATIF

Présent

envoie

envoyons

envoyez

CONJUGAISON

517 Jeter

Verbes en -er
1er GROUPE

INFINITIF

Présent

jeter

PARTICIPE

Présent

jetant

Passé

jeté, jetée, jetés, jetées

INDICATIF

TEMPS SIMPLES

Présent

je	jette
tu	jettes
il/elle	jette
nous	jetons
vous	jetez
ils/elles	jettent

Futur simple

je	jetterai
tu	jetteras
il/elle	jettera
nous	jetterons
vous	jetterez
ils/elles	jetteront

Conditionnel présent

je	jetterais
tu	jetterais
il/elle	jetterait
nous	jetterions
vous	jetteriez
ils/elles	jetteraient

Imparfait

je	jetais
tu	jetais
il/elle	jetait
nous	jetions
vous	jetiez
ils/elles	jetaient

Passé simple

je	jetai
tu	jetas
il/elle	jeta
nous	jetâmes
vous	jetâtes
ils/elles	jetèrent

TEMPS COMPOSÉS

Passé composé

j'	ai	jeté
tu	as	jeté
il/elle	a	jeté
nous	avons	jeté
vous	avez	jeté
ils/elles	ont	jeté

Plus-que-parfait

j'	avais	jeté
tu	avais	jeté
il/elle	avait	jeté
nous	avions	jeté
vous	aviez	jeté
ils/elles	avaient	jeté

SUBJONCTIF

Présent

que je	jette
que tu	jettes
qu'il/qu'elle	jette
que nous	jetions
que vous	jetiez
qu'ils/qu'elles	jettent

IMPÉRATIF

Présent

jette
jetons
jetez

518 Modeler

Verbes en -er
1er GROUPE

INFINITIF

Présent
modeler

PARTICIPE

Présent
modelant

Passé
modelé, modelée, modelés, modelées

INDICATIF

TEMPS SIMPLES

Présent

je	modèle
tu	modèles
il/elle	modèle
nous	modelons
vous	modelez
ils/elles	modèlent

Futur simple

je	modèlerai
tu	modèleras
il/elle	modèlera
nous	modèlerons
vous	modèlerez
ils/elles	modèleront

Conditionnel présent

je	modèlerais
tu	modèlerais
il/elle	modèlerait
nous	modèlerions
vous	modèleriez
ils/elles	modèleraient

Imparfait

je	modelais
tu	modelais
il/elle	modelait
nous	modelions
vous	modeliez
ils/elles	modelaient

Passé simple

je	modelai
tu	modelas
il/elle	modela
nous	modelâmes
vous	modelâtes
ils/elles	modelèrent

TEMPS COMPOSÉS

Passé composé

j'	ai	modelé
tu	as	modelé
il/elle	a	modelé
nous	avons	modelé
vous	avez	modelé
ils/elles	ont	modelé

Plus-que-parfait

j'	avais	modelé
tu	avais	modelé
il/elle	avait	modelé
nous	avions	modelé
vous	aviez	modelé
ils/elles	avaient	modelé

SUBJONCTIF

Présent

que je	modèle
que tu	modèles
qu'il/qu'elle	modèle
que nous	modelions
que vous	modeliez
qu'ils/qu'elles	modèlent

IMPÉRATIF

Présent
modèle
modelons
modelez

519 Finir

Verbes en -ir
2e GROUPE

INFINITIF

Présent
finir

PARTICIPE

Présent
finissant

Passé
fini, finie, finis, finies

INDICATIF

TEMPS SIMPLES

Présent

je	finis
tu	finis
il/elle	finit
nous	finissons
vous	finissez
ils/elles	finissent

Futur simple

je	finirai
tu	finiras
il/elle	finira
nous	finirons
vous	finirez
ils/elles	finiront

Conditionnel présent

je	finirais
tu	finirais
il/elle	finirait
nous	finirions
vous	finiriez
ils/elles	finiraient

Imparfait

je	finissais
tu	finissais
il/elle	finissait
nous	finissions
vous	finissiez
ils/elles	finissaient

Passé simple

je	finis
tu	finis
il/elle	finit
nous	finîmes
vous	finîtes
ils/elles	finirent

TEMPS COMPOSÉS

Passé composé

j'	ai	fini
tu	as	fini
il/elle	a	fini
nous	avons	fini
vous	avez	fini
ils/elles	ont	fini

Plus-que-parfait

j'	avais	fini
tu	avais	fini
il/elle	avait	fini
nous	avions	fini
vous	aviez	fini
ils/elles	avaient	fini

SUBJONCTIF

Présent

que je	finisse
que tu	finisses
qu'il/qu'elle	finisse
que nous	finissions
que vous	finissiez
qu'ils/qu'elles	finissent

IMPÉRATIF

Présent
finis
finissons
finissez

520 Aller

Verbe irrégulier
3e GROUPE

INFINITIF

Présent
aller

PARTICIPE

Présent
allant

Passé
allé, allée, allés, allées

INDICATIF

TEMPS SIMPLES

Présent

je	vais
tu	vas
il/elle	va
nous	allons
vous	allez
ils/elles	vont

Futur simple

j'	irai
tu	iras
il/elle	ira
nous	irons
vous	irez
ils/elles	iront

Conditionnel présent

j'	irais
tu	irais
il/elle	irait
nous	irions
vous	iriez
ils/elles	iraient

Imparfait

j'	allais
tu	allais
il/elle	allait
nous	allions
vous	alliez
ils/elles	allaient

Passé simple

j'	allai
tu	allas
il/elle	alla
nous	allâmes
vous	allâtes
ils/elles	allèrent

TEMPS COMPOSÉS

Passé composé

je	suis	allé(e)
tu	es	allé(e)
il/elle	est	allé(e)
nous	sommes	allé(e)s
vous	êtes	allé(e)s
ils/elles	sont	allé(e)s

Plus-que-parfait

j'	étais	allé(e)
tu	étais	allé(e)
il/elle	était	allé(e)
nous	étions	allé(e)s
vous	étiez	allé(e)s
ils/elles	étaient	allé(e)s

SUBJONCTIF

Présent

que j'	aille
que tu	ailles
qu'il/qu'elle	aille
que nous	allions
que vous	alliez
qu'ils/qu'elles	aillent

IMPÉRATIF

Présent
va
allons
allez

CONJUGAISON

521 Devoir

Verbes en -oir
3e GROUPE

INFINITIF

Présent
devoir

PARTICIPE

Présent	Passé
devant	dû, due, dus, dues

INDICATIF

TEMPS SIMPLES

Présent

je	dois
tu	dois
il/elle	doit
nous	devons
vous	devez
ils/elles	doivent

Futur simple

je	devrai
tu	devras
il/elle	devra
nous	devrons
vous	devrez
ils/elles	devront

Conditionnel présent

je	devrais
tu	devrais
il/elle	devrait
nous	devrions
vous	devriez
ils/elles	devraient

Imparfait

je	devais
tu	devais
il/elle	devait
nous	devions
vous	deviez
ils/elles	devaient

Passé simple

je	dus
tu	dus
il/elle	dut
nous	dûmes
vous	dûtes
ils/elles	durent

TEMPS COMPOSÉS

Passé composé

j'	ai	dû
tu	as	dû
il/elle	a	dû
nous	avons	dû
vous	avez	dû
ils/elles	ont	dû

Plus-que-parfait

j'	avais	dû
tu	avais	dû
il/elle	avait	dû
nous	avions	dû
vous	aviez	dû
ils/elles	avaient	dû

SUBJONCTIF

Présent

que je	doive
que tu	doives
qu'il/qu'elle	doive
que nous	devions
que vous	deviez
qu'ils/qu'elles	doivent

IMPÉRATIF

Présent
dois
devons
devez

522 Pouvoir

Verbes en -oir
3e GROUPE

INFINITIF

Présent
pouvoir

PARTICIPE

Présent	Passé
pouvant	pu

INDICATIF

TEMPS SIMPLES

Présent

je	peux
tu	peux
il/elle	peut
nous	pouvons
vous	pouvez
ils/elles	peuvent

Futur simple

je	pourrai
tu	pourras
il/elle	pourra
nous	pourrons
vous	pourrez
ils/elles	pourront

Conditionnel présent

je	pourrais
tu	pourrais
il/elle	pourrait
nous	pourrions
vous	pourriez
ils/elles	pourraient

Imparfait

je	pouvais
tu	pouvais
il/elle	pouvait
nous	pouvions
vous	pouviez
ils/elles	pouvaient

Passé simple

je	pus
tu	pus
il/elle	put
nous	pûmes
vous	pûtes
ils/elles	purent

TEMPS COMPOSÉS

Passé composé

j'	ai	pu
tu	as	pu
il/elle	a	pu
nous	avons	pu
vous	avez	pu
ils/elles	ont	pu

Plus-que-parfait

j'	avais	pu
tu	avais	pu
il/elle	avait	pu
nous	avions	pu
vous	aviez	pu
ils/elles	avaient	pu

SUBJONCTIF

Présent

que je	puisse
que tu	puisses
qu'il/qu'elle	puisse
que nous	puissions
que vous	puissiez
qu'ils/qu'elles	puissent

IMPÉRATIF

Présent
pas d'impératif

523 Savoir

Verbes en -oir
3e GROUPE

INFINITIF

Présent
savoir

PARTICIPE

Présent
sachant

Passé
su, sue, sus, sues

INDICATIF

TEMPS SIMPLES

Présent

je	sais
tu	sais
il/elle	sait
nous	savons
vous	savez
ils/elles	savent

Futur simple

je	saurai
tu	sauras
il/elle	saura
nous	saurons
vous	saurez
ils/elles	sauront

Conditionnel présent

je	saurais
tu	saurais
il/elle	saurait
nous	saurions
vous	sauriez
ils/elles	sauraient

Imparfait

je	savais
tu	savais
il/elle	savait
nous	savions
vous	saviez
ils/elles	savaient

Passé simple

je	sus
tu	sus
il/elle	sut
nous	sûmes
vous	sûtes
ils/elles	surent

TEMPS COMPOSÉS

Passé composé

j'	ai	su
tu	as	su
il/elle	a	su
nous	avons	su
vous	avez	su
ils/elles	ont	su

Plus-que-parfait

j'	avais	su
tu	avais	su
il/elle	avait	su
nous	avions	su
vous	aviez	su
ils/elles	avaient	su

SUBJONCTIF

Présent

que je	sache
que tu	saches
qu'il/qu'elle	sache
que nous	sachions
que vous	sachiez
qu'ils/qu'elles	sachent

IMPÉRATIF

Présent
sache
sachons
sachez

524 Voir

Verbes en -oir
3e GROUPE

INFINITIF

Présent
voir

PARTICIPE

Présent
voyant

Passé
vu, vue, vus, vues

INDICATIF

TEMPS SIMPLES

Présent

je	vois
tu	vois
il/elle	voit
nous	voyons
vous	voyez
ils/elles	voient

Futur simple

je	verrai
tu	verras
il/elle	verra
nous	verrons
vous	verrez
ils/elles	verront

Conditionnel présent

je	verrais
tu	verrais
il/elle	verrait
nous	verrions
vous	verriez
ils/elles	verraient

Imparfait

je	voyais
tu	voyais
il/elle	voyait
nous	voyions
vous	voyiez
ils/elles	voyaient

Passé simple

je	vis
tu	vis
il/elle	vit
nous	vîmes
vous	vîtes
ils/elles	virent

TEMPS COMPOSÉS

Passé composé

j'	ai	vu
tu	as	vu
il/elle	a	vu
nous	avons	vu
vous	avez	vu
ils/elles	ont	vu

Plus-que-parfait

j'	avais	vu
tu	avais	vu
il/elle	avait	vu
nous	avions	vu
vous	aviez	vu
ils/elles	avaient	vu

SUBJONCTIF

Présent

que je	voie
que tu	voies
qu'il/qu'elle	voie
que nous	voyions
que vous	voyiez
qu'ils/qu'elles	voient

IMPÉRATIF

Présent
vois
voyons
voyez

525 Vouloir

Verbes en -oir
3e GROUPE

INFINITIF

Présent
vouloir

PARTICIPE

Présent
voulant

Passé
voulu, voulue, voulus, voulues

INDICATIF

TEMPS SIMPLES

Présent

je	veux
tu	veux
il/elle	veut
nous	voulons
vous	voulez
ils/elles	veulent

Futur simple

je	voudrai
tu	voudras
il/elle	voudra
nous	voudrons
vous	voudrez
ils/elles	voudront

Conditionnel présent

je	voudrais
tu	voudrais
il/elle	voudrait
nous	voudrions
vous	voudriez
ils/elles	voudraient

Imparfait

je	voulais
tu	voulais
il/elle	voulait
nous	voulions
vous	vouliez
ils/elles	voulaient

Passé simple

je	voulus
tu	voulus
il/elle	voulut
nous	voulûmes
vous	voulûtes
ils/elles	voulurent

TEMPS COMPOSÉS

Passé composé

j'	ai	voulu
tu	as	voulu
il/elle	a	voulu
nous	avons	voulu
vous	avez	voulu
ils/elles	ont	voulu

Plus-que-parfait

j'	avais	voulu
tu	avais	voulu
il/elle	avait	voulu
nous	avions	voulu
vous	aviez	voulu
ils/elles	avaient	voulu

SUBJONCTIF

Présent

que je	veuille
que tu	veuilles
qu'il/qu'elle	veuille
que nous	voulions
que vous	vouliez
qu'ils/qu'elles	veuillent

IMPÉRATIF

Présent
veux (veuille)
voulons
voulez (veuillez)

526 Croire

Verbes en -oire
3e GROUPE

INFINITIF

Présent
croire

PARTICIPE

Présent	Passé
croyant	cru, crue, crus, crues

INDICATIF

TEMPS SIMPLES

Présent		Futur simple		Conditionnel présent	
je	crois	je	croirai	je	croirais
tu	crois	tu	croiras	tu	croirais
il/elle	croit	il/elle	croira	il/elle	croirait
nous	croyons	nous	croirons	nous	croirions
vous	croyez	vous	croirez	vous	croiriez
ils/elles	croient	ils/elles	croiront	ils/elles	croiraient

Imparfait		Passé simple	
je	croyais	je	crus
tu	croyais	tu	crus
il/elle	croyait	il/elle	crut
nous	croyions	nous	crûmes
vous	croyiez	vous	crûtes
ils/elles	croyaient	ils/elles	crurent

TEMPS COMPOSÉS

Passé composé			Plus-que-parfait		
j'	ai	cru	j'	avais	cru
tu	as	cru	tu	avais	cru
il/elle	a	cru	il/elle	avait	cru
nous	avons	cru	nous	avions	cru
vous	avez	cru	vous	aviez	cru
ils/elles	ont	cru	ils/elles	avaient	cru

SUBJONCTIF

Présent	
que je	croie
que tu	croies
qu'il/qu'elle	croie
que nous	croyions
que vous	croyiez
qu'ils/qu'elles	croient

IMPÉRATIF

Présent
crois
croyons
croyez

527 Faire

Verbes en -re
3e GROUPE

INFINITIF

Présent
faire

PARTICIPE

Présent
faisant

Passé
fait, faite, faits, faites

INDICATIF

TEMPS SIMPLES

Présent		Futur simple		Conditionnel présent	
je	fais	je	ferai	je	ferais
tu	fais	tu	feras	tu	ferais
il/elle	fait	il/elle	fera	il/elle	ferait
nous	faisons	nous	ferons	nous	ferions
vous	faites	vous	ferez	vous	feriez
ils/elles	font	ils/elles	feront	ils/elles	feraient

Imparfait		Passé simple	
je	faisais	je	fis
tu	faisais	tu	fis
il/elle	faisait	il/elle	fit
nous	faisions	nous	fîmes
vous	faisiez	vous	fîtes
ils/elles	faisaient	ils/elles	firent

TEMPS COMPOSÉS

Passé composé			Plus-que-parfait		
j'	ai	fait	j'	avais	fait
tu	as	fait	tu	avais	fait
il/elle	a	fait	il/elle	avait	fait
nous	avons	fait	nous	avions	fait
vous	avez	fait	vous	aviez	fait
ils/elles	ont	fait	ils/elles	avaient	fait

SUBJONCTIF

Présent

que je	fasse
que tu	fasses
qu'il/qu'elle	fasse
que nous	fassions
que vous	fassiez
qu'ils/qu'elles	fassent

IMPÉRATIF

Présent
fais
faisons
faites

À L'ORAL

On écrit ***fai**sons*, ***fai**sais*, ***fai**sait*, ***fai**siez* mais on prononce ***fe***.

528 Mettre

Verbes en -re
3e GROUPE

INFINITIF

Présent

mettre

PARTICIPE

Présent

mettant

Passé

mis, mise, mis, mises

INDICATIF

TEMPS SIMPLES

Présent

je	mets
tu	mets
il/elle	met
nous	mettons
vous	mettez
ils/elles	mettent

Futur simple

je	mettrai
tu	mettras
il/elle	mettra
nous	mettrons
vous	mettrez
ils/elles	mettront

Conditionnel présent

je	mettrais
tu	mettrais
il/elle	mettrait
nous	mettrions
vous	mettriez
ils/elles	mettraient

Imparfait

je	mettais
tu	mettais
il/elle	mettait
nous	mettions
vous	mettiez
ils/elles	mettaient

Passé simple

je	mis
tu	mis
il/elle	mit
nous	mîmes
vous	mîtes
ils/elles	mirent

TEMPS COMPOSÉS

Passé composé

j'	ai	mis
tu	as	mis
il/elle	a	mis
nous	avons	mis
vous	avez	mis
ils/elles	ont	mis

Plus-que-parfait

j'	avais	mis
tu	avais	mis
il/elle	avait	mis
nous	avions	mis
vous	aviez	mis
ils/elles	avaient	mis

SUBJONCTIF

Présent

que je	mette
que tu	mettes
qu'il/qu'elle	mette
que nous	mettions
que vous	mettiez
qu'ils/qu'elles	mettent

IMPÉRATIF

Présent

mets
mettons
mettez

529 Apprendre

Verbes en -dre
3e GROUPE

INFINITIF

Présent
apprendre

PARTICIPE

Présent	Passé
apprenant	appris, apprise, appris, apprises

INDICATIF

TEMPS SIMPLES

Présent

j'	apprends
tu	apprends
il/elle	apprend
nous	apprenons
vous	apprenez
ils/elles	apprennent

Futur simple

j'	apprendrai
tu	apprendras
il/elle	apprendra
nous	apprendrons
vous	apprendrez
ils/elles	apprendront

Conditionnel présent

j'	apprendrais
tu	apprendrais
il/elle	apprendrait
nous	apprendrions
vous	apprendriez
ils/elles	apprendraient

Imparfait

j'	apprenais
tu	apprenais
il/elle	apprenait
nous	apprenions
vous	appreniez
ils/elles	apprenaient

Passé simple

j'	appris
tu	appris
il/elle	apprit
nous	apprîmes
vous	apprîtes
ils/elles	apprirent

TEMPS COMPOSÉS

Passé composé

j'	ai	appris
tu	as	appris
il/elle	a	appris
nous	avons	appris
vous	avez	appris
ils/elles	ont	appris

Plus-que-parfait

j'	avais	appris
tu	avais	appris
il/elle	avait	appris
nous	avions	appris
vous	aviez	appris
ils/elles	avaient	appris

SUBJONCTIF

Présent

que j'	apprenne
que tu	apprennes
qu'il/qu'elle	apprenne
que nous	apprenions
que vous	appreniez
qu'ils/qu'elles	apprennent

IMPÉRATIF

Présent
apprends
apprenons
apprenez

530 Attendre

Verbes en -dre
3e GROUPE

INFINITIF

Présent
attendre

PARTICIPE

Présent
attendant

Passé
attendu, attendue, attendus, attendues

INDICATIF

TEMPS SIMPLES

Présent

j'	attends
tu	attends
il/elle	attend
nous	attendons
vous	attendez
ils/elles	attendent

Futur simple

j'	attendrai
tu	attendras
il/elle	attendra
nous	attendrons
vous	attendrez
ils/elles	attendront

Conditionnel présent

j'	attendrais
tu	attendrais
il/elle	attendrait
nous	attendrions
vous	attendriez
ils/elles	attendraient

Imparfait

j'	attendais
tu	attendais
il/elle	attendait
nous	attendions
vous	attendiez
ils/elles	attendaient

Passé simple

j'	attendis
tu	attendis
il/elle	attendit
nous	attendîmes
vous	attendîtes
ils/elles	attendirent

TEMPS COMPOSÉS

Passé composé

j'	ai	attendu
tu	as	attendu
il/elle	a	attendu
nous	avons	attendu
vous	avez	attendu
ils/elles	ont	attendu

Plus-que-parfait

j'	avais	attendu
tu	avais	attendu
il/elle	avait	attendu
nous	avions	attendu
vous	aviez	attendu
ils/elles	avaient	attendu

SUBJONCTIF

Présent

que j'	attende
que tu	attendes
qu'il/qu'elle	attende
que nous	attendions
que vous	attendiez
qu'ils/qu'elles	attendent

IMPÉRATIF

Présent
attends
attendons
attendez

531 Prendre

Verbes en -dre
3e GROUPE

INFINITIF

Présent

prendre

PARTICIPE

Présent

prenant

Passé

pris, prise, pris, prises

INDICATIF

TEMPS SIMPLES

Présent

je	prends
tu	prends
il/elle	prend
nous	prenons
vous	prenez
ils/elles	prennent

Futur simple

je	prendrai
tu	prendras
il/elle	prendra
nous	prendrons
vous	prendrez
ils/elles	prendront

Conditionnel présent

je	prendrais
tu	prendrais
il/elle	prendrait
nous	prendrions
vous	prendriez
ils/elles	prendraient

Imparfait

je	prenais
tu	prenais
il/elle	prenait
nous	prenions
vous	preniez
ils/elles	prenaient

Passé simple

je	pris
tu	pris
il/elle	prit
nous	prîmes
vous	prîtes
ils/elles	prirent

TEMPS COMPOSÉS

Passé composé

j'	ai	pris
tu	as	pris
il/elle	a	pris
nous	avons	pris
vous	avez	pris
ils/elles	ont	pris

Plus-que-parfait

j'	avais	pris
tu	avais	pris
il/elle	avait	pris
nous	avions	pris
vous	aviez	pris
ils/elles	avaient	pris

SUBJONCTIF

Présent

que je	prenne
que tu	prennes
qu'il/qu'elle	prenne
que nous	prenions
que vous	preniez
qu'ils/qu'elles	prennent

IMPÉRATIF

Présent

prends
prenons
prenez

532 Répondre

Verbes en -dre
3e GROUPE

INFINITIF

Présent
répondre

PARTICIPE

Présent	Passé
répondant	répondu, répondue, répondus, répondues

INDICATIF

TEMPS SIMPLES

Présent

je	réponds
tu	réponds
il/elle	répond
nous	répondons
vous	répondez
ils/elles	répondent

Futur simple

je	répondrai
tu	répondras
il/elle	répondra
nous	répondrons
vous	répondrez
ils/elles	répondront

Conditionnel présent

je	répondrais
tu	répondrais
il/elle	répondrait
nous	répondrions
vous	répondriez
ils/elles	répondraien

Imparfait

je	répondais
tu	répondais
il/elle	répondait
nous	répondions
vous	répondiez
ils/elles	répondaient

Passé simple

je	répondis
tu	répondis
il/elle	répondit
nous	répondîmes
vous	répondîtes
ils/elles	répondirent

TEMPS COMPOSÉS

Passé composé

j'	ai	répondu
tu	as	répondu
il/elle	a	répondu
nous	avons	répondu
vous	avez	répondu
ils/elles	ont	répondu

Plus-que-parfait

j'	avais	répondu
tu	avais	répondu
il/elle	avait	répondu
nous	avions	répondu
vous	aviez	répondu
ils/elles	avaient	répondu

SUBJONCTIF

Présent

que je	réponde
que tu	répondes
qu'il/qu'elle	réponde
que nous	répondions
que vous	répondiez
qu'ils/qu'elles	répondent

IMPÉRATIF

Présent
réponds
répondons
répondez

533 Dire

Verbes en -ire
3e GROUPE

INFINITIF

Présent
dire

PARTICIPE

Présent
disant

Passé
dit, dite, dits, dites

INDICATIF

TEMPS SIMPLES

Présent

je	dis
tu	dis
il/elle	dit
nous	disons
vous	dites
ils/elles	disent

Futur simple

je	dirai
tu	diras
il/elle	dira
nous	dirons
vous	direz
ils/elles	diront

Conditionnel présent

je	dirais
tu	dirais
il/elle	dirait
nous	dirions
vous	diriez
ils/elles	diraient

Imparfait

je	disais
tu	disais
il/elle	disait
nous	disions
vous	disiez
ils/elles	disaient

Passé simple

je	dis
tu	dis
il/elle	dit
nous	dîmes
vous	dîtes
ils/elles	dirent

TEMPS COMPOSÉS

Passé composé

j'	ai	dit
tu	as	dit
il/elle	a	dit
nous	avons	dit
vous	avez	dit
ils/elles	ont	dit

Plus-que-parfait

j'	avais	dit
tu	avais	dit
il/elle	avait	dit
nous	avions	dit
vous	aviez	dit
ils/elles	avaient	dit

SUBJONCTIF

Présent

que je	dise
que tu	dises
qu'il/qu'elle	dise
que nous	disions
que vous	disiez
qu'ils/qu'elles	disent

IMPÉRATIF

Présent
dis
disons
dites

534 Produire

Verbes en -ire
3e GROUPE

INFINITIF

Présent
produire

PARTICIPE

Présent	Passé
produisant	produit, produite, produits, produites

INDICATIF

TEMPS SIMPLES

Présent

je	produis
tu	produis
il/elle	produit
nous	produisons
vous	produisez
ils/elles	produisent

Futur simple

je	produirai
tu	produiras
il/elle	produira
nous	produirons
vous	produirez
ils/elles	produiront

Conditionnel présent

je	produirais
tu	produirais
il/elle	produirait
nous	produirions
vous	produiriez
ils/elles	produiraient

Imparfait

je	produisais
tu	produisais
il/elle	produisait
nous	produisions
vous	produisiez
ils/elles	produisaient

Passé simple

je	produisis
tu	produisis
il/elle	produisit
nous	produisîmes
vous	produisîtes
ils/elles	produisirent

TEMPS COMPOSÉS

Passé composé

j'	ai	produit
tu	as	produit
il/elle	a	produit
nous	avons	produit
vous	avez	produit
ils/elles	ont	produit

Plus-que-parfait

j'	avais	produit
tu	avais	produit
il/elle	avait	produit
nous	avions	produit
vous	aviez	produit
ils/elles	avaient	produit

SUBJONCTIF

Présent

que je	produise
que tu	produises
qu'il/qu'elle	produise
que nous	produisions
que vous	produisiez
qu'ils/qu'elles	produisent

IMPÉRATIF

Présent
produis
produisons
produisez

535 Dormir

Verbes en -ir
3e GROUPE

INFINITIF

Présent
dormir

PARTICIPE

Présent	Passé
dormant	dormi

INDICATIF

TEMPS SIMPLES

Présent

je	dors
tu	dors
il/elle	dort
nous	dormons
vous	dormez
ils/elles	dorment

Futur simple

je	dormirai
tu	dormiras
il/elle	dormira
nous	dormirons
vous	dormirez
ils/elles	dormiront

Conditionnel présent

je	dormirais
tu	dormirais
il/elle	dormirait
nous	dormirions
vous	dormiriez
ils/elles	dormiraient

Imparfait

je	dormais
tu	dormais
il/elle	dormait
nous	dormions
vous	dormiez
ils/elles	dormaient

Passé simple

je	dormis
tu	dormis
il/elle	dormit
nous	dormîmes
vous	dormîtes
ils/elles	dormirent

TEMPS COMPOSÉS

Passé composé

j'	ai	dormi
tu	as	dormi
il/elle	a	dormi
nous	avons	dormi
vous	avez	dormi
ils/elles	ont	dormi

Plus-que-parfait

j'	avais	dormi
tu	avais	dormi
il/elle	avait	dormi
nous	avions	dormi
vous	aviez	dormi
ils/elles	avaient	dormi

SUBJONCTIF

Présent

que je	dorme
que tu	dormes
qu'il/qu'elle	dorme
que nous	dormions
que vous	dormiez
qu'ils/qu'elles	dorment

IMPÉRATIF

Présent
dors
dormons
dormez

536 Partir

Verbes en -ir
3e GROUPE

INFINITIF

Présent
partir

PARTICIPE

Présent
partant

Passé
parti, partie, partis, parties

INDICATIF

TEMPS SIMPLES

Présent

je	pars
tu	pars
il/elle	part
nous	partons
vous	partez
ils/elles	partent

Futur simple

je	partirai
tu	partiras
il/elle	partira
nous	partirons
vous	partirez
ils/elles	partiront

Conditionnel présent

je	partirais
tu	partirais
il/elle	partirait
nous	partirions
vous	partiriez
ils/elles	partiraient

Imparfait

je	partais
tu	partais
il/elle	partait
nous	partions
vous	partiez
ils/elles	partaient

Passé simple

je	partis
tu	partis
il/elle	partit
nous	partîmes
vous	partîtes
ils/elles	partirent

TEMPS COMPOSÉS

Passé composé

je	suis	parti(e)
tu	es	parti(e)
il/elle	est	parti(e)
nous	sommes	parti(e)s
vous	êtes	parti(e)s
ils/elles	sont	parti(e)s

Plus-que-parfait

j'	étais	parti(e)
tu	étais	parti(e)
il/elle	était	parti(e)
nous	étions	parti(e)s
vous	étiez	parti(e)s
ils/elles	étaient	parti(e)s

SUBJONCTIF

Présent

que je	parte
que tu	partes
qu'il/qu'elle	parte
que nous	partions
que vous	partiez
qu'ils/qu'elles	partent

IMPÉRATIF

Présent
pars
partons
partez

537 Sortir

Verbes en -ir
3e GROUPE

INFINITIF

Présent
sortir

PARTICIPE

Présent	Passé
sortant	sorti, sortie, sortis, sorties

INDICATIF

TEMPS SIMPLES

Présent

je	sors
tu	sors
il/elle	sort
nous	sortons
vous	sortez
ils/elles	sortent

Futur simple

je	sortirai
tu	sortiras
il/elle	sortira
nous	sortirons
vous	sortirez
ils/elles	sortiront

Conditionnel présent

je	sortirais
tu	sortirais
il/elle	sortirait
nous	sortirions
vous	sortiriez
ils/elles	sortiraient

Imparfait

je	sortais
tu	sortais
il/elle	sortait
nous	sortions
vous	sortiez
ils/elles	sortaient

Passé simple

je	sortis
tu	sortis
il/elle	sortit
nous	sortîmes
vous	sortîtes
ils/elles	sortirent

TEMPS COMPOSÉS

Passé composé

je	suis	sorti(e)
tu	es	sorti(e)
il/elle	est	sorti(e)
nous	sommes	sorti(e)s
vous	êtes	sorti(e)s
ils/elles	sont	sorti(e)s

Plus-que-parfait

j'	étais	sorti(e)
tu	étais	sorti(e)
il/elle	était	sorti(e)
nous	étions	sorti(e)s
vous	étiez	sorti(e)s
ils/elles	étaient	sorti(e)s

SUBJONCTIF

Présent

que je	sorte
que tu	sortes
qu'il/qu'elle	sorte
que nous	sortions
que vous	sortiez
qu'ils/qu'elles	sortent

IMPÉRATIF

Présent
sors
sortons
sortez

538 Venir

Verbes en -ir
3e GROUPE

INFINITIF

Présent
venir

PARTICIPE

Présent
venant

Passé
venu, venue, venus, venues

INDICATIF

TEMPS SIMPLES

Présent

je	viens
tu	viens
il/elle	vient
nous	venons
vous	venez
ils/elles	viennent

Futur simple

je	viendrai
tu	viendras
il/elle	viendra
nous	viendrons
vous	viendrez
ils/elles	viendront

Conditionnel présent

je	viendrais
tu	viendrais
il/elle	viendrait
nous	viendrions
vous	viendriez
ils/elles	viendraient

Imparfait

je	venais
tu	venais
il/elle	venait
nous	venions
vous	veniez
ils/elles	venaient

Passé simple

je	vins
tu	vins
il/elle	vint
nous	vînmes
vous	vîntes
ils/elles	vinrent

TEMPS COMPOSÉS

Passé composé

je	suis	venu(e)
tu	es	venu(e)
il/elle	est	venu(e)
nous	sommes	venu(e)s
vous	êtes	venu(e)s
ils/elles	sont	venu(e)s

Plus-que-parfait

j'	étais	venu(e)
tu	étais	venu(e)
il/elle	était	venu(e)
nous	étions	venu(e)s
vous	étiez	venu(e)s
ils/elles	étaient	venu(e)s

SUBJONCTIF

Présent

que je	vienne
que tu	viennes
qu'il/qu'elle	vienne
que nous	venions
que vous	veniez
qu'ils/qu'elles	viennent

IMPÉRATIF

Présent
viens
venons
venez

Table des crédits textes

Les numéros renvoient aux numéros des paragraphes.

A

- *L'Académie de M. Tachedencre*, J. Brzechwa © D.R. 1995 : 207, 502
- « Allô allô c'est un poème » (extrait), À la lisière du temps, Cl. Roy © Gallimard 1984 : 496
- « Amour de mai » (extrait), M. Fombeure, À dos d'oiseau © Gallimard 1945 : 202
- *Les Animaux de tout le monde*, J. Roubaud © Seghers 1990 : 1, 51
- *Les Animaux très sagaces*, Cl. Roy © Gallimard 1983 : 110
- *L'Année du mistouflon*, A.-M. Chapouton © Flammarion 1982 : 19, 21, 31, 32, 73, 111
- « L'Araignée à moustaches » (extrait), *Destinée arbitraire*, R. Desnos © Gallimard : 2
- *Aux fous les pompiers*, Pef, Folio Benjamin © Gallimard Jeunesse 1995 : 30
- « Avec des "si" » (extrait), *Enfantasques*, Cl. Roy © Gallimard 1993 : 142
- *Les Aventures d'Alice au pays des merveilles*, L. Carroll © Pauvert, département de la Librairie Arthème Fayard 1961, 2000 pour la trad. française : 10, 11, 13, 16, 22, 23, 86, 99, 100, 103, 108, 132, 140, 143, 167, 175, 212, 217

B

- « La Belle au bois dormant », *Contes*, Ch. Perrault : 39, 47, 66, 93, 148
- « La Belle aux cheveux d'or », *Contes des fées*, Mme d'Aulnoy : 14, 90
- « La Belle et la Bête », *Contes*, Mme de Beaumont : 3, 73, 83, 146, 178, 197
- « Le Bœuf » (extrait), *Au clair de la lune*, Maurice Carême © Fondation M. Carême, tous droits réservés : 9
- « Les Bonnes Manières » (extrait), Nouvelles Enfantasques, Cl. Roy © Gallimard : 133
- *Bulle ou la voix de l'océan*, R. Fallet © Denoël 1970 : 15, 38, 83, 91
- « Bulle de savon » (extrait), *Au clair de la lune*, Maurice Carême © Fondation M. Carême, tous droits réservés : 74

C

- « Cendrillon ou la petite pantoufle de verre », *Contes*, Ch. Perrault : 20, 143
- *Cent Sonnets*, B. Vian © Christian Bourgois et cohérie Boris Vian 1984 © Librairie Arthème Fayard 1999 pour l'édition en œuvres complètes : 215
- *Charlie et le Grand Ascenseur de verre*, R. Dahl © R. Dahl Nominee Ltd 1973, trad. M.-R. Farré © Gallimard 1978 : 71
- « La Chasse au rhinocéros dans les montagnes du Haut-Tyrol » (extrait), *Enfantasques*, Cl. Roy © Gallimard 1993 : 25
- *Le Chat chinois et autres contes*, M. Waltari © Nathan 1991 : 9
- *Le Chat qui parlait malgré lui*, Cl. Roy © Gallimard 1994 : 9, 17, 35, 43, 95, 216
- « Le Chat sans nom » (extrait), *Nouvelles Enfantasques*, Cl. Roy © Gallimard : 48
- « Le Chêne et le Roseau », *Fables*, J. de La Fontaine : 74, 133
- *Le Chevalier désastreux*, D. King-Smith © Random House Group D.R. : 104, 111, 141, 142, 153, 158, 179
- « La Chèvre de Monsieur Seguin », *Lettres de mon moulin*, A. Daudet : 199
- *Chichois et la rigolade*, N. Ciravégna © Autres-temps : 43, 56, 117
- *Chichois et les histoires de France*, N. Ciravégna © Autres-temps : 136
- « Le Chien de l'informaticien », *Jaffabules*, P. Coran © Le Livre de Poche Jeunesse 2010 : 125
- « Choses drôles » (extrait), *Au clair de la lune*, Maurice Carême © Fondation M. Carême, tous droits réservés : 114
- « La Cigale et la Fourmi », *Fables*, J. de La Fontaine : 2, 23, 203
- *Cinq contes*, H. Ch. Andersen © Hatier 1988 : 217
- *Clair de terre*, A. Breton © Gallimard 1966 : 474
- « La Clef des champs » (extrait), *Enfantasques*, Cl. Roy © Gallimard 1993 : 61
- « Comment j'ai tué un ours », *Contes humoristiques*, M. Twain, trad. F. de Gaïl © Mercure de France, 1989 : 493
- « Complainte du pauvre radiateur » (extrait), *Nouvelles Enfantasques*, Cl. Roy © Gallimard : 215
- *La Conférence des animaux*, E. Kästner, trad. D. Ebnöther © éd. Dialog : 22, 86
- « Conjugaison de l'oiseau », L. Bérimont, *La Poésie comme elle s'écrit*, J. Charpentreau © Éd. ouvrières/Éd. de l'Atelier, 1979 : 51
- « Conseils donnés par une sorcière » (extrait), *Monsieur Monsieur*, dans *Le Fleuve caché*, J. Tardieu © Gallimard 1968 : 472
- *Contes d'ailleurs et d'autre part*, P. Gripari © Grasset & Fasquelle 1993 : 75
- *Contes de la Folie-Méricourt*, P. Gripari © Grasset & Fasquelle 1991 : 9, 12, 22, 71
- *Contes de la rue de Bretagne* © Y. Rivais/www. polygraphe.fr : 113
- *Les Contes du chat perché*, M. Aymé © Gallimard 1963 : 30, 31, 32, 34, 40, 47, 56, 67, 68, 74, 82, 94, 97, 117, 119, 122, 140, 168, 170, 171, 173, 178, 179, 198, 201, 204, 214, 215, 495, 502
- *Contes et Propos*, R. Queneau © Gallimard : 62, 65
- « Le Corbeau et le Renard », *Fables*, J. de La Fontaine : 2, 215
- « Conversation », *Monsieur Monsieur*, dans *Le Fleuve caché*, J. Tardieu © Gallimard 1968 : 472
- *Les Coups en dessous*, Cl. Roy © Gallimard 1987 : 25, 85, 99
- « Le Crapaud », R. Desnos, *Chantefables et Chantefleurs* © Gründ 1944 : 144

D

- « Défense des crocodiles » (extrait), *Enfantasques*, Cl. Roy © Gallimard 1993 : 11
- *De l'autre côté du miroir*, L. Carroll © Pauvert, département de la Librairie Arthème Fayard 1961, 2000 pour la trad. française : 9, 111, 115, 142, 146
- *Les Deux Gredins*, R. Dahl © R. Dahl Nominee Ltd 1980, trad. M.-R. Farré © Gallimard 1980 : 83, 88, 218
- *Dix Contes d'Afrique noire*, A. Bryan © A. Bryan 1980 © Castor Poche Flammarion pour la trad. française 1987 : 7, 86

Table des illustrations

Index

L'index recense la plupart des mots qui sont expliqués dans le livre.
Les numéros renvoient aux numéros des paragraphes.
La couleur du numéro signale la partie dans laquelle se trouve le paragraphe (Grammaire, Orthographe, Vocabulaire, Conjugaison).

A

B

C

D

E

F

P

Q

R

S

T

V

Y

PAPIER À BASE DE FIBRES CERTIFIÉES

Hatier s'engage pour l'environnement en réduisant l'empreinte carbone de ses livres.
Celle de cet exemplaire est de :
900 g éq. CO_2
Rendez-vous sur
www.hatier-durable.fr

Achevé d'imprimer en Italie par «La Tipografica Varese Srl»
Dépôt légal : 99210-0/03 - Novembre 2018